本书受中共新疆维吾尔自治区委员会党校、
新疆维吾尔自治区行政学院资助出版

中共新疆维吾尔自治区委员会党校
新疆维吾尔自治区行政学院

博士文库

西部大开发
与
新疆多元民族文化关系研究

贺萍 著

中国社会科学出版社

图书在版编目（CIP）数据

西部大开发与新疆多元民族文化关系研究／贺萍著 . —北京：
中国社会科学出版社，2017.7

ISBN 978 - 7 - 5161 - 8787 - 6

Ⅰ. ①西… Ⅱ. ①贺… Ⅲ. ①西部经济—区域开发—研究—中国
②民族文化—多元文化—研究—新疆 Ⅳ. ①F127②K280.45

中国版本图书馆 CIP 数据核字（2016）第 196882 号

出 版 人	赵剑英
责任编辑	顾世宝
责任校对	张 慧
责任印制	戴 宽

出　　版	中国社会科学出版社
社　　址	北京鼓楼西大街甲 158 号
邮　　编	100720
网　　址	http：//www.csspw.cn
发 行 部	010 - 84083685
门 市 部	010 - 84029450
经　　销	新华书店及其他书店

印　　刷	北京明恒达印务有限公司
装　　订	廊坊市广阳区广增装订厂
版　　次	2017 年 7 月第 1 版
印　　次	2017 年 7 月第 1 次印刷

开　　本	710×1000　1/16
印　　张	14.25
插　　页	2
字　　数	232 千字
定　　价	59.00 元

凡购买中国社会科学出版社图书，如有质量问题请与本社营销中心联系调换
电话：010 - 84083683

编委会

序 言

中共新疆维吾尔自治区委员会党校、新疆维吾尔自治区行政学院是一所具有光荣传统的干部教育培训学府。自治区党委党校从 1950 年的初创、1955 年的改名到 1959 年转为中级党校，自治区行政学院自 2000 年 9 月成立至今（与自治区党委党校实行"两块牌子、一套班子"的体制），广大教职员工艰苦创业、与时俱进、改革创新、勤奋工作，为自治区各条战线培养了一批批政治立场坚定、业务素质较高的领导干部和理论人才，在坚持党的思想路线、推进党的理论创新中作出了重要贡献，为推动党和人民事业发展特别是推进自治区改革开放和团结稳定发挥了重要作用。

经过 65 年来的发展和几代人的努力，自治区党委党校及新疆行政学院各项事业取得了长足进步，形成了较为完整、具有鲜明特色的学科体系，培养造就了一支思想政治素质较高、在区内外具有一定影响的教学科研队伍，为推动新疆经济社会发展和党的建设提供了思想政治保证、组织保证和智力支持。

借此自治区成立 60 周年、自治区党委党校成立 65 周年之际，我们编辑出版《中共新疆维吾尔自治区委员会党校、新疆维吾尔自治区行政学院博士文库》一书，收录了部分优秀博士论文，涉及民族宗教、党史党建、政治经济等学科。这些入选文库的作者以新近毕业的博士为主。他们系统地接受了各学科的严格训练，对当前国内外最新的学术文献有比较全面的了解，对中国国情、全区区情也有相当程度的把握。入选的博士论文均能熟练运用各学科研究方法，有翔实的资料支撑，经过严格论证，而且在形式上符合学术论文的规范，能够提供经过严密论证的新结论，或者，提供有助于对所述论题进一步深入研究的新思路。

我们将秉承"求真、创新、勤奋、和谐"的校（院）文化理念，继续加强以教师队伍为重点的队伍建设，为校（院）从事基础理论研究和应用理论研究的高素质教研人员提供更多的展示才华的平台，为加强干部教育培训、推进党的理论建设，为实现自治区跨越式发展和长治久安的历史任务服务。

2015 年 6 月

目　录

引 言

一 研究内容的界定

"文化"是什么？社会科学界长期以来众说纷纭，莫衷一是。由于本书的旨趣不在此，不拟在此一一辨正，这里只是对本书中所使用的文化概念加以界定和说明。

在中国，"文化"是"文"和"化"二字的组合。"文"的本义指各色交错的纹理，引申为包括语言文字在内的各种象征符号，进而具体化为文物典籍、礼乐制度和与"德行"相对的"道艺"等；又由纹理导出彩画装饰之意，引申为装修、人为加工、经纬天地，与"质"和"实"相对。进一步引申为美、善、文德教化及文辞、文章，与"野"相对，或与武事相对。"化"则有变、改、化生、化育等意，归纳起来，是指二物相接，其一方或双方改变其形态、性质，由此可以引申为教行、迁善、告谕，使人回心，化而成之等。

"文"与"化"并用，最早的论述为"观乎天文，以察时变；观乎人文，以化成天下"①。但"文化"二字未连在一起。汉代方出现"文化"一词，"凡武之兴，为不服也，文化不该，然后加诛"②；晋人束皙《补亡诗·由仪》亦曰"文化内辑，武功外悠"。可见，"以文教化"是中国传统"文化"之本义，与武功相对。文化概念在中国传统文化中有着浓厚的人文色彩。我们现今使用的"文化"（Culture）概念，大约是19世纪末从日文中转译过来的，其源出于拉丁文"cultura"，原有加工、修养、教育、文化程度、礼貌等多种含义。作为一个术语，文化概念形

---

① 《子夏易传》卷三《周易·上经噬嗑传第三》，清通志堂经解本。
② 刘向：《说苑》卷十五《指武》，四部丛刊景明钞本。

成于19世纪中叶的人类学著作之中。1871年，英国人类学家泰勒在《原始文化》一书中曾经给文化下过一个经典的定义："文化，就其在民族志中的广义而论，是个复合的整体，它包括知识、信仰、艺术、道德、法律、习俗和个人作为社会成员所必需的其他能力及习惯。"[①] 这一定义对以后的文化人类学和民族学家产生了深刻的影响。除此以外，19世纪后半叶及20世纪的人类学的各种流派的代表人物都曾经给文化下过各自的定义，并对文化的内涵和外延作出了不同的界定。历史学、考古学、语言学、社会学、哲学、心理学、宗教学、政治学等学科在涉及文化研究时也各持己见，提出了各式各样的文化定义。历史学家常常把文化看作社会的遗产，或者传统的行为方式的全部结丛；心理学家则往往把文化视为个体心理在历史银幕上的总映像，或者是为满足个人心理动机所选择的行为模式；结构主义者强调文化是由各种要素或文化特征构成的稳定体系；发生论者则辩称，文化是社会互动及不同个人交互影响的产品；有的人偏重文化观念的作用，把文化定义为观念之流，或观念联结丛；有的人则倾向于将文化作为社会规范的价值，把文化界定为不同人类群体的生活方式，或者共同遵守的行为模式，如此等等。1952年，美国人类学家A. L. 克罗伯和克拉克洪搜集罗列的有关文化的定义就达160种以上。这些定义按照内容的侧重点，大致可分为六类：（1）记述的定义；（2）历史的定义；（3）规范的定义；（4）心理的定义；（5）结构的定义；（6）发生的定义。[②] 后来，法国社会心理学家A. 莫尔又继续此项统计，结果表明，到20世纪70年代，世界文献中的文化定义已达250种以上，真可谓仁者见仁智者见智。

不过文化的定义虽多，但习惯上，人们把它主要分为两类，即广义文化和狭义文化，或大文化和小文化。广义的文化，通常是人类学家对文化概念的理解，它是指人类社会的全部生活方式，包括人类通过后天学习掌握的各种思想和技巧，以及用这种思想和技巧创造出来的物质文

---

① E. B. Tylor, *The Origions of Culture*, p. 1, Harper and Brothers Publishers, New York, 1958. 转引自黄淑娉、龚佩华：《文化人类学理论方法研究》，广东高等教育出版社1998年版，第9页。

② A. L. Kroeber and C. Kluckhohn, *Culture: A Critical Review of Concept and Definitions*, New York: Vintage Book, 1963. 转引自黄淑娉、龚佩华《文化人类学理论方法研究》，广东高等教育出版社1998年版，第9页。

化。现代许多人类学家认为，文化是社会成员通过学习从社会获得的传统的生活方式、思维方式和行为特征，是群体（社会）所赖以起作用的规则。狭义文化，是指人类创造的物质财富和精神财富的一部分，尤其偏重于精神财富方面的一部分。它常常相对于政治、经济等方面而言，是指与政治、经济、军事等并列的人类活动的一个重要组成部分，是关系人类社会的思想理论、道德风尚、文学艺术、科学教育等精神方面的内容，即"观念形态的文化"。

在本书中，笔者从文化主体性出发研究文化，把文化视为人类社会创造和传承的精神财富与物质财富的总和，即广义上的文化概念，书中所使用的"民族文化"概念的内涵是一个民族所创造出来的物质财富和精神财富的总和。需要说明的是，由于民族文化的创造主体民族本身就是一个复杂的体系，因而其内部也非整齐划一。在我国，中华民族是由汉族和少数民族组成的复合民族。在我国，"民族"概念的使用或指中华民族，或指少数民族，与这两个层面的"民族认同"相适应，必然会产生两种"民族文化"，一种为中华民族文化，是第一个层次的民族文化；一种为各个民族的民族文化，各民族的民族文化相对于中华民族文化而言，是第二个层次的民族文化。中国民族文化的这种层次性，是中国各民族经济、社会、政治和文化长期互动的历史产物。在本书中，笔者将根据不同的场合和阐述相关问题的需要，分别在上述两个层次上使用"民族文化"这个概念。

二　研究现状

"西部大开发与新疆多元民族文化关系研究"是一个综合性很强的研究课题。目前，对这一课题，国内外学者尚缺乏全面系统的研究。但与本课题相关的一些问题，有些已有初步研究。

在文化研究方面，近年来，伴随着经济全球化的发展趋势和人们文化意识的上升，我国文化领域的研究日趋活跃，研究者们围绕文化哲学、文化史学、中西文化比较研究、社会主义文化基本理论、大众文化、城市文化、农村文化、企业文化和文化产业等方面的问题进行了相当广泛的研究，出现了一批高水平的研究成果，《中国社会科学》《哲学研究》

《文化研究》等学术刊物发表了一些有分量的文化学论文。对本研究课题具有启迪意义的是，在文化哲学层面上，许多学者对经济全球化条件下的文化创新与发展以及文化走势问题进行了前瞻性研究，发表了不少富有建设性意义的论文。其中，对于多元文化研究较有代表性的论文有：郑晓云《论全球化与民族文化》（《民族研究》2001 年第 1 期）、王亚南《关于全球化中的文化多样性保护》（《思想战线》2002 年第 1 期）、蓝军《经济全球化背景下的文化问题的一些思考》（《社会科学战线》2002 年第 2 期）、万俊人《经济全球化与文化多元论》（《中国社会科学》2001 年第 2 期）、汤一介《"和而不同"原则的价值资源》（《学术月刊》1997 年第 10 期）、李德顺《全球化与多元化——文化普遍主义和特殊主义之争的思考》（《社会科学论坛》2002 年第 4 期）、何星亮《文化的民族性与世界性》（《云南社会科学》2002 年第 5 期）等。这些论文的观点存在明显分歧，对全球化背景下文化的发展趋势问题，学术界远未达成共识和形成结论。

目前，学术界对全球化背景下的文化走势，主要有以下三种观点：

第一种观点认为，文化全球化是全球化时代文化发展的趋势。持这种观点的学者认为，全球化是一个社会的整体性运动，如果只承认经济全球化而不承认文化全球化，那就违背了基本逻辑。他们强调经济对文化的决定性作用，认为经济全球化必然会产生相应的普世文化。

第二种观点认为，文化多元化是全球化时代文化发展的趋势。持这种观点的学者认为，文化是具有主体性的，它建立在人与人不同的前提之上，因此，文化的发展必然有一个主体选择的过程。在国家和民族没有消亡之前，即在没有形成一个世界国之前，不可能有一种整合的全球文化。持这种观点的学者强调文化的特点和差别，认为经济全球化并不构成文化走向趋同或一体化的条件，相反，由于全球化条件下的差异性加剧或利益多元格局的存在，反而会使文化发展的多样性有了更为牢靠的基础。

第三种观点，是上述两种观点的折中方案。其基本思想是：经济全球化和文化多元化会同时加强。持这种观点的学者认为，不能笼统地，在抽象意义上研究全球化时代的文化发展趋势，这在实践中是不能成立的，也是不可取的。在全球化发展过程中，人们在物质文化和科技文化等方面会日趋一体化，但在价值理念、思维方式、审美取向等方面仍然存在差异，人们在精神文化方面会呈现出多元化的发展态势。

笔者认为，第一种观点、第二种观点分别从社会学和人类学两个视角出发来研究全球化背景下的文化走势，有其合理性，但也有片面性。从文化发展规律来看，文化发展是内因和外因相互作用的结果。所以，单纯地从社会或者人的角度来认识文化发展规律是不够的，由此导出的结论也是片面的，只有将两者结合起来进行综合研究才符合文化发展规律。第三种观点力图克服前两种观点的片面性，综合其合理性，就其主要方面来说是合理的，笔者大体认同这种观点，但同时，又认为这种观点尚欠深度，论证还不够。比如，文化的哪些方面一体化趋势会加强，哪些方面多元化趋势会加强；从哪种意义上说一体化趋势会加强，从哪种意义上说多元化趋势会加强。这些研究上的不足势必会影响这种"多元一体论"的现实指导意义，更重要的是包括"多元一体论"在内的这些观点都需要实践的检验和强有力的实证依据。新疆是一个典型的多元民族文化区，选择它进行研究，可以为全球化时代多元文化的发展提供参考。

在新疆多元民族文化研究方面，目前的研究基本上处于一种搜集整理资料和描述性研究阶段。有关研究成果散见于一些学术刊物。总体来看，关于新疆各民族历史文化的研究成果可喜，代表性的著作主要有：余太山主编《西域文化史》、尚衍斌著《西域文化》、王嵘著《西域文化的回声》、薛宗正主编《中国新疆古代社会生活史》、李德洙主编《中国少数民族文化史》、刘志霄主编《中国维吾尔历史文化论丛》、苏北海著《哈萨克文化史》、贾合甫·米尔扎汗主编《哈萨克族文化大观》、西仁库尔班·伊明江著《塔吉克民俗文化》等。这些研究成果为我们全面、准确地认识和把握新疆民族文化发展规律奠定了良好的历史文化资料基础。遗憾的是，对于新疆现代化进程中各民族文化变迁的系统研究少之又少，即使有一些研究成果也常常附属于新疆民族宗教问题的研究范畴。专门对新疆民族文化发展问题进行系统研究的主要有贾合甫·米尔扎汗、魏萼主编《新疆民族经济文化发展研究》、王栓乾主编《走向 21 世纪的新疆·文化卷》等，但这些成果并未将民族文化发展与西部大开发战略结合起来进行研究。把西部大开发与新疆多元民族文化结合起来进行研究，只见于一些零散的论文,基础研究资料十分缺乏。截至目前,较为系统地反映现代化进程中新疆民族文化发展状态的研究资料主要有中国少数民族现状与发展调查研究丛书中的《富蕴县哈萨克族卷》(杜荣坤等编著)和《墨玉县维吾尔族卷》(任一飞等著),但它们仅为我们提供了新疆各民族文化变迁的大致轮廓,而且,主要是反映西部大开发前新疆各民族文化变迁的状况。因此,全面、系统地把握和研究西部大开发进程中新疆各民族文化的变迁还需要做大量的基础性工作,还需要运用科学、规范的田野调查方法获取第一手的资料,这是实现研究目的的前提条件。

总体来看,目前,对新疆多元民族文化的研究还缺乏宏观的、具有整合性和系统性的理论阐释和实证分析,把它与西部大开发结合起来进行系统的、历时和共时结合的研究尚属空白。

本书把新疆这个多元文化交汇的地方作为个案进行系统研究,拟通过对新疆各民族现实生活中的文化活动和文化变迁的调查研究,结合相关理论进行探讨,这种研究不仅有助于我们深化、丰富对多元文化价值意义、发展趋势等当前文化学研究领域中热点问题的认识,还有助于我们正确认识和处理西部大开发背景下现代化和新疆多元民族文化关系这一重大实践问题。因此,本研究不仅具有重要的理论意义,还具有重大的现实意义。

三　研究范式、方法及突破点

"西部大开发与新疆多元民族文化关系研究"从性质上看,属于一个跨历史学、文化人类学和社会学的多学科综合性研究,因此,在研究过程中,笔者综合运用了多学科的理论和方法,如历史学、文化人类学、社会学、民俗学和教育学等,进行多维的研究和探讨。之所以选择这种多学科理论与方法综合交叉研究的范式,首先是理论思辨的结果。从学理上讲,社会系统是具有整体性的,而且,是一个以多层次性、异质性等诸多因素交互作用和历史性演化为特点的有机整体,这种整体性特点内在地要求社会科学研究的综合性。因此,对社会事实的研究,如果仅仅局限于一种方法和视角,不可避免地会存在片面性,难以客观、全面地反映社会事实本身。其次是认识和解释新疆多元民族文化社会事实的现实需要。目前新疆多元民族文化的发展，一方面是各民族在物质生活方面的一律化、模式化的趋向越来越明显，在物质、科技方面文化互借、渗透的现象越来越普遍；另一方面，却是民族意识普遍增强，民族间的利益矛盾突出，利益纠纷增多，各民族表现出对文化民族性的强烈愿望和要求，民族文化出现物质特征弱化和精神特征强化并存的状态。这印证了美国著名社会学家罗兰·罗伯森对经济全球化时代全球文化发展态势所作的宏观描述："全球资本主义既促进文化的同质性，又促进文化的异质性，而且，既受文化同质性制约，又受文化异质性制约。"① 民族文化求同的趋势和求异的要求并存，趋同与冲突共存构成了经济全球化背景下民族文化发展的悖论，而且，这两者彼此依存，相反相成。如果说，民族文化趋同反映的是深层次的人类经济理论与科技理性不可抗拒的力量，那么，文化冲突就反映了不同民族对自身文化传统和价值信念的坚持。只有在二者之间保持必要的张力，并在这种张力中寻找平衡，人类文明才会可持续发展，各民族才能和谐相处。从表面上看，当前新疆民族文化发展的这种内在的充满矛盾的过程，是一个悖论，但是，在这一悖论的背后却是文化发展的辩证本性。从这一社会事实出发，仅凭社会学或者人类学的研究视角是不够的，无法对这一社会事实作出全面、客观和科学的解释，必须把社会学和人类学的视角结合起来，才能合理解决这个问题。

为此，本书在一种整合意义上，在西部大开发与新疆多元民族文化的互动关系中，综合运用多学科的理论和方法研究西部大开发背景下新疆多元民族文化的建构问题，进而尝试性地在整体性基础上建构一种对新疆多元民族文化的认识和解释框架。通过对新疆多元民族文化变迁的历史回顾，探讨新疆多元民族文化的历史发展规律和特点；综合运用社会学和文化学的理论和方法对西部大开发进程中的新疆多元民族文化现状进行梳理和探讨，同时，对西部大开发进程中新疆多元民族文化发展所面临的突出问题，即民族传统文化的现代性转型及中华民族凝聚力问题，在理论阐释和实证分析相结合的基础上进行深入讨论，试图通过这

---

① ［美］罗兰·罗伯森：《全球化——社会理论和全球文化》，梁光严译，上海人民出版社2000年版，第4页。

种共时与历时结合、主位与客位结合的研究视角，在文献资料与田野调查资料结合的基础上较为系统、立体和客观地反映西部大开发背景下新疆多元民族文化发展变化的现状，期望这种研究成果能够更加符合新疆的客观实际，能够对新疆多元民族文化实现现代性转型，对新疆构建和谐文化、和谐社会产生积极影响。

需要说明的是，民族文化是一个复杂的社会现象。由于其结构体系的复杂性，学者们往往从不同的层面和视角对它进行观察和分析，如物质文化和精神文化"两分说"，物质、制度、精神或实物、行为、观念"三层次说"，精神、行为、制度、物质或智能、物质、规范、精神"四层次说"，"多要素论"或多结构说等。但在全球化语境下，新疆各民族文化的发展面临的问题首先是文化一体化和文化多元化的问题，而现实生活中的新疆各民族文化的变迁既表现在显性文化层面的变迁进程中，也表现在隐性文化层面的变迁进程中，故而笔者选择从显性文化和隐性文化两个层面来观察和研究新疆各民族文化。所谓显性文化即文化的表层结构，它是文化中人们能够看得见、摸得着且有明确的形态和模式的那个部分。所谓隐性文化，是一个与显性文化相对的概念，它是文化的深层结构，是文化中隐蔽的、深层的观念和模式，涉及价值观、审美情趣、观念形态等内容。

为了使读者对本研究有一个清晰的把握，有必要先对研究过程中采用的两种研究方法，即定性研究与定量相结合、主位研究与客位研究相结合的研究方法进行概述。

基础资料零散，尤其是西部大开发以来新疆多元民族文化现状的基础资料缺乏是本研究首先需要解决的问题。为了获取必需的基本资料，笔者运用访谈法、问卷法、观察法、文献法等定性与定量相结合的方法，围绕新疆多元民族文化变迁现状和文化认同问题收集资料。通过定性调查获得了一些概念性认识，通过定量调查获得了一些量化资料，在质与量的统一中，获得了较为全面地反映新疆多元民族文化转型态势和程度的调研资料。选择这种方法进行调研和收集资料是力图通过方法论的科学性保证研究资料的全面、客观。

主位、客位研究方法是当代文化人类学家在做田野调查时较多采用的一种方法。这种方法是从两个不同的角度即事件的参与者和旁观者的角度去观察人们的思想和行为，从而作出科学的评价。本书主要是根据新疆民族结构特点和各民族的经济文化类型来确定问卷发放对象、观察、访谈和调查会对象。在整个调查和研究过程中，始终把文化负荷者和笔者的研究观点有机结合起来，并在此基础上探讨西部大开发与新疆多元民族文化的关系问题，努力使研究成果符合新疆实际，体现时代发展要求和新疆各民族的共同愿望。

总之，本书把新疆多元民族文化问题放在深远的历史视野中，运用定性与定量相结合、主位和客位相结合、文献资料和社会调查资料相结合的研究方法，从历史学、社会学和人类学的不同视角对西部大开发与新疆多元民族文化关系问题进行综合性研究。笔者认为，这种研究方法是科学、有效的，在此基础上形成的结论是客观、可信的。

本书的创新之处主要体现在以下三个方面：

第一，本书是在历史与现实、理论与实证、田野调查与文献资料结合的基础上研究新疆多元民族文化问题的，把多学科的理论和方法综合运用到新疆多元民族文化问题的探讨之中，在方法论上具有创新性。

第二，首次对西部大开发进程中的多元民族文化进行较为系统、立体和客观的描述。特别是通过田野调查获取了第一手资料。通过研究，笔者得出这样的结论：实现新疆民族文化的现代性转型以及培育和增强中华民族凝聚力是西部大开发进程中新疆多元民族文化建设的两大关键问题。实现新疆民族传统文化的现代性转型，不仅顺应了时代发展的潮流，也符合新疆各民族人民的共同愿意和要求。实现这种现代性转型既需要党和政府积极有效的引导，也需要新疆各民族人民不断克服自我封闭的历史惰性。在实践中，新疆需要着力解决好民族文化和经济发展、民族文化的保护与开发、民族文化的继承与发展这三种关系，以使新疆多元民族文化不仅具有朝气和活力，还具有竞争力。要高度重视文化认同在培育和增强民族凝聚力方面的重要作用。这既是中国统一多民族国家得以长期存在的基本经验，也是经济全球化发展的时代要求。把确立和强化公民身份是第一身份的意识作为核心，构建新疆各民族社会成员文化多元和国土、政治一体的认同框架，为增强中华民族凝聚力增添新要素。同时，警惕敌对势力的文化渗透，维护新疆文化安全。

第三，作为一个典型个案，新疆多元民族文化研究还为我们认识和把握全球化时代文化发展的趋势提供了强有力的实证依据。其现实样态验证了全球化背景下经济全球化和文化多元化会同时加强,文化发展趋势是多元一体的观点。

第一章

新疆多元民族文化的历史变迁

第一节 古代西域多元民族文化的发展与变异

一 史前时期西域的人种类型与文化类型①

西域自古以来就是多民族聚居的地方，也是中西文化交流、融会的地方。人是文化创造、交流和传播的主体。研究表明，史前时期西域文化的承载主体是多元的。

根据目前掌握的考古资料，在距今 2 万年至 1 万年的旧石器时代晚期，西域就有了人类活动。战国时期，西北地区分布着许多名号不一的古老部落，我国史籍将其统称为"西戎"，西戎中的昆仑、析支、渠搜应在西域境内。有关西域居民的人类学研究成果可以使我们对先秦时期西域居民的人种情况有一个大体了解：先秦时期西域的人种成分是复杂多样的，主要有欧罗巴人种、蒙古利亚人种以及欧罗巴人种和蒙古利亚人种的混合型。在欧罗巴人种中，又存在许多不同的类型，如阿凡纳羡沃类型、安德罗沃类型、前亚类型、帕米尔—费尔干纳类型、印度—阿富汗类型以及这些类型相互混杂的复合类型。② 从总体上看，欧罗巴人种占优势。而且，这些不同的人种类型在时间和地域上的分布和变化的似乎呈现这样的趋势：在青铜时代，西域中部（以孔雀河古墓沟墓葬为代表）已经有欧罗巴人种的阿凡纳羡沃类型、安德罗沃类型。到早期铁器时代，

① "西域"有广义、狭义之别。文中使用的"西域"属于狭义范畴，专指我国新疆地区。在叙事过程中，由于各历史时期的具体情况不同，又往往超出今天新疆的范围。西域史前时期包括旧石器时代、中石器时代、新石器时代、铜石并用时代、青铜时代和早期铁器时代。

② 韩康信：《新疆古代居民的种族人类学的初步研究》，《新疆社会科学》1985 年第 6 期；韩康信：《新疆古代居民人类学研究和维吾尔族的体质特点》，《西域研究》1991 年第 2 期。

在西域南部（以香宝宝墓葬和山普拉墓葬为代表）是欧罗巴人种的印度
—阿富汗类型和安德罗沃类型；在西域东部（以焉不拉克墓葬为代表）
是蒙古利亚人种的东藏类型和欧罗巴人种的阿凡纳羡沃类型、安德罗沃
类型；在西域北部或西部（以夏台墓葬、波马墓葬为代表）是欧罗巴人
种的帕米尔—费尔干纳类型、前亚类型、安德罗沃类型和欧罗巴人种与
蒙古利亚人种的混合型；而在西域中部（以阿拉沟墓葬为代表）则是欧
罗巴人种的印度—阿富汗类型、帕米尔—费尔干纳类型、印度—阿富汗
类型和帕米尔—费尔干纳类型之间的过渡型、蒙古利亚人种、蒙古利亚
人种与欧罗巴人种的混合型。[①] 这表明，西域是一个欧罗巴人种和蒙古利
亚人种相互交汇的地方。欧罗巴人种和蒙古利亚人种在西域的具体分布
是：蒙古利亚人种主要位于西域东部地区，他们自东向西不断活动；欧
罗巴人种则主要位于西域西部地区，他们自西向东不断活动。两大人种
在西域的汇聚和相互渗透与西域处于亚洲大陆腹部，位于中西交通要道
有很大关系。西域从有人类活动起，居民人种成分就是复杂多样的。

　　由于史前时期西域文化的情况没有文字记载，我们只能借助考古学
资料来认识。目前，在新疆境内，考古学中的旧石器时代、中石器时代
完整意义上的遗址还没有发现，新石器时代考古虽然考古学界仍存在分
歧，但在微观层面已经做了大量卓有成效的发掘和研究工作，这些研究
成果为我们了解和认识先秦时期西域居民的文化提供了坚实的基础。在
新疆众多的文化遗址中，哈密七角井、鄯善迪坎儿、于田巴尔康苏拉、
阿尔金山腹地的野牛泉、木垒七城子等是目前考古学发现和研究比较充
分的遗址，而且，这些遗址具有一定典型性，它们分别代表了新疆绿洲、
山谷、高原的不同文化类型。分析和研究这些遗址，可以使我们对先秦
时期西域文化的轮廓有一个大致的了解。根据有关研究成果，当地居民
使用石器、铜器和铁器（晚期），主要从事畜牧业和农业，制陶、毛纺
织、编织、冶铁等手工业也较为发达。特别是铁器的使用和小麦的种植
与食用，比内地为早，但是，总体水平仍然落后于内地。而且，这些居
民一方面因居住地方生态环境的类似，在经济文化上表现出一些共性，

---

① 余太山主编：《西域文化史》，中国友谊出版社 1995 年版，第 35 页。

另一方面，又由于绿洲、山谷和高原等具体生态环境的不同而略有差别。① 此外，由于西域人种成分复杂，西域史前文化还表现出一定程度的交融性。在西域史前文化中，存在许多与周围地区文化相同或相似的因素，正如有学者指出的，它"既具有土著性，同时又与其周围地区有着交往和联系。土著性是主流，它决定了西域的史前文化具有与其他地区有很大差别的地域性特征；交往和联系是支流，它又使西域的史前文化具有一些外来因素或与其他地区相同或相似的因素"②。

二　汉唐时期西域多元民族文化的变迁

汉唐时期，伴随着国家的统一或分裂，民族的兴衰、迁徙，各民族之间以及与周边国家之间的文化交流和碰撞，西域多元民族文化得到了进一步的发展，在发展中还发生了重大变异。

汉代，我国史籍对西域地区居民的族属有较为明确的记载。据载，当时在西域活动的民族主要是塞人、羌人、月氏、乌孙、匈奴和汉人。

塞人，西方史籍称之为"萨迦（Saka）"。战国时期，主要活动在以伊犁河流域为中心的广大地区。汉文帝三年（前177），在大月氏人的挤压和打击下，塞人被迫放弃伊犁河流域，他们中的一部分南下，散处帕米尔高原各地，以后又东向进入塔里木盆地，"自疏勒以西北，休循、捐毒之属，皆故塞种"③。与此同时，受秦国、匈奴、汉朝西扩运动的影响，羌、月氏、乌孙、匈奴、汉等民族相继进入西域。

羌人早在秦献公时期（前384—前362年），就已经由河湟一带越过阿尔金山进入塔里木盆地，其迁徙活动一直延续到东汉以后。在塔里木盆地和罗布泊一带，特别是塔克拉玛干沙漠以南，昆仑山以北，直到葱岭，包括若羌、鄯善、且末、于阗、西夜、蒲犁以及天山南麓的龟兹等地，其居民都与羌族有密切关系④。20世纪60年代，天山南麓沙雅绿洲发现的一枚"汉归义羌长"铜印，就是羌人在西域活动的有力证据。

---

① 周伟洲：《新疆的史前考古与最早的经济开发》，《西域研究》2003年第4期。
② 余太山主编：《西域通史》，中州古籍出版社1996年版，第40页。
③ 《汉书》卷96上《西域传》，中华书局1962年版，第3884页。
④ 《三国志》卷30《乌丸鲜卑东夷传》注引《魏略·西戎传》，中华书局1959年版，第858—863页。

月氏、乌孙，"本居敦煌、祁连间"①。敦煌，指汉代所设敦煌郡（治今甘肃敦煌）；祁连，应为今新疆东部天山，匈奴称"天"为祁连。西汉初年，在匈奴的攻击下，月氏被迫离开故地，西迁伊犁河、楚河流域，赶走了原先居住在那里的塞人，据有其地。但不久，在紧随其后的匈奴与乌孙的联合进攻下，被迫再迁至大夏（今阿姆河上游地区），伊犁河流域一带则被乌孙占据。在月氏西迁的同时，匈奴也进入西域，以征服者的身份雄踞西域，成为西域的统治民族。史载："匈奴西边日逐王置僮仆都尉，使领西域，常居焉耆、危须、尉犁间。"②

匈奴的崛起，不仅引发了河西走廊一系列的民族迁徙活动，还促使汉朝积极经营西域。匈奴崛起后，不仅向西发展，还向南扩张。它经常越过长城，掠扰汉朝，严重影响了汉朝北方地区社会经济的发展，为此，汉朝与匈奴之间展开了长期角逐。为了"断匈奴右臂"，建元三年（前138）、元狩四年（前119），汉武帝先后两次派张骞出使西域，汉朝与西域建立了直接联系。汉宣帝神爵二年（前60），设立西域都护府，对西域行使有效管辖，西域正式成为祖国的一部分。随着汉朝对西域的经略，汉人西迁西域的人数日增，并在西域逐渐形成了遍布各地的大分散和各屯田点小集中的分布格局。

这一时期，发生了一件在西域文化史上具有标志性意义的事件，就是张骞"凿空"，从此"丝绸之路"正式开通，东西方交通道路畅通，为东西方文化大规模的交流提供了条件。通过这条东西方文化交流的通道，汉文化、波斯文化、印度文化等世界几大文明在西域汇聚与碰撞，这种文化交流的格局决定了以后西域文化发展的面貌和今天新疆文化模式的特色。其实，在"丝绸之路"开通之前，西域与周边地区就已存在着交往和联系，只是这种联系和交往大多属于民间性质，而且很零散。张骞通西域以后，西域与中原地区才开始大规模的官方交往，"丝绸之路"也因此得到实质性开发，这使得外来文化对西域本土文化的影响更加广泛和有力。

通过对不同文化类型的探索，我们可以对汉代西域多元民族文化的

---

① 《汉书》卷96上《西域传》，中华书局1962年版，第3890—3891页。
② 同上书，第3872页。

面貌有一个大致了解。

在生产方式方面，塔里木盆地和吐鲁番盆地属于绿洲农耕经济，天山以北的乌孙国等属于草原游牧经济。对此，《汉书·西域传》曾记载："西域诸国大率土著，有城郭田畜，与匈奴、乌孙异俗。"不过，西域天山以南的绿洲农耕经济不是单纯的农耕经济，而是以农耕为主，兼营畜牧业和商业。当时，活动于天山以北地区的塞人、月氏、匈奴和乌孙所代表的文化是草原游牧文化。对于这一时期西域草原游牧文化的特点，我们通过乌孙文化可见一斑。史称，乌孙"不田作耕种，随畜逐水草"①。饮食居住是"穹庐为室兮旃为墙，以肉为食兮酪为浆"②。而且，还有一定规模的农业和手工业，能够铸冶、制陶和毛纺织等。

在语言文字方面，主要有印欧语系、汉藏语系和阿勒泰语系。具体地说，早期天山以南地区居民的语言大多属于印欧语系。现有的研究表明，在于阗、鄯善一带流行属印度语支中西北俗语的佉卢文。③ 属于汉藏语系的有羌人、汉人；属于阿尔泰语系的有匈奴人、乌孙人。随着汉族的大量移入，汉语文也在城郭诸国中广泛流行。一些上层贵族使用较多，而且程度很高④。

在宗教信仰方面，天山以南的绿洲城邦诸国主要流行萨满教、袄教和佛教。其中，萨满教是西域土生土长的宗教。它相信万物有灵，认为世界上的一切生灵都有灵魂，山川河流、风霜雨雪也有神灵，因此，都成为人们崇拜的对象。当时，巫术盛行于各国。《后汉书·班超传》记：于阗"其俗信巫"。大约在公元前4世纪，袄教传入西域。⑤ 公元前1世纪左右，佛教传入西域。⑥ 佛教传入西域后，得到各国统治者的大力推崇，很快发展起来，逐渐成为前伊斯兰时期（公元10世纪以前）在西域占主导地位的宗教。由于传播的途径不同，佛教艺术在西域存在地域性

---

① 《汉书》卷96下《西域传》，中华书局1962年版，第3901页。

② 同上书，第3903页。

③ 魏忠：《中国的多种民族文字及文献》，民族出版社2004年版，第9页。

④ 马雍：《古代鄯善、于阗地区佉卢文字资料综考》，《西域史地文物丛考》，文物出版社1990年版，第60—88页。

⑤ 李泰玉：《新疆宗教》，新疆人民出版社1989年版，第14页。

⑥ 李进新：《新疆宗教演变史》，新疆人民出版社2003年版，第103页。

差异。具体地说，塔里木盆地南缘的佛教艺术与犍陀罗艺术关系密切，北缘的龟兹佛教艺术则与巴米扬石窟壁画艺术风格相似。在天山以北草原地区活动的民族，主要信奉原始宗教。如乌孙人崇拜自然、崇拜图腾、信奉萨满教；匈奴人祭祀祖先、天地和鬼神等。

汉朝时期，影响西域文化的外来因素主要有匈奴游牧文化、中原汉文化、波斯文化和印度文化。匈奴游牧文化和中原汉文化主要凭借政治力量辐射、影响西域各民族的社会生活和文化习俗；对西域的长期统治，使它们的文化因素深深地烙印在西域当地民族的社会生活和习俗中。据文献记载，张骞初通乌孙时，乌孙昆莫"见骞如单于礼"，"昆莫起拜，其他如故"。[①]匈奴的官号，如侯、左右将、左右都尉、左右骑君、译长等为西域诸国采用。[②]中原王朝在西域大规模的屯垦戍边，将中原先进的农业耕作技术和水利灌溉技术等传播到西域，也使汉字、音乐、舞蹈和汉族习俗对西域各民族产生了一定的影响。《汉书·西域传》曾记，龟兹王绛宾"乐汉衣服制度，归其国，治宫室，作徼道周卫，出入传呼，撞钟鼓，如汉家仪"。而波斯文化和印度文化则通过祆教和佛教影响西域各民族，大量的考古材料证明了这一点。1976—1978年，考古工作者在乌鲁木齐南山阿拉沟墓地、天山中部的勒拿河谷发现了祆教的遗物"青铜双兽铜盘"，[③]它表明了祆教对西域民族的影响。在塔里木盆地南缘民丰合葬墓曾经出土了一块蜡染棉布，"蓝色印花，图案为一半身裸体人物像，带璎珞，手持一长筒状物，有头光，具有明显的佛教艺术色彩"。[④]此外，和田、尼雅一带出土的佉卢文钱币和文书，古龟兹国的佛教石窟遗址等，都昭示着印度佛教文化对西域民族文化的浸润。

魏晋南北朝时期，中原出现了历时三百多年的大动荡、大分裂局面，中央政权对西域的管辖有所削弱，与此同时，匈奴势力也逐渐退出西域北部草原，这种政治格局为诸多政治势力在西域的角逐提供了条件。经过激烈的兼并，西域原有的几个地方政权在天山以北形成了乌孙和车师

---

① 《汉书》卷96下《西域传》，中华书局1962年版，第3902页。
② 尚衍斌：《西域文化》，辽宁教育出版社1998年版，第73页。
③ 李进新：《新疆宗教演变史》，新疆人民出版社2003年版，第78页。
④ 新疆博物馆：《新疆民丰县北大沙漠中遗址墓葬区东汉合葬墓清理简报》，《文物》1960年第6期。

两国，在天山以南形成了焉耆、龟兹、鄯善、于阗和疏勒五国，西域社会政治出现重大变动。这种变动，引发了西域民族结构的变迁。

在漠北高原，继匈奴之后，鲜卑、柔然先后建立了政权，统治了包括西域在内的原由匈奴控制的地区，鲜卑人、柔然人因此进入西域。之后，又有嚈哒、吐谷浑进入天山以南地区，更替统治；天山以北地区继鲜卑、柔然等东胡语系部族统治之后，开始了高车、突厥等突厥语系部族统治西域的历史。天山南北这种频繁的民族迁徙，造成了各民族间的接触混杂，促进了西域的民族大融合。

这一时期，"丝绸之路"在西域境内除了过去传统的两条线路外，还开通了新道。新道从玉门关西北行，经横坑，避开三陇沙及白龙堆，经五船等地至高昌，复西行与中道合于龟兹，这样，"丝绸之路"西域一线就有了南道、中道和北道（新道）三条交通干线。东西方交通网络因此得到进一步扩展，东西方人员往来、文化交流更加便利和频繁，范围更加广阔。中亚一些民族（主要是粟特人）前来从事贸易，有的在西域定居。

除了上述这些新的民族成分外，这一时期，为避战乱，河西走廊的汉族大量移居高昌，致使高昌地区逐渐发展成以汉族为主体的高昌麴氏王国，该政权存在时间长达一百四十余年。两汉时期曾经活跃在西域政治舞台上的乌孙则在柔然的攻击下，这时已被迫迁往葱岭西南一带。

这一系列变故，使天山南北的民族结构发生了变化。除高昌麴氏王国，其余各城郭国形成了以印欧语系语言的白色人种或黄、白混血人种为主，羌人退居次要地位的人种分布格局。① 这样，西域在文化上形成了以地域为特点的"城邦文化圈"。由于融会的东西方文化因子和程度不同，"城邦文化圈"又分为几个亚文化圈：以汉文化和犍陀罗文化并行为特点的鄯善、且末文化圈；以东西文化交融为特点的高昌文化圈；以佛教文化为主体的于阗文化圈和龟兹文化圈。其中，于阗为大乘佛教文化中心，龟兹是小乘佛教文化中心。这些文化圈的形成及其特点，与东方文化（主要是汉文化）的西传和西方文化（主要是佛教文化）的东渐路

---

① 薛宗正主编：《中国新疆古代社会生活史》，新疆人民出版社 1997 年版，第 119 页。

线基本一致，即越往西，东方文化的影响越小，西方文化的影响越大。①
而在天山以北的草原地区，悦般、高车和柔然等游牧民族创造着"行国"
文化。他们的文化总体上与游牧经济方式相适应，但在大同中有小异。
共性主要表现为信仰萨满教，习俗相同或相近，差异性在于对外来文化
取舍有所不同，仍表现出本民族文化的特性。

隋唐时期，西域地区先后为突厥、唐朝和吐蕃等政权统治。

突厥是继匈奴、鲜卑、柔然之后，在漠北草原兴起的又一个古代游
牧民族。突厥原是铁勒的一部，其祖先以阿史那为姓，是一个以狼为图
腾的部落。起初，他们活动在叶尼塞河上游一带，后迁至高昌（今吐鲁
番地区）北山。5世纪初，被柔然征服，被迫迁于金山（今阿尔泰山）
南麓，成为柔然的"锻奴"。因金山形似兜鍪，兜鍪俗称"突厥"，从此
该部以突厥之名出现在我国历史上。6世纪中叶，柔然衰落，突厥在阿史
那土门的率领下迅速发展强大，并于西魏废帝元年（552）大败柔然，以
漠北为中心建立起突厥汗国。木杆可汗时期（？—572），突厥东败契丹，
北并结骨，西破嚈哒，控制了东自辽东，西至西海（今里海），南自沙漠
以北，北至北海（今贝加尔湖）的广大地区。但是，由于统治集团内部
矛盾重重，缺乏共同的经济基础，突厥汗国的统一并没有维持多久。隋
开皇三年（583），突厥汗国大致以阿尔泰山为界分裂为东西两部。西突
厥位于阿尔泰山以西，据有和统治西域（包括中亚地区）。唐贞观四年
（630），东突厥政权为唐朝所灭。显庆二年（657），唐朝平定阿史那贺鲁
叛乱，西突厥政权灭亡。从此，唐朝以郡县、军镇和羁縻府州等多种行
政体制对西域进行了长期有效的直接管辖。

唐朝统治西域时期，虽然以阿史那氏为主体的突厥政权已经衰落，
但是，异姓突厥②在西域地区仍然很活跃。在西突厥势衰后，异姓突厥中
的突骑施部首先兴起，并一度取代阿史那氏控制了西突厥十姓故地。突
骑施政权灭亡后，南下的葛逻禄又取而代之，占据了西突厥十姓故地。
这些突厥语族诸部在西域特别是天山北麓的广大草原地区的统治及其活
动，揭开了西域突厥化的历史进程。

---

① 余太山主编：《西域文化史》，中国友谊出版社1995年版，第150页。
② 所谓异姓突厥，就是指改用突厥共名的西域九姓铁勒诸部。

吐蕃，乃藏族祖先。7世纪初，在其首领松赞干布的领导下，以逻些（今拉萨）为中心建立了政权。吐蕃政权建立后，不断向外扩张，与唐朝展开了对西域的争夺。经过几次拉锯战，吐蕃势力失败，唐朝取胜。天宝十四年（755），"安史之乱"爆发，唐朝将西域驻军大批内调，唐朝在西域的防御能力骤降，吐蕃乘机取陇右、河西和安西四镇，取代唐朝统治天山以南的西域地区。在今若羌县附近即古代米兰河畔就还可以看到当年吐蕃人驻军的城堡遗址。考古工作者曾在此发掘出土了大量文物，包括用吐蕃文书写的木简等。开成五年（840），漠北回鹘西迁。会昌二年（842），吐蕃王朝灭亡，吐蕃在西域的统治全面瓦解，回鹘逐渐成为西域新的统治民族。西域民族分布、民族关系格局也随之发生重大变化。

隋唐时期，除了上述政治势力交替控制引发的西域民族结构变动外，还有一些民族是因为经商等原因，通过"丝绸之路"移居到西域的，粟特人就是其中的典型代表。粟特人，又称"昭武九姓"，原居于阿姆河和锡尔河之间的泽拉夫尚河流域，擅长经商，长期活跃在"丝绸之路"上。唐代中叶，他们的商业、文化活动臻至极盛，足迹遍及西域各地。就目前所知，蒲昌海（今罗布泊地区）、播仙镇（今且末）、西州（今吐鲁番）、伊吾（今哈密）、疏勒（今喀什）、于阗（今和田）、龟兹（今库车）及河西地区的敦煌、肃州（今甘肃酒泉）、甘州（今甘肃张掖）、凉州（今甘肃武威）等地都有粟特人较为集中的聚落。① 这些粟特人或隶客籍，或为编户，也成为当时西域的新居民。

此外，8世纪中叶，大食帝国在东侵过程中，突破了唐朝在中亚地区的防线，唐天宝十年（751）的怛逻斯之战迫使唐朝将其势力范围收缩至帕米尔高原以东地区。伴随大食帝国的东侵，伊斯兰教传入中亚地区，中亚成了伊斯兰教传入天山南北的桥头堡。

大批中原内地汉人在唐朝统治西域期间也西徙定居西域。当时，汉族在西域的分布区域遍及天山南北，尤以三州（伊州、西州、庭州）四

① 张广达：《唐代六胡州等地的昭武九姓》，《西域史地丛稿初编》，上海古籍出版社1995年版，第265页；荣新江：《西域粟特移民考》，《西域研究》1993年2期；［日］池田温：《八世纪中叶敦煌的粟特人聚落》，载刘俊文主编《日本学者研究中国史论著选译》第9卷，辛德勇译，中华书局1993年版，第140—221页。

镇〔龟兹、于阗、疏勒、焉耆（后改为碎叶）〕为多，汉文化又一次以强劲之势传播到西域，且以汉文典籍、边塞诗、汉族习俗礼仪等著称于西域。

吐蕃在"安史之乱"之后取代唐朝成为西域新的主宰，他们在西域组编军队，驻屯部落，设立官职，划地征税等，大批吐蕃人随之进入西域，吐蕃文化也汇入西域文化之中。9世纪中叶，回鹘西迁，吐蕃势力退出西域后，仍有不少吐蕃人滞留当地，这些吐蕃人随着历史的发展，逐渐融入当地民族之中。

隋唐时期，西域虽然在政治上一度实现了统一，但绿洲经济的分散性以及各国在政治上的聚散分合，使绿洲城邦各国在文化上仍然呈现出五彩缤纷的多元状态。天山以北地区，主要是以突厥为代表的游牧文化。据记载，突厥"被发左衽，穹庐毡帐，随水草迁徙，以畜牧射猎为事，食肉饮酪，身衣裘褐，贱老贵壮"，这与匈奴相似。[①] 婚姻方面，实行收继婚制，这与乌孙相同。葬俗方面具劙面、焚尸和立石人的特点。宗教信仰复杂，从祖先崇拜到萨满教、祆教、景教，以及佛教都信仰过。天山以南地区，则是以高昌、焉耆、龟兹、疏勒、于阗等绿洲城郭诸国为代表的绿洲农耕文化。与此同时，各种势力在西域的频繁角逐以及"丝绸之路"的繁荣鼎盛，又使外来文化不断辐射、渗透到西域各民族文化之中。突厥文化、唐代汉文化、吐蕃文化、粟特文化等在西域的流布，为西域民族文化增添了新鲜的文化因子。文化的交流整合在天山以南绿洲地区十分突出。这种整合突出表现在：（1）文化上出现双向回授的现象。龟兹乐、高昌乐进入中原，成为隋唐宫廷乐的组成部分；以尉迟乙僧父子为代表的于阗画派对中原画风产生革命性影响，唐代长安一度"胡风"盛行。与此同时，唐代不少诗人从军到西域，以西域边塞诗为核心的中原文化登上西域历史舞台。（2）西域本土民俗文化与佛教文化、突厥文化交相辉映。龟兹的"断发"、"压头"、元旦斗牛习俗依然随处可见；"佛曲"在于阗、龟兹流行；突厥民俗文化在"丝绸之路"北道的影响日渐加深，突厥职官制度、突厥语及突厥风俗习惯诸如"被发左衽"、收继婚制度等逐渐为西域各族所接受。（3）多民族文化出现交融。高昌

---

① 《北史》卷99《列传·突厥》，中华书局1974年版，第3287页。

王国中的汉文化融入了突厥文化，"男子胡服""被发左衽"成为当地居民的时尚。回鹘汗国建立后，回鹘文化注入其中，汉文化、突厥文化、回鹘文化在高昌地区相融相济地发展。此外，吐蕃文化的介入也对西域各民族文化产生了影响。国外学者恩默瑞克在《于阗语中的藏文借词和藏语中的于阗文借词》一文中指出，在于阗语言中发现有三十多个藏文借词。① 随着粟特人进入西域，粟特文也对西域各民族产生了深刻影响。粟特文被突厥语各部借用后，笔形上略有变化，因主要为回鹘人使用，故称"回鹘文"。正是在各民族文化相互吸收、涵化的基础之上，西域民族文化开始了突厥化的历史进程。而此时的伊斯兰教势力，虽然由于吐蕃势力的阻挡，未能东扩延伸到西域，但是，作为一种新兴文化，它已经显示出旺盛的活力和进取精神。

三　宋元明时期西域多元民族文化的变异

公元 9 世纪中叶，建立于漠北地区的回鹘汗国为一支强大的游牧势力黠戛斯人所破，回鹘西迁，进入天山南北地区，填补了唐朝、吐蕃之后西域地区的权力空白，成为西域新的统治民族。

回鹘，唐代以前称作袁纥、韦纥、乌护、乌纥等。隋炀帝大业元年（605）始称回纥，唐德宗贞元四年（788）改称回鹘。回鹘在上述不同时代的名称以及后来元代的畏兀儿、伟吾而、外五等，均为 uyghur 的汉语音译。我国古代文献中记载的北方游牧民族丁零、高车、铁勒等则是其渊源。

据史书记载，突厥称雄漠北后，回纥被纳入突厥汗国（552—582 年）和东突厥汗国（583—630 年）统治之下。隋唐之际，东突厥汗国衰落，回鹘在薛延陀以北的娑陵水（今色楞格河）流域迅速崛起，开始了其独立发展的历史进程。唐玄宗天宝三年（744），回鹘首领骨力裴罗建牙于乌德鞬山（今杭爱山），创立漠北回纥汗国。疆域大致东起兴安岭，西至阿尔泰山，北接贝加尔湖，南抵阴山，"尽有突厥故地。"840 年，回鹘汗国因天灾、内乱和黠戛斯部进攻而灭亡。回鹘诸部溃散。其中两支南下，

---

① ［英］恩默瑞克：《于阗语中的藏文借词和藏语中的于阗文借词》，荣新江译，转引自《国外藏学研究译文集》第 6 辑，西藏人民出版社 1989 年版，第 136—161 页。

三支西迁。有的学者认为：西迁的回鹘，一支西奔葛逻禄，以后建立了喀喇汗王朝；一支奔"安西"，以后建立了高昌回鹘王国；还有一支投奔"吐蕃"，成为以后"甘州回鹘"和"沙州回鹘"的主体。高昌回鹘王朝和喀喇汗王朝在吐鲁番地区和葱岭西分别建立政权后，开始从东、西两端向塔里木盆地中心发展。1006 年（宋景德三年、辽统和二十四年），喀喇汗王朝灭于阗王国以后，与高昌回鹘王朝以阿克苏为界相对峙。西迁后的回鹘，受西域自然环境的影响和制约，经济文化进行了重构整合。这种整合表现在：生产方式由游牧向农业定居过渡；语言文字方面，高昌回鹘王朝主要使用以粟特文字母为基础创制的回鹘文；喀喇汗王朝使用以阿拉伯字母拼写的突厥语；宗教信仰更加多元化，过去主要信仰萨满教、摩尼教，西迁后又加上了祆教、景教和佛教。回鹘经济文化的不断整合，加快了西域民族融合的进程，这一融合进程由于回鹘在政治、经济、军事上已有的优势而呈现出回鹘化趋势，最终，西域形成了以回鹘为主体的民族共同体。

在西域各民族回鹘化的历史进程中，12 世纪 30 年代，一支具有很高汉文化素养的游牧民——契丹人迁至西域。契丹人西迁，使西域地区出现了盛唐以后汉文化西传的又一次高潮。只是此时西域的突厥化、回鹘化进程已经基本完成，契丹人短暂的统治未能改变这一历史进程，反而是契丹人随着历史的发展，融入被统治民族之中。

10 世纪初，伊斯兰教传入喀喇汗王朝。在喀喇汗王朝统治者的大力推行下，伊斯兰教继续向东传播。10 世纪 60 年代，信仰佛教的于阗王国和信奉伊斯兰教的喀喇汗王朝之间，爆发了持续近四十年的宗教战争，最终，于阗王国并于喀喇汗王朝，成为伊斯兰教的势力范围。接着，喀喇汗王朝又进攻高昌回鹘王国，但遭到激烈抵抗，无功而返。14 世纪末叶，东察合台汗国建立后，秃黑鲁帖木儿可汗用军事手段强力传播伊斯兰教，他以"圣战"的名义向东部吐鲁番一带扩张势力，也将伊斯兰教传到这一个地区。吐鲁番地区当时被称为"达尔伊斯兰"，意为"伊斯兰教统治的地区"。到 16 世纪初叶的叶尔羌汗国时期，佛教势力基本上退出哈密。伊斯兰教经过大约 6 个世纪的传播之后，终于取代佛教，成为新疆的主要宗教。叶尔羌汗国时期，塔里木盆地周围地区的居民完成了政治、经济、语言、文化和宗教方面的统一，形成了一种新的合成型文化，并在此基础上促成了近现代意义上的维吾尔族的形成。

13 世纪初，我国北方草原地区又兴起了一个强大的游牧民族——蒙古。蒙古之名始见于唐代，又名蒙兀室韦，居于望建河（今额尔古纳河）以东地区。成吉思汗统一蒙古各部后，开始向四周扩张。1218 年（宋嘉定十一年、元太祖十三年），蒙古大军灭西辽后，开始西征。经过三次西征，先后征服了中亚、伊朗、俄罗斯和东南欧，建立起庞大的蒙古帝国。在成吉思汗西征过程中，高昌亦都护（原西州回鹘国王）最早归顺成吉思汗，并派军队参加西征。成吉思汗将征服的土地分封给自己的儿子们。长子术赤分得伏尔加河流域，南俄草原及里海、咸海以北的钦察草原，建立了钦察汗国（又称金帐汗国）。次子察合台分得天山南部、伊犁河流域、博尔塔拉、中亚的七河流域及河中地区，建立察合台汗国。三子窝阔台得到阿勒泰草原、塔城地区和蒙古草原西部，建立了窝阔台汗国。高昌亦都护因西征有功，被成吉思汗收为义子，得以保留自己的领地。从此，西域进入蒙古人统治时期。

蒙古统治时期，我国规模空前的政治统一局面促进了各民族的相互往来和相互融合，西域境内出现了大规模的移民浪潮。在成吉思汗西征时，就有大量的女真人、契丹人、汉人、畏兀儿人和西夏人被征发安置到西域和中亚地区。元朝管辖西域时，忽必烈又把大量的汉军、新附军和农民、工匠征发到西北，在别失八里（今吉木萨尔）、斡端（今和田）、哈密力（今哈密）等地屯田，置冶场，鼓铸农具、兵器等。同时，不少西域和中亚的居民也到内地定居。我国各民族之间这种广泛、密切的接触和交往，引发了民族间的同化和融合，导致了一些新的民族共同体的形成，如回族、哈萨克族、乌孜别克族以及近代维吾尔族的形成，都与蒙古人在西域和中亚的活动有关。虽然新疆近现代意义上的多元民族格局的最终形成并不是完成于蒙古人统治西域期间，但是这一时期为新疆现代意义上多元民族格局的最终形成提供了基础和条件。

在蒙古人统治西域期间，曾经强行推行蒙古习惯法，试图从上层制度文化到民间习俗文化方面使西域蒙古化，但结果却是适得其反，蒙古统治者的后裔在经历了东察合台汗国和叶尔羌汗国的统治之后，却实现了突厥化和伊斯兰化，最后大多融入维吾尔族之中。

在中亚地区，金帐汗国在 14 世纪初，分裂为西部的蓝帐汗国和东部的白帐汗国。15 世纪中叶，白帐汗国被瓦剌击败，其所属的乃蛮、克烈等部部众在首领克烈和扎尼别克的率领下，迁徙至楚河流域。这些人自称"哈萨克"，他们在与当地居民不断融合的过程中，势力扩大，于 1480 年建立哈萨克汗国，到 16 世纪初，最终形成哈萨克族。① 哈萨克民族的形成与确立虽然是在 16 世纪，但是这个民族的来源却可以追溯到很久的年代，这一点从组成哈萨克族的部落或部落的名称中可以得到证实，它实际上是中亚古代民族在不断迁徙和互相融合的过程中形成的一个近代民族。

白帐汗国分裂以后仍留在原地的游牧居民，以后南下河中地区，与当地的农业民族杂居在一起，逐渐形成乌孜别克族。

蒙元时期，西域地区民族融合的趋势，也影响到帕米尔高原以东、以西地区。这里的居民以塞人为主体，在融合了契丹、月氏、突厥等部落后形成塔吉克族。汉唐时期，中国史籍称之为"朅盘陀"。11 世纪，中亚突厥部落将中亚地区操伊朗语、信奉伊斯兰教的人民称为"塔吉克"，以后，"塔吉克"逐渐成为这一地区人民的民族名称。

在察合台系、术赤系蒙古走向分化的过程中，另一支蒙古——瓦剌在西域兴起。蒙古兴起时，中国史籍称瓦剌为斡亦剌、斡亦剌惕、外剌，明朝时期称为瓦剌。据载，斡亦剌，最初居住在谦河流域（今叶尼塞河上游一带）一带，蒙元时期是蒙古统治集团中的重要成员。元朝灭亡以后，它与喀尔喀蒙古、兀良哈蒙古鼎足而立，成为当时蒙古三个割据集团之一。明代中叶，首领也先死后，瓦剌势力衰落，逐步西迁。明代末年，西迁后的瓦剌逐渐形成准噶尔、杜尔伯特、和硕特和土尔扈特四部，清代史籍统称其为"卫拉特"，也称"厄鲁特"或"额鲁特"。17 世纪 20、30 年代，卫拉特四部中的准噶尔部兴起。在准噶尔部兴起的过程中，与其存在矛盾的土尔扈特部西徙伏尔加河流域，和硕特部南徙青藏高原。17 世纪 70 年代，准噶尔部强大起来，在西域建立政权，统治西域各民族。

①   马大正、冯锡时：《中亚五国史纲》，新疆人民出版社 2002 年版，第 76 页。

第二节　近现代新疆多元民族文化的 形成及其特点

一　近现代新疆多元民族文化格局的形成

清朝时期，新疆近现代意义上的多元民族文化格局形成。一方面，新疆原有的民族进一步发展。其中，维吾尔族、汉族发展最快，哈萨克族、蒙古族等也有变化。另一方面，又有一些新的民族成分进入新疆。具体情况如下：

维吾尔族：清朝初期，主要聚居在南疆地区，其次是哈密、吐鲁番地区。清朝统一新疆后，在南疆、吐鲁番等地采用准噶尔统治时的政策，继续招募维吾尔人前往伊犁地区屯田，使伊犁成为维吾尔人又一个聚居区。以后，随着新疆农业的开发和社会发展，北疆地区维吾尔人的数量不断增多，截至清末，维吾尔人已经分布在新疆各地，并发展成为新疆的主体民族。近现代维吾尔族语言属于阿尔泰语系突厥语族的西匈语支。历史上，维吾尔族先后使用过古突厥儒尼文、古回鹘文、摩尼字母、婆罗米文等，信仰伊斯兰教以后，改用阿拉伯字母书写的维吾尔文。先后信仰过原始宗教、萨满教、祆教、佛教、摩尼教、景教等宗教，自 10 世纪开始信仰伊斯兰教，到 16 世纪，全民普遍信仰伊斯兰教。

汉族：新疆的古老民族之一。据文字记载，汉族在西域活动的历史可以上溯到汉代。魏晋南北朝时期的楼兰，唐朝时期的伊州、西州、庭州及四镇之地都聚居着大量的汉族。这些汉族，在以后的历史发展过程中大多融入当地民族之中。清朝统一新疆以后，实行了移民实边政策，大批内地的汉族在清政府的鼓励、遣发和安置下，移居新疆，成为新疆农业开发的主力军，他们分布在巴里坤、木垒、奇台、乌鲁木齐、昌吉、玛纳斯、伊犁等地，至清末，已遍布新疆各地。汉族语言属于汉藏语系，信仰多种宗教。新疆的汉族主要信仰道教、佛教、天主教、基督教等。

蒙古族：清朝时期，新疆的蒙古族主要有准噶尔、土尔扈特、和硕特、察哈尔诸部。清政府统一西域之前，天山南北处于准噶尔蒙古的统治之下。由于准噶尔政权割据西北边陲，长期与清朝政府对峙，严重影响国家统一和发展，因此，清政府出兵统一了西域。平定准噶尔，重新统一西域以后，清政府将准噶尔余众、由内地遣回的厄鲁特兵丁以及与土尔扈特蒙古一同东返的厄鲁特人组成"厄鲁特营"，驻守伊犁、塔城一带。乾隆二十七年（1762）、二十八年（1763），又先后从张家口外调察哈尔蒙古官兵到伊犁、博尔塔拉等地驻防。乾隆三十六年（1771），远徙伏尔加河流域的土尔扈特蒙古东归，清政府将他们分别安置在裕勒都斯、和布克赛尔、库尔喀喇乌苏（今乌苏市）、精河，与他们一同东返的和硕特蒙古则被安置在博斯腾湖畔，这样，厄鲁特、土尔扈特、和硕特和察哈尔蒙古构成了今天新疆蒙古族的主要成分。新疆的蒙古族使用的语言属于阿尔泰语系蒙古语族，使用的是"托忒"蒙古文，这种文字是公元17世纪厄鲁特蒙古高僧咱雅班第达在回鹘式蒙文的基础上创制的。蒙古族先前信仰萨满教，元朝以后，改信藏传佛教，新疆的蒙古族主要信奉藏传佛教的格鲁派。

哈萨克族：清政府平定准噶尔叛乱后，哈萨克族中玉兹和大玉兹先后臣属清朝。他们先为清朝的"外藩"，由于沙俄不断蚕食哈萨克草原，一部分哈萨克人迁入伊犁、塔尔巴哈台，变成清朝的"内属"。同治三年（1864），中俄签订《勘分西北界约记》。根据这个条约制定的"人随地归"原则，原本已经内属的哈萨克部落大部分又划归俄国。但是，划界后归入俄国的哈萨克人，不愿接受俄国的统治，又纷纷迁入中国境内，游牧于伊犁、塔城、阿勒泰地区。后来，由于连年发生自然灾害，阿勒泰的哈萨克人又大半流亡，有的迁到昌吉、玛纳斯、乌鲁木齐、奇台、木垒、巴里坤等地，甚至迁至甘肃、青海和西藏，从而形成了今天新疆哈萨克族的分布态势。哈萨克族语言属于阿尔泰语系突厥语族克普恰克语支。历史上曾经使用古突厥儒尼文、古回鹘文、阿拉伯文、察合台文（以阿拉伯文和波斯文拼写的突厥语），20世纪初，才以阿拉伯字母为基础，结合哈萨克族语言习惯改革成为哈萨克文。历史上信仰过萨满教、袄教、景教和佛教，从9世纪中后期至10世纪初，哈萨克族的先民就有一部分开始接受伊斯兰教，[①] 至18世纪，完成伊斯兰化过程。

柯尔克孜族：清代称之为"布鲁特"。族源可以追溯到"坚昆""黠戛斯""吉利吉斯"等。最早居住在今叶尼塞河中上游一带，15世纪至

---

① 李进新：《新疆宗教演变史》，新疆人民出版社2003年版，第373页。

16世纪期间，部分吉利吉斯部落迁徙到今新疆天山一带游牧。清初，他们主要分布在浩罕汗国以东，伊犁西南，喀什噶尔西北，伊塞克湖周围，帕米尔高原和喀喇昆仑山一带的广大地区。清政府平定准噶尔叛乱后，布鲁特归附清政府。近代以后，由于沙俄、英帝国主义对我国西北边疆的不断蚕食、瓜分，受清政府管辖的布鲁特所剩无几，清末，他们零散地分布在今克孜勒苏柯尔克孜自治州、乌什、喀什、塔什库尔干、塔吉克自治县以及北疆的伊犁、塔城等地。柯尔克孜族语言属于阿尔泰语系突厥语族，信仰伊斯兰教后，使用以阿拉伯字母为基础的拼音字母即今柯尔克孜文。经济以畜牧业为主。最初信仰萨满教。18世纪前期，大部分信奉了伊斯兰教，也有少部分信仰藏传佛教。

塔吉克族：清代其所居地为"色勒库尔"，即今新疆塔什库尔干一带。清朝时期，在此地设有色勒库尔五品阿奇木伯克等，管理本地事务，并受叶尔羌办事大臣直接管理。19世纪以后，帕米尔不断遭到中亚浩罕汗国侵扰，部分塔吉克人东迁至莎车、叶城一带。光绪二十年（1894），英国和俄国私分帕米尔，这样，原属中国的帕米尔只有塔克敦巴什帕米尔全部（属于今塔什库尔干）和郎库里帕米尔部分地区仍在中国的管辖下，其余帕米尔地区全部被英俄非法侵占。塔吉克族语言属于印欧语系伊朗语族东部语支，普遍使用维吾尔文字。公元11世纪后，塔吉克族普遍信仰伊斯兰教伊斯玛仪派。

这一时期由内地迁居新疆的新的民族主要有满族、锡伯、索伦、达斡尔和回族。

满族：属于东胡的一支，其族源可追溯到商周时期的肃慎，汉晋时期称挹娄，隋唐时期称靺鞨，元明时期称女真。16世纪后半叶，女真首领努尔哈赤统一女真诸部，建国号为后金。明崇祯八年（1635）皇太极改女真为满洲，满族之名由此而来。满族迁居新疆，是清朝经略新疆的产物。康熙、雍正年间，清朝军队就已经进驻巴里坤、哈密、吐鲁番等地。统一新疆后，在伊犁、乌鲁木齐、古城（今奇台）、巴里坤设置满营，驻扎军队，并定期到塔尔巴哈台（今塔城）、喀什噶尔、英吉沙尔、叶尔羌（今莎车）、乌什、阿克苏等地换防，八旗兵是新疆满族的主要来源。此外，还有一些满族是通过从政做官进入新疆的。从此，满族也成为新疆民族的组成部分。满族语言属于阿尔泰语系满—通古斯语族满语支，现在普遍使用汉语汉文，主要信仰萨满教。

锡伯、达斡尔等：他们是清朝统一天山南北以后，为了行政和军事防务的需要，从东北调驻新疆的。乾隆二十八年（1763），清政府命以达斡尔人为主体，包括鄂伦春人和鄂温克人组建的"索伦营"，携眷移驻伊犁河北岸。次年，又调盛京（今沈阳）锡伯族官兵，组建"锡伯营"，移驻伊犁河南岸。这些索伦营、锡伯营的官兵在辛亥革命后退伍为民，形成今天新疆的锡伯族和达斡尔族。他们主要分布在伊犁、塔城、乌鲁木齐、古城（今奇台）等地。锡伯族使用的语言属于阿尔泰语系满—通古斯语族，清代以后兼用满文、汉文。达斡尔语则属于阿勒泰语系蒙古语族。新疆的锡伯族、达斡尔族多信仰喇嘛教，部分锡伯族信仰萨满教。

回族：新疆回族来源的最早记载是，元至元二十七年（1290），"给滕竭尔回回屯田三千户牛、种"。"滕竭尔"指"胜纳合尔"，即今新疆阜康市。[①] 但是，回族大量迁徙新疆是在清代，他们多是由于屯垦、经商、被遣送等原因迁徙新疆，主要分布在北疆乌鲁木齐、昌吉、米泉，南疆叶尔羌（今莎车）、喀什、阿克苏、库车、喀喇沙尔（今焉耆）等地，清末遍布新疆。新疆回族多使用汉语汉文，信仰伊斯兰教。

这一时期从境外迁入新疆的民族主要有乌孜别克族、俄罗斯族和塔塔尔族。

乌孜别克族：18世纪，乌孜别克族在中亚费尔干纳盆地建立浩罕汗国。乾隆二十四年（1759）清朝政府平定大小和卓之乱之后，浩罕归附清朝，成为清朝藩属，浩罕商人因此受到清朝政府的优待。于是，有不少浩罕商人在新疆自置产业，承种地亩或自行垦荒，成为土地占有者，他们在当地娶妻生子，编入回部户籍，逐渐融入当地居民之中。同治三年（1864），浩罕军官阿古柏入侵南疆，在新疆建立"哲德沙尔"政权。同一时期，沙俄征服浩罕汗国，浩罕汗国的一些贵族和士兵，向东投奔阿古柏，这些人在阿古柏政权灭亡后也滞留在新疆。乌孜别克族语言属于阿尔泰语系突厥语族，使用以阿拉伯字母为基础的乌孜别克文，普遍信仰伊斯兰教，主要从事商业贸易，兼营农业和畜牧业。

---

① 王孟杨：《回族教派门宦之产生及其在新疆的分布》，《新疆宗教研究资料》第15辑。

俄罗斯族：19 世纪中叶，随着俄国的侵略扩张，俄罗斯人开始进入新疆，并在伊犁、塔城等地建立贸易圈，进行商业活动。同治十年（1871），俄国占领伊犁，在伊犁实行半军事化垦殖，大批俄罗斯人迁居于此。光绪七年（1881），《中俄伊犁条约》签订以后，中国收回伊犁，俄军退出伊犁，但有不少俄罗斯移民留居下来。俄国十月革命前后，仍有不少俄罗斯人迁入新疆。这些定居在新疆的俄罗斯族，在盛世才统治新疆时，被称为"归化族"，新中国成立后，改称俄罗斯族。俄罗斯族语言属于印欧语系斯拉夫语族，使用俄文，信仰东正教，主要从事手工业，兼营农业。

塔塔尔族：史称"鞑靼"。蒙古强盛时期，随着蒙古大军西征欧洲，至伏尔加河流域，15 世纪中叶，建立喀山汗国，公元 1552 年，被沙俄征服。19 世纪，随着俄罗斯商人和移民进入新疆。塔塔尔族语言属于阿尔泰语系突厥语族，有以阿拉伯字母为基础的文字，信仰伊斯兰教，主要从事商业、手工业和畜牧业。

总之，经过不断的迁徙、分化和融合，到近现代新疆最终形成了以维吾尔族为主，包括汉、哈萨克、蒙古、柯尔克孜、塔吉克、满、锡伯、乌孜别克、达斡尔、俄罗斯、塔塔尔等民族在内的新的多民族格局，这一格局延续至今。民族是文化的载体，随着近现代新疆多民族格局的定型，新疆多元民族文化的格局也逐渐定型。

二　近现代新疆多元民族文化的特点

近现代新疆多元民族文化的特点可以归纳为以下几个方面。

（一）文化体系的复杂性

新疆近现代多元民族文化，横向看，是一个多源生成、多元并存与发展的文化体系；纵向看，是一个多层次的多元一体的文化体系，它是一种混合、多元、多层次的复合文化。

从共时性角度看，新疆多元民族文化的面貌是，各民族文化既各具特色，又有一些共性特征。首先，从新疆各民族文化自身来看，其源流是多元的。新疆近现代意义上的民族大多是由历史上诸多古代民族融合而成的。其次，从文化类型来看，由于新疆多元民族文化整合方向的多向度，多元民族的文化类型也是多元并存。根据文化特质的不同，新疆多元民族文化的类型如以经济文化类型分类，可以分为草原游牧经济文化和绿洲农耕经济文化。其中，哈萨克族、柯尔克孜族、蒙古族等属于前者；维吾尔族、乌孜别克族等属于后者。如以语言谱系分类，可以分为阿尔泰语系、汉藏语系和印欧语系三种。其中，维吾尔族、哈萨克族、柯尔克孜族、乌孜别克族、塔塔尔族的语言属于阿尔泰语系突厥语族，蒙古族、达斡尔族的语言属于阿尔泰语系蒙古语族，锡伯族、满族的语言属于阿尔泰语系满—通古斯语族；汉族、回族的语言属于汉藏语系；塔吉克族的语言属于印欧语系伊朗语族，俄罗斯族的语言属于印欧语系斯拉夫语族。如以宗教文化分类，大体可以分为伊斯兰文化类型和非伊斯兰文化类型两种。其中，维吾尔族、哈萨克族、回族、柯尔克孜族、塔吉克族、乌孜别克族、塔塔尔族属于伊斯兰文化类型；汉族、蒙古族、锡伯族、达斡尔族、满族、俄罗斯族属于非伊斯兰文化类型。非伊斯兰教文化类型还可以细分为佛教文化类型，属于此类的有汉族、蒙古族、锡伯族、达斡尔族；基督教文化类型，属于此类的有汉族、俄罗斯族；道教文化类型，属于此类的有汉族；萨满教文化类型，属于此类的有锡伯族、满族。

从历时性角度看，新疆多元民族文化诸多文化类型的生成时间不尽相同。其中，经济文化类型属于原生态文化类型。从文化发生学的角度来看，文化创造与自然生态环境有着不可分割的关系。生态环境是民族生存发展的物质前提和基础，它影响和制约着各民族对生活方式和生产方式的选择，因而民族文化与人们赖以生存的自然生态环境之间有着极其密切的关系。新疆各民族就是在适应新疆复杂自然生态环境的过程中，形成了两种迥然相异的经济文化类型。[①]

在新疆，以天山为界，形成了两个各具特点的生态区域。天山以北地区，冬季漫长，夏季短暂，属于温带干旱半荒漠和荒漠气候。由于准噶尔盆地以西有山地缺口，北冰洋和大西洋的冷湿气流多少可以进入这里，从而带来水汽形成降雨，气候较为湿润，有利于森林和草场生长和

---

① 经济文化类型，是指居住在相似的生态环境之下，并操持相同生计方式的各民族在历史上形成的具有共同经济和文化特点的综合体。参见林耀华主编《民族学通论》，中央民族大学出版社1997年版，第86页。

发育，这种生态环境适宜发展畜牧业，因而当地居民多具有游牧民族的特征。天山以南地区则不然，冬季短暂，夏季漫长，属于暖温带极端干旱荒漠气候。由于这里受东南季风、西南季风的影响微弱，降水稀少，气候异常干旱，是我国降水最少的地区。这里虽然干燥少雨，但是塔里木盆地周围高山的冰雪消融后形成了许多内陆河，这些内陆河在广阔的沙漠中形成了片片绿色岛屿，它们以点状或带状镶嵌式地散布在塔里木盆地四周，这些绿洲成为当地居民生存和发展的载体。与这种生态环境相适应，灌溉农业成为绿洲居民主要的生产方式，同时，绿洲生态系统的脆弱性和有限性，使绿洲居民还必须发展畜牧业和商业作为补充，因此，新疆绿洲农耕民还具有畜牧民和商业民的性质，这是他们不同于内地农耕民的特点。

在相似的自然生态条件的作用下，新疆各民族文化沿着相似的道路发展，因而在文化形态上表现出某种程度的共同性。正如有学者指出的："新疆从高山到盆地，由于生态环境的特征形成了草原游牧经济文化类型和绿洲耕牧经济文化圈，分别形成了以维吾尔和哈萨克为主的农业和游牧两大民族集团。"[①] 生计方式是具有文化起源和文化变迁本原意义的，因此，我们把这种以生态系统作为分析单位，以自然生态环境与经济文化的相协调为特征的经济文化类型称为原生形态的文化类型。

如果说，新疆各民族在新疆独特的空间或地理背景下，适应、改造自然而形成的经济文化类型具有本原意义的话，那么，随着"丝绸之路"的畅通与繁荣，新疆地域封闭性被打破，文化交流、涵化等社会文化因素对新疆各民族文化的影响和制约日趋强化。在频繁的文化交流与传播中，各种文化相互交流、交融，形成了一些新的文化类型，我们把这种通过文化涵化、文化整合而形成的文化类型称为次生形态的文化类型。

从历史过程来看，由于新疆位于欧亚大陆腹心地带，处于"丝绸之路"中介地位，所以，不断受到外来文化的影响，各种外来文化在此交汇、碰撞和融合，文化交流和传播十分频繁。加上民族流动性很大，不

----

① 尹筑光、茆永福主编：《新疆民族关系研究》，新疆人民出版社1996年版，第7页。

断有民族迁徙，民族间的分化组合不断发生，因此，新疆各民族形成了一种复杂的源流关系。由于新疆近现代民族大多是在古代民族相互融合基础上形成的，因而，许多民族在语言文化上有颇多的相似之处。按照民族语言学分类法，新疆各民族语言分别属于阿尔泰语系、汉藏语系、印欧语系。其中维吾尔族、哈萨克族、柯尔克孜族、乌孜别克族和塔塔尔族的语言属于阿尔泰语系中的突厥语族；蒙古族、达斡尔族的语言属于阿尔泰语系中的蒙古语族；满族、锡伯族的语言属于阿尔泰语系中的满—通古斯语族；汉族、回族的语言属于汉藏语系；塔吉克族的语言属于印欧语系中的伊朗语族；俄罗斯的语言属于印欧语系中的斯拉夫语族。语言谱系分类法，是按照语言亲属关系进行分类的方法，它是一种反映各民族在历史上亲缘关系和接近程度的分类方法，这种分类方法可以帮助我们认识各民族在语言乃至文化上的接近程度和源流关系。可以说，新疆各民族在语言谱系上的归属，一定程度上反映出他们在血缘关系上的交叉性和同宗共源之处。

10 世纪以后，伊斯兰教传入新疆地区，新疆地区开始了伊斯兰化过程，这一过程到 16 世纪初宣告完成。随着伊斯兰化进程的完成，伊斯兰教成了新疆地区占据主导地位的宗教。由于各民族共同信仰伊斯兰教，文化上的伊斯兰文化特质凸显，于是，新疆各民族在文化面貌上，又出现了伊斯兰文化与非伊斯兰文化之别。而非伊斯兰文化类型中又包含了佛教文化、基督教文化、道教文化和萨满教文化。由于伊斯兰教、佛教和基督教都是外来宗教，它们在向中国新疆地区传播的过程中，必然要经历一个地区化和民族化的过程。由于各民族的历史传统、生产生活方式和生存空间各有不同，因此，这些外来宗教在向各民族传播的过程中，吸收和融合的文化因子也必然各不相同，因而形成鲜明的民族特色。这样，即使在同一种宗教文化类型中，也存在差异，在宗教文化类型中还存在亚型。伊斯兰教在中国传播的过程中，就形成了两个文化特色各异的伊斯兰文化亚型即突厥—伊斯兰文化亚型和汉—伊斯兰文化亚型。在新疆，属于前者的有维吾尔文化、哈萨克文化、柯尔克孜文化、乌孜别克文化、塔吉克文化、塔塔尔文化。因为这些民族文化受中亚突厥语族民族的伊斯兰文化影响较深，故归为一类。属于后者的则有回族文化，回族长期与汉族杂居，受汉族传统文化影响较深，故回族文化与突厥—

伊斯兰文化有区别。① 佛教在中国传播的过程中，形成了三种亚型即汉地佛教、藏传佛教（又称喇嘛教）和傣族等地佛教。② 在新疆流行的是其中的两种亚型，即汉地佛教，部分汉族信奉；藏传佛教，主要是蒙古族、锡伯族和达斡尔族信奉。基督教作为西方帝国主义的侵华工具，近代伴随着西方帝国主义对中国的入侵进入中国，它的三大教派：天主教、基督教（基督教新教）、东正教在新疆都有信仰群体。其中基督教、天主教主要为一些汉族信奉；东正教为俄罗斯族信奉。此外，道教主要为汉族信奉；萨满教则主要为锡伯族和满族信奉。

　　可见，新疆各民族文化上的共性也是多维、多向和多层次的。无论从哪一种文化因子的角度来看，新疆各民族文化的整合都还没有达到一律化的程度。这一特点与各民族语言、风俗、宗教的差异以及政治上的聚合分散有关，但也反映出新疆民族文化的整合水平存在着差异性和不平衡性。因此，新疆多元民族文化的类型是错落重叠的，结构体系是一个多层次多维度的多元一体的网状结构。

（二）文化表象的宗教性

　　新疆各民族文化的表象具有宗教性的特点，具体地表现在文化载体、文化形式和文化象征上。在新疆地区的 13 个主要民族中，除汉族外，各少数民族大都有较深的宗教信仰，不仅信教的人数多且集中，而且大多是以民族群体的形式信仰某一宗教。各民族宗教信仰的具体情况是：维吾尔族、哈萨克族、回族、柯尔克孜族、塔吉克族、乌孜别克族、塔塔尔族等民族的大多数人信仰伊斯兰教；蒙古族、藏族大多数和部分锡伯人信仰藏传佛教；俄罗斯族大部分信仰东正教；汉族中有一部分信仰佛教，还有一部分信仰基督教、天主教等。可见，新疆的宗教格局是以伊斯兰教为主的多元宗教并存的格局，伊斯兰教是新疆地区信仰人数、信仰民族种数最多的宗教。作为一种共同信仰，伊斯兰教淡化或者说软化了新疆地区信仰伊斯兰教各民族的民族性差异，使他们在信仰、心理、习俗上形成了同一性，而这种同一性反过来又深化了各民族信徒的宗教信仰。而且，从新疆地区信仰伊斯兰教的各民族的文化层来看，伊斯兰

---

① 杨怀中、余振贵：《伊斯兰与中国文化》，宁夏人民出版社 1995 年版，第 613 页。
② 方立天：《佛教中国化的历程》，《世界宗教研究》1989 年第 3 期。

文化处于其文化层的显性层面。在这些民族的文化传承过程中，文化整合虽然在不断地发生，但是，其进程经常因为受到外来力量强有力的干预而被迫中断，因此，许多外来文化移入新疆地区以后，缺乏与本土文化深入、全面的接触和交流，从而影响了文化整合的程度和范围。这是因为"文化传播的范围或借用的程度取决于两个民族之间接触的持续时间与密切程度"①。但是，从 10 世纪开始，在以伊斯兰教为黏合剂的新一轮的民族文化整合过程中，这一进程始终没有中断，文化整合得以顺利地形成、发展与巩固，以至于连最初属于非伊斯兰教徒的西辽统治者——契丹人和蒙元时期的统治者——蒙古人，都为新疆地区的伊斯兰文明所征服。这是与当时新疆地区的社会历史特点有关的。在新疆地区伊斯兰化的进程中，周边地区的几大文明均处于守势，中原王朝对新疆地区的管辖也比较弱，因而外部没有强有力的势力中断这种进程。而且，在这一时期，"丝绸之路"也开始走向衰落，这使新疆地域的封闭性加深。这样，在一种相对封闭的社会文化环境中，伊斯兰教得以充分施展其文化整合的功能，较为彻底地完成了对各民族的文化整合，从而在新疆形成了一种新的文化类型。

伊斯兰教是一个入世性很强的宗教，两世（今世、来世）兼顾、教俗合一是它的特色，因此，它不仅是一种信仰体系，还是一种生活方式的综合体，有着强烈的社会文化功能。正因为如此，伊斯兰教对新疆各民族文化产生了深刻的影响和渗透力。它不仅改变了新疆各民族原有的宗教信仰，还在一些民族的形成过程中发挥了聚合作用。如近现代意义上的维吾尔族的最终形成就与伊斯兰教成为其全民信仰的宗教的历史进程相一致。不仅如此，经过长期的历史演化，一些源于伊斯兰教的节日、仪礼、好恶、禁忌等，发展成为信仰伊斯兰教民族的风俗习惯的一部分。这样，宗教中的有些内容就成为民族文化的内容，宗教和民族文化相互重叠，这就使宗教与民族这两个原本属于不同范畴的问题产生了紧密的关联性。民族是一种文化共同体，文化是民族的标识，当民族文化以一种宗教形式承载的时候，宗教也就具有了一种民族象征意义，这样，对

---

① 黄淑娉、龚佩华：《文化人类学理论方法研究》，广东高等教育出版社 1998 年版，第213 页。

待某个民族宗教信仰的态度，常常被看成是对待这个民族的态度，于是，宗教问题成为新疆民族问题的重要组成部分。而宗教感情与民族感情的相互交织，还增加了新疆民族工作的敏感度和复杂性。

需要指出的是，新疆民族文化在形式上虽然具有宗教性，但其内涵却不同程度地保留了各民族原有的文化特质。在新疆地区的现实生活中，信仰伊斯兰教的各民族在信仰的侧重点、程度、表现形态、功能作用和建筑艺术上都存在着明显差异，具有鲜明的民族特色。[①] 这种差异性就是伊斯兰教与新疆各民族传统文化相互涵化的结果。新疆各民族认同的伊斯兰教正是这种已经地区化、民族化了的伊斯兰教。

总之，作为一种社会文化体系，一种生活方式的综合体，伊斯兰教在新疆民族文化中得到了充分展示，也正因为如此，新疆民族文化在表现形态上才呈现出鲜明的宗教色调。

（三）文化演进的迟滞性

鸦片战争后，西方列强入侵中国，造成了中国社会的大变动，改变了传统社会固有的格局。从此，中国由一个独立的主权国家逐步陷入半殖民地的深渊，同时，开始了艰难的近代化历程。与这种社会经济、政治剧烈变革相对应，中国传统文化发生了近代转型。这种文化转型通过洋务运动、百日维新、清末"新政"、辛亥革命和五四运动等不断地向纵深发展。从洋务运动的物质文化，晚清"新政"在物质文化转型中加进近代教育、近代传媒等文化内容，到辛亥革命和五四运动时期，中国传统文化开始有了向制度文化和观念文化转型的机遇，但直到 20 世纪 80 年代，中国近代文化转型都没有摆脱以体用观念为轴心的模式。

新疆是我国领土不可分割的组成部分，新疆的命运与祖国的命运息息相关，因此，我国近代化运动不可避免地对新疆多元民族文化产生影响。不过，受各种历史条件的影响与制约，新疆的近代化运动与全国并不同步。据研究，新疆的近代化运动开端于清末"新政"[②]，在时间上要晚于内地。我国内地早在 19 世纪 60 年代，就兴起了洋务运动等近代化运

---

① 贺萍：《试论新疆地区伊斯兰教的民族特色》，《新疆大学学报》2003 年第 4 期。

② 齐清顺：《论清末新疆"新政"——新疆向近代化迈进的重要开端》，《西域研究》2000 年第 3 期。

动，但是，这些近代化运动对当时的新疆并没有产生多大影响。新疆开始向近代化迈进是清末在新疆实行的"新政"，而且，因地处边疆，情况特殊，新疆"新政"的实施晚于内地，其主要内容是编练新军、兴办实业、开设学校。其中，以兴办新式学堂成绩最为显著。据统计，当时全省共创办学堂606所，有教习764员，学生16063名。①

1911年，辛亥革命爆发以后，我国进入了军阀混战时期，新疆先后经历了杨增新、金树仁和盛世才等军阀的统治。在杨增新和金树仁主政新疆期间，虽然也曾在新疆兴办了一些实业和学堂，但成效并不明显。特别是杨增新实行严格的报刊检查制度，严禁进步书籍流入新疆，使新疆文化活动寥寥无几，文化生活单调而沉闷。文化上的封闭政策，使新疆文化教育事业没有得到应有的发展。据《新疆游记》作者谢彬统计：1912年，全省有学校60所，学生1802人，教师107人。1919年，有各类学校141所，学生4247人，教师202人，全省有4个图书馆，藏书1200册。金树仁执政后，提出"开办教育，疏通民智"，使新疆教育事业一度有所发展，全省学生达7380人，其中，小学生7162人，中学生二百余人。然而，1930年爆发战乱之后，学校教育遭到严重摧残，学生数量骤然减少。1932年，全省只有公立学校68所，学生2274名。②

1915年，陈独秀在上海创办《青年杂志》（后改名《新青年》），高举"民主"和"科学"的大旗，我国内地掀起了声势浩大的新文化运动，然而，这场新文化运动并未滋润新疆这片国土。当时，新疆文化教育的基本情况是，经文学校遍布南疆各地，少数民族多以寺院为教育场地，伊斯兰教信众的子女大都在经文学校学习阿拉伯文和《古兰经》，这种从中世纪延续到近现代的教育模式实质上是一种宗教教育模式。虽然进入20世纪以后，新疆出现了新式学校，宗教教育也不断进行改革，数学、地理等被列入教学内容，有的宗教学校还脱离寺院正式建校。如阿图什富商巴吾东·木沙也夫于1907年建成艾比甫扎德师范学校，但这毕竟是少数，新疆民族文化面貌总体上还处于落后状态。这种落后状态在盛世才主政新疆时期才发生深刻变化。而这种变化是盛世才实行亲苏联共政

---

① 王树楠：《新疆图志》卷39，天津博爱印刷局1923年版。

② 陈慧生、陈超：《民国新疆史》，新疆人民出版社1999年版，第231页。

策期间，依靠中国共产党人和爱国进步人士实现的。其主要表现为：

其一，教育事业的变化发展。教学内容更加丰富，教学质量大大提高，学校数和学生数有很大发展。其中，民族文化教育方面，在省立师范设立了维吾尔、哈萨克、蒙古等民族班；成立了编译少数民族文字课本的编译委员会，从苏联购进大批民族文字教材和教学仪器；成立了各族文化促进会，如维文会、哈柯文会、蒙文会、塔文会（塔塔尔族）、回文会、锡索文会（锡伯族、索伦族）、汉文会、归文会（归化族，即今俄罗斯族）；举办民众夜校并鼓励各族文化促进会创办学校（会立学校），省立女子中学开设职业教育班。从 1934 年起选派学生到苏联中亚地区留学，至 1936 年共选派各民族留学生近三百名。据统计，1938—1942 年，公立学校从 357 所增至 580 所，学生从 36575 人增至 91065 人；会立学校从 1400 所增至 1883 所，学生从 99915 人增至 180035 人。总计，学校从 1757 所增至 2463 所，学生从 136490 人增至 271100 人。[①]

其二，新文化运动呈现出阶段性发展的特点。新疆新文化运动是围绕抗日救亡展开的，主要特点是马克思主义在新疆广泛传播；宣传抗日救国，大唱抗日歌曲，大演抗战题材的话剧；新文化运动的大力传播及其发展变化与新疆抗日民族统一战线的变化相伴随，随着新疆抗日民族统一战线的形成、发展、低落与破裂而呈现出阶段性特征。盛世才统治结束，国民党势力进入新疆以后，新文化运动被国民党的三民主义取代。

纵观近现代新疆多元民族文化的演变进程，可以看出，新疆多元民族文化的近现代转型在时间上滞后，在结构形态上主要发生在显性的物质文化层面，制度特别是观念文化等隐性文化层面的变迁并不明显。虽然，近代以来，新文化新思想曾先后三次对新疆各民族文化产生影响，即辛亥革命时期的资产阶级革命、十月革命和抗日战争时期马克思主义的传播、中国共产党提出的抗日民族统一战线，但是，除了抗战时期新文化运动对各民族文化的影响相对较深以外，其他文化和思想的辐射和影响甚微。如在新疆传播的西方基督教文化和东正教文化，由于新疆少数民族多数信仰伊斯兰教，伊斯兰文化影响深厚，故而前两种宗教在新

---

① 程东白：《十年来新疆的文化教育事业》附表。转引自《新疆简史》第 3 册，新疆人民出版社 1988 年版，第 277 页。

疆影响甚微。20 世纪前半叶，新疆各民族文化的基本面貌是，现代文明仅辐射影响到城市，尚未遍及农牧村，即使是在城市，也是传统文明与现代文明、传统价值取向与新的价值取向"半土半洋"地混合并存。① 因此，近代以来，新疆各民族文化的特质并没有发生实质性变化，各民族文化在相当长的时间内主要是沿着传统轨迹演化的，文化变迁主要是显性层面的量变，隐性层面的质变不大。这是因为，近代以来，新疆社会经济基础仍然是以绿洲农耕和草原游牧为主，资本主义经济成分虽然出现，但极其微弱，新疆各民族的经济基础没有发生太大变化，这种经济形态必然会影响和制约新疆多元民族文化的近现代发展。新疆缺乏近现代经济基础，加上绿洲经济的分散性和封闭性，游牧民族的移动性和自身隔绝性，在客观上延缓了新文化新思想在新疆各民族中的传播，造成了新疆各民族接受现代文明的进程缓慢，举步维艰。而且，新疆与内地的这种差距随着内地近代经济的发展呈现拉大趋势，文化教育发展的不平衡性和差异性越来越明显。在清末留学高潮中，新疆留学生数量不多，且大多是到俄国去，与内地相比，相去甚远。可以说，强势的小农经济思想与弱势的近现代思想不能和谐统一，构成新疆近现代各民族文化演进的基本态势。

（四）文化功能的双重性

在新疆近现代历史发展进程中，多元民族文化发挥了聚合和离散双重效应。积极的正面功能和消极的负面功能辩证统一地构成了近代以来新疆多元民族文化的功能作用的基本内容。

近代新疆多元民族文化定型以后，中国民族关系发生了重大变化，其中，最根本的变化就是中国沦为半殖民地半封建社会，中华民族成为被压迫的民族。这样，团结起来共同抗击帝国主义就成为中华民族的首要任务，成为近代以来中国民族关系的基本特点，这一任务贯穿近代中国历史发展的始终，成为近代中国历史运行的主轴，它规定着中国民族关系的其他方面，成为评判近代中国民族关系是非功过的主要标尺。中国民族关系的这一变动使政治纽带在民族关系中处于主导地位，民族关系的运行由过去主要局限在国内范围发展到世界范围，这些变化不可避

---

① 仲高：《20 世纪前半叶新疆民间文化与城市文化》，《西域研究》2000 年第 1 期。

免地影响和制约了新疆多元民族文化的功能。

　　作为中华文化的有机组成部分，新疆各民族文化与中华文化之间是一种统一性中有差异性、统一性大于差异性的关系。在中华文明的持续发展中，新疆各民族文化为其提供了动力源泉。但与此同时，这种以不同民族为基础的文化差异的存在，也不可避免地会造成各民族之间的隔阂和矛盾。多元民族文化本身就隐含着对统一多民族国家的销蚀。

　　从新疆各民族文化发展历史来看，中华文化共有的大传统始终制约着新疆各个民族的小传统。虽然，历史上各民族统治者的大民族主义或地方民族主义造成民族隔阂、偏见和歧视，以致彼此失和，甚至兵戎相见，政权对立，使国家陷入暂时分裂，但是，分裂因素毕竟是时断时续的，分裂时间也是短暂的，统一才是中国历史发展的主流和基本趋向。自公元前60年，汉朝在新疆设立西域都护府，正式对新疆行使有效管辖之后，我国历代政权对新疆的统治虽然时强时弱，但是，新疆各民族积极维护与中央王朝的关系，为中华民族大家庭的形成与巩固作出了贡献。新疆历史发展的这一脉络反映出新疆各民族具有求统一的文化定式和价值取向。

　　1840年，中国跨入近代门槛，中国历史进入半殖民地半封建社会时代。在这一历史时期，沙俄、英国等帝国主义国家不断对新疆进行蚕食和侵略，新疆各民族与外来帝国主义的矛盾日益凸显。面对帝国主义侵略，新疆各民族对中华民族同命运共患难、根本利益的一致性有了新的认识，中华民族的整体性得到升华。反帝爱国的共同目标和心愿，淡化了民族差异在人们心理上的分量，强化了中华民族的整体意识，人们的民族感情突破了某一个民族的范围而扩大到整个中华民族，上升到整个中华民族共同认同的高度，这就促进了各民族的中华民族认同意识的质与量的飞跃。纵览新疆近代史，从塔城人民保卫雅尔噶图金矿和火烧俄国"贸易圈"的斗争，到《中俄勘分西北界约记》签订前后新疆各民族人民的抗俄斗争、《中俄伊犁条约》签订前后伊犁各民族人民的抗俄斗争以及策勒村人民的抗俄斗争等；从支持清政府平定大小和卓及其后裔的分裂叛乱活动，到抵御浩罕的入侵，抵御和消灭阿古柏侵略势力，新疆各民族人民在共同抵御沙俄等外来势力侵略的同时，还不断地同各种分裂势力作斗争，这些历史事实充分表明了新疆各民族的爱国主义精神和对中华民族的自觉认同意识，这也是中华民族近代以来之所以未因削弱而被肢解的一个极其重要的原因。

当然，也应看到，在中国从近代迈向现代的历史进程中，在中华文化进行近现代转型的过程中，中华文化的整体性经受了严峻的考验。在帝国主义的策动和支持下，新疆民族分裂势力以泛伊斯兰主义、泛突厥主义为理论基础，以"东突厥斯坦独立论"为政治纲领的分裂破坏活动在新疆近现代历史进程中始终存在，持续了近百年。

"泛突厥主义"又称"奥斯曼主义"，最早形成于沙皇俄国统治下的鞑靼人中间，19 世纪末，在奥斯曼土耳其帝国广泛传播。其基本主张是，所有操突厥语的民族联合起来，建立统一的"突厥民族"国家。

"泛伊斯兰主义"又称"大伊斯兰主义"，是 19 世纪下半叶开始在伊斯兰国家兴起的一种宗教政治主张，其创始人为阿富汗人哲马鲁丁。其基本主张是，全世界所有信仰伊斯兰教的国家和民族联合起来，共同拥戴一位哈里发，在伊斯兰教法的基础上，建立一个统一的国家。

20 世纪初，以奥斯曼土耳其帝国为中心的"双泛"思潮（泛伊斯兰主义、泛突厥主义）开始向新疆渗透和传播。[①] 新疆民族分裂分子开始以"双泛"思想为理论，进行分裂破坏活动。到 20 世纪 30 年代，他们的活动开始由思想舆论宣传走向政治实践，先后在和田地区和喀什地区建立了"和田伊斯兰政权""东突厥伊斯兰共和国"两个分裂政权。这两个分裂政权虽然是短命的，但开了一个恶劣的先例，从此以后，新疆分裂主义将分裂活动的目标定位在建立"东突厥斯坦"国家政权上。在两个短命的分裂政权垮台之后，新疆民族分裂主义开始着手思想理论的体系化工作。20 世纪 40 年代，新疆民族分裂主义的代表人物之一穆罕默德·伊敏出版了《东突厥斯坦历史》，以此为标志，以"东突厥斯坦独立论"为核心的新疆民族分裂主义思想体系基本定型。这一思想体系的基本特点是，通过制造操突厥语族语言的民族和信仰伊斯兰教群众与其他民族和群众之间的摩擦和对立，在新疆各民族群众中培植分裂祖国、实现新疆独立的思想舆论和社会心理基础，进而实现在新疆建立"东突厥斯坦伊斯兰共和国"的政治企图。20 世纪 40 年代，新疆政局动荡不安，一度蛰

---

① 厉声主编：《中国新疆历史与现状》，新疆人民出版社 2003 年版，第 168 页。

伏的"双泛"思潮重新泛滥。一时间，以研究和传播民族分裂主义思想为宗旨的文化、宗教、政治团体相继成立，如"德尔涅克""突厥斯坦歌舞团""阿勒泰出版社"等组织纷纷建立，分裂思想在这些组织掩护下迅速传播。同时，一批宣传分裂思想的报刊如《独立》《阿勒泰月刊》《故乡》《土耳其斯坦的呼声》等相继出笼，为分裂主义思想的传播提供阵地，并误导各民族人民反抗剥削压迫的武装斗争，导致了1944年北疆伊宁出现"东突厥斯坦共和国"分裂政权。① 新疆民族分裂主义的这些破坏活动，给新疆社会造成了严重危害。

可见，近代以来，在中华民族面临危机的历史时期，在帝国主义的策动和支持下，新疆多元民族文化潜在的不良倾向被激发出来。西方帝国主义和新疆境内的民族分裂主义以"民族""宗教"相号召，通过人为扩大和制造新疆各民族在文化上的差异，强化新疆多元民族文化求异的一面，将新疆各民族在文化上的差异，转化为一种导致民族冲突的因素，以此来制造民族矛盾，妄图分裂祖国，导致新疆多元民族文化的离散效应被激发和放大，新疆多元民族文化在近现代的发展进程中，出现了对中华民族整体性进行消解的一面，对新疆民族关系、社会稳定和祖国统一曾经产生较大的消极影响，在分裂势力的利用下甚至一度造成边疆危机。

但纵观新疆近现代历史，新疆多元民族文化总体上是内整性大于排斥性，正面的聚合功能大于负面的离散功能。正因为如此，在近现代中国不断被削弱，中华民族处于危机的历史条件下，新疆始终没有离开祖国的怀抱，始终是祖国不可分割的一部分。

---

① 厉声主编：《中国新疆历史与现状》，新疆人民出版社2003年版，第190页。

第二章

西部大开发视域下的新疆
多元民族文化

第一节　西部大开发战略及其
在新疆的实施

一　西部大开发战略的出台及其意义

实施西部大开发战略，加快西部地区发展，是党和政府高瞻远瞩，把握大局，审时度势，面向新世纪做出的重大决策，是我国调整区域发展政策的产物。

1949—1978 年期间，为了改变旧中国遗留的工业偏集于沿海一隅的状况及出于国防安全的需要，国家实行"均衡布局"的区域发展政策，把经济建设的重点放在内陆地区。"一五"和"三线建设"两次大的"西进"运动，在一定程度上扭转了中国经济布局的不平衡，缩小了历史上形成的东西部差距。但是，这种平衡政策一方面使沿海老工业基地由于长期缺乏资金注入，地区经济优势得不到凸显，另一方面，中西部地区自然条件和经济基础较差，也导致了投资效益不高等问题。

在总结历史经验教训的基础上，1979—1992 年，党和国家在区域政策上进行了重大调整。鉴于我国地域辽阔、人口众多、生产力不发达的基本国情，要在一个时期实现同步富裕、同等富裕是不现实的，我国区域政策目标从追求区域平衡转向以效益为主兼顾平衡的非均衡发展，经济开发的地区重点由内地向沿海转移。1979 年中央确定在广东、福建两省实行"特殊政策、灵活措施"。1980 年开始创办四个经济特区。1981—1985 年的"六五"计划提出，要积极利用沿海地区现有基础，"充分发挥他们的特长，带动内地经济进一步发展"的沿海地区发展战略。

1986—1990 年的"七五"计划提出，"我国地区经济的发展要正确处理东部沿海、中部、西部三个经济地带的关系"。同时提出，把能源、原材料建设的重点放在中部，并积极作好进一步开发西部地区的准备。

沿海发展战略的实施，使东南沿海地区迅速崛起，国家综合国力也显著增强，但与此同时，作为"伴生物"，东西部地区的发展差距也在不断拉大，并影响到我国现代化建设的进程，此外，能源与原材料供应的严重不足也迫切要求加快中西部资源的开发。同时，国际环境的变化和沿边地区的开放政策，使得与周边国家接壤的省区获得了新的发展机会，黑龙江等地与俄罗斯的贸易、新疆同独联体国家间的贸易以及西南地区与越南、缅甸等国的贸易呈现出快速增长势头，这些都对"梯度发展理论"提出挑战，为此，国家"八五"计划在坚持"效率优先"的同时，注重"兼顾公平"的原则，区域发展战略的指导思想调整为：按照统筹兼顾、合理分工、优势互补、协调发展、利益兼顾、共同富裕的原则，逐步实现生产力的合理布局。在"八五"计划实施过程中，国家对西部地区开始实行倾斜政策。首先是，强化中西部的扶贫政策，国家给这些地区更大的财力物力支持，安排了一批矿山、水利、交通和工业项目，并继续利用以工代赈政策，增加农民收入；其次是，加大对中西部地区资源开发项目的投入，包括三峡工程上马、黄河中上游水利综合开发以及加快发展西部石油和中部煤田等；再次是，扩大沿边地区的对外开放，鼓励发展边境贸易；最后是，加快东西走向交通干线的建设，开通了由陇海线延伸的"第二条大陆桥"铁路线。此外，为专门贯彻发展政策尤其是区域与产业发展政策，还成立了国家开发银行。1996 年全国八届人大四次会议通过的"九五"计划和 2010 年远景目标规划纲要提出，在"九五"期间要着手解决发展差距问题，并把坚持区域经济协调发展，逐步缩小地区发展差距，作为今后要长期贯彻执行的基本指导方针之一。

随着经济全球化的迅速发展和知识经济时代的到来，我国总体经济社会发展水平提高并进入小康阶段，西部地区经济社会发展长期滞后，与东部沿海地区的发展差距不断扩大，已经成为我国国民经济进一步发展的障碍。现在，国家有能力进一步加大对西部地区发展的支持力度，西部地区经过多年的建设已经形成了一定的物质基础，在经济发展方面也积累了一些经验，实施西部大开发，加快西北地区的发展，时机基本成熟，条件基本具备，于是，国家在区域发展政策上进行了第三次大调整。1999 年 6 月，江泽民两次提出，加快中西部发展的条件已经具备，时机已经成熟，并第一次明确提出"西部大开发战略"。1999 年 9 月 22 日，党的十五届四中全会通过的《中共中央关于国有企业改革和发展若干重大问题的决定》明确提出"国家实施西部大开发战略"。

西部大开发是我国现代化建设"三步走"和"两个大局"总战略的有机组成部分，它的实施必将对 21 世纪初叶西部地区的发展和我国的现代化进程产生深远的影响。

从经济角度看，实施西部大开发主要是为了解决中西部地区相对落后以及与东部沿海地区的差距拉大的问题，因此，它的实施有利于中西部地区的发展，有利于促进各民族的共同繁荣进步，更重要的是，它拉动了国内需求，推进了中国特色社会主义现代化建设的进程。

21 世纪初叶，经过二十多年的改革和发展，我国经济总体上已经进入相对过剩时代，国内市场有效需求不足，成为我国经济发展的主要制约因素。在这种情况下，国内有相当一部分资金、技术和劳动力需要新的生产领域、新的市场、新的发展空间，而西部地区地域辽阔，自然资源丰富，基础设施落后，人民消费水平比较低，扩大内需、开拓市场的潜力很大，因此，无论是从解决目前有效需求不足出发，还是着眼于国民经济长远发展，都需要加快西部地区的开发建设。加快西部地区基础设施建设和生态环境建设，不仅可以为西部地区发展增加新的社会需求，而且可以为东部地区发展提供新的市场空间和资源支撑。

在世界经济全球化进程加快，市场竞争日趋激烈的历史条件下，经济结构调整在全球范围内广泛而深刻地进行，这就给各国经济发展带来深刻的影响。面对世界经济的这一发展态势，我国既面临着新的发展机遇，也面临着严峻挑战。

21 世纪初叶，我国西部地区的经济结构不合理，还不能适应市场需求和产业升级的要求。存在的主要问题是：农业生产条件差，农产品附加值低，"原"字号农产品多，农民收入低；过分依赖资源开发，资源优势尚未形成经济优势；工业技术水平低，工业产品科技含量低，竞争力差；第三产业发展滞后，市场发育程度低。这就使西部地区的产品和企业在国内外市场竞争中处于非常不利的地位，极大地影响了西部地区经济发展和人民生活改善，而且，已经成为制约整个中国国民经济持续、快速、健康发展的突出问题。

21 世纪，我国要更快、更好地发展，就必须加快西部地区经济结构调整，不断提高我国的综合国力和国际竞争力。通过实施西部大开发战略，加快中西部地区的发展，充分发挥这些地区市场潜力大、自然资源丰富和劳动力成本低的比较优势，不仅能为加快西部经济结构调整和产业优化升级提供广阔的空间，还能为东部地区发展提供市场和能源、原材料支持，为东部地区的结构调整创造条件，逐步实现区域经济布局合理化，促进东西部地区协调发展，促进国民经济持续、快速、健康地发展。

从政治角度看，实施西部大开发是增进民族团结、保持社会稳定和边防巩固的需要。从我国民族分布的格局来看，西部主要是少数民族聚居的地区，我国少数民族人口 80% 以上在西部，而且，我国陆路边境线的 80% 以上也在西部。改革开放以来，我国东部沿海地区经济发展速度较快，西部地区发展相对滞后，东西部之间存在的发展差距造成西部地区各民族群众的心理不平衡感，这种不平衡感成为影响民族关系健康发展的因素。加之，西部地区有些民族属于跨界民族，如果民族地区和边疆地区的发展水平与周边国家的反差太大，会削弱中华民族的凝聚力和向心力。因此，西部地区的发展差距问题久拖不决，会积累起不稳定因素。近年来，国外敌对势力和国内极少数民族分裂主义分子极力利用发展差距问题进行分裂舆论宣传活动，对此，我们不能不予以高度警惕。对于西部地区的发展差距问题必须站在政治的高度加以重视和解决，这是解决我国民族问题的关键。只有加快西部地区的发展，实现经济繁荣，提高人民生活水平，才能从根本上增强中华民族的凝聚力，维护国家的长治久安。少数民族地区、边疆地区的稳定发展，对加强民族团结、巩固边防、维护国家统一有着十分重要的意义。

此外，实施西部大开发，加快西部地区的发展，也是社会主义的本质要求。社会主义的本质是解放生产力，发展生产力，消灭剥削，消除两极分化，最终达到共同富裕。在我国，要实现这个目标，必须鼓励一部分地区、一部分人先富起来，到一定时候，再集中精力帮助和带动后发展地区，通过有先有后的发展，逐步达到共同富裕，因此，在东部沿海地区已经发展起来之后，必须加快西部地区发展。

二 新疆实施大开发战略的基本思路

国家实施西部大开发战略，给新疆的发展带来了难得的机遇。

在西部大开发中，新疆具有重要的地位和作用。

（一）新疆具有独特的地缘和区位优势

新疆地处祖国的西北边陲，土地面积是 166 万平方公里，占全国的 1/6，占西部地区的 30%，人口 1700 万，地大物博，人口稀少。境内"三山夹两盆"，各地区环境迥异，各具特色，冰川、大漠、高原、湖泊交相辉映，为各类经济的发展提供了广阔的空间。同时，新疆与 8 个国家接壤，边境线长达 5400 公里，是我国边境线最长、毗邻国家最多的省区，具有向西开放的地缘优势，是我国向西开放的桥头堡，而中亚诸国巨大的市场也为新疆扩大向西开发提供了广阔的空间，因此，新疆以大开发促进大开放，对于我国全方位对外开放格局的形成和完善具有重要意义。

新疆还是一个少数民族聚居的边境省区。近年来，国内外敌对势力一直在利用民族宗教问题进行分裂活动。通过开发建设，促进新疆社会经济发展，更快地提高新疆各民族人民的生活水平，一方面能使新疆各民族在与周边国家的比较中进一步提高中华民族的凝聚力；另一方面还能为挫败国外敌对势力的分裂阴谋，确保民族团结，巩固祖国西北边防，保卫国家安全和领土完整奠定坚实的物质基础。

（二）新疆有其他省区不可比拟的丰富的矿产资源和得天独厚的光热水土资源

新疆的矿产资源富集程度很高，而且，种类齐全，分布广泛，全国发现的有用矿产约 150 种，新疆就已经发现 134 种，已探明储量的 76 种，其中石油和天然气等 8 种的远景储量居全国首位，开发前景喜人，潜在价值超过 6 万亿元，特别是石油、天然气、煤炭预测储量均占全国三分之一以上。随着中央提出的中国石油开发"战略西移"策略的实施，随着新疆准噶尔盆地、塔里木盆地和吐哈盆地三大油田的大规模勘探开发，新疆必然成为中国 21 世纪最重要的石油化工基地。新疆光热水土资源丰富，农业自然资源组合较好，为农牧业生产的发展提供了重要条件。全疆地表水年径流量 884 亿立方米，地下水可采量 252 亿立方米，全年可采水量为 900 亿立方米。现有耕地 4800 多万亩，还有宜农荒地 7346 万亩，占全国可垦荒地的 14%，占西北五省区可垦荒地的 69%。新疆是我国五大牧区之一，有可供利用的草场 7 亿亩，占全国草场的 25%。新疆温带农作物品种齐全，野生动植物种类繁多。对这些资源的开发，一方面，可以为扩大国内投资和消费需求提供潜在市场、创造就业机会，还可以带动新疆特色经济发展，促进资源优势向经济优势转换，增强新疆的经济实力；另一方面，在国内需求不足和市场竞争日趋激烈的情况下，还可以为东部地区资金、技术和劳动力等生产要素提供广阔的发展空间，为整个中华民族提供更加广阔的生存空间。

（三）新中国成立以来，特别是改革开放以来，新疆经济发展取得了长足的进步，基础设施和基础产业建设已经初具规模

新疆现已形成了一个多方位、大容量、高速率、沟通区内外的数字干线传输网；在兰新铁路、北疆铁路早已运行的基础上，1995 年兰新铁路复线全线贯通，1999 年南疆铁路通车喀什；新疆航空公司已开辟 55 条国内航线、6 条国际航线；1995 年，527 公里长的南疆沙漠公路建成通车；吐—乌—大高等级公路的建成使用和乌—奎高速公路等的建设，标志着新疆公路建设进入现代化的新阶段。和田乌鲁瓦提水利枢纽、北水南调等一大批大型水利工程，已为全区水利建设打下了良好的基础。新疆已经形成石油、钢铁、煤炭、电力、机械、化工、建材、纺织等多门类的现代工业体系。1999 年，新疆国内生产总值达到 1169 亿元，1990 年以来年均增长 10.7%，部分工农业产品产量已跻身全国前列，综合经济实力进一步增强，这些都为新疆大开发打下了坚实的物质基础。

当然，新疆在实施大开发中还存在一些困难和制约因素，如生态环境脆弱。在新疆这片广袤的土地上，沙漠、戈壁、荒漠面积占到 60% 以上，可供人类繁衍生息的绿洲经济区仅为 7 万多平方公里，仅占新疆总面积的 4.3%，对人口的承载力有限。而且，土地沙漠化严重。全疆 87 个县市中，有 80 个县市和 90 多个兵团团场有沙漠化土地，平原地区近 2/3 的土地、1200 万居民受到沙漠化影响。新疆有草场 7 亿亩，但 75% 的草场处于退化状态，其中严重退化的有 1.2 亿亩。森林覆盖率目前只有 1.87%。再造一个山川秀美的新疆，任务十分艰巨。**此外，新疆远离内**

地、沿海，而国内的大市场是在东部，目前通往国外的最便捷的通道也在沿海，新疆离沿海四五千公里，远距离运输提高了新疆产品的成本，影响了产品的竞争力。另外，人口素质较低。新疆文盲、半文盲比率高。据第三次全国人口普查结果，新疆全区文盲有 270 万人，占全区 12 周岁以上人口的 21.12%，南疆地区文盲比率更是高达 30%。目前，新疆就业劳动者中受过高中以上教育的所占比率为 16.7%，受过大学本科以上教育的不到 1%，人才缺乏。① 这些问题都需要在西北大开发战略实施过程中逐步得到解决。

新疆在西部大开发中的地位和作用，必将使其成为西部大开发的重中之重。

为了有力地推进新疆大开发，新疆从实际出发，扬长避短，把大开发的重点集中在 "加强基础设施建设、加强生态环境建设、实现大市场体系中的产业结构调整、大力发展科技和教育" 四个领域，同时，充分发挥资源优势。

在基础设施建设中，以交通、通信、水利和电力为重点。交通建设中，重点进行以 312、314 国道的 "Y" 形主通道的升级改造，尽快开工重点建设奎屯—赛里木、小草湖—库尔勒高等级公路，同时进行其他国道、省道重点路段的改建，加快铁路的延伸速度，以快速和重载为主导，形成大能量的路网骨架，完善南疆铁路，加快北疆地区精河—伊宁—霍尔果斯这条线的建设。发挥民航快捷作用，完善乌鲁木齐、喀什口岸机场功能，尽快开工和田、克拉玛依等支线机场。加快信息网络建设，逐步建成超高速、大容量光纤、数字微波传输系统还有与多媒体技术相结合的信息高速公路。水利建设将主要围绕三大流域开展。在南疆，将围绕塔里木河的三条源头河——和田河、叶尔羌河、阿克苏河建设山区水库，取代过去的平原水库，拦截储存洪水，向平原均衡供水。② 在北疆地区将主要围绕额尔齐斯河和伊犁河的开发修建一批水利工程。加强城乡电网建设和改造。对偏远乡村，可根据条件发展小水电、太阳能发电、

① 朱培民、段良：《中共三代中央领导集体与新疆》，新疆人民出版社 2002 年版，第 237—240 页。

② 《新疆日报》1999 年 12 月 2 日。

风力发电等多种供电方式。加快实施广播电视"村村通"计划，进一步提高新疆广播电视覆盖率。

在生态环境建设中，继续加强"三北"防护林建设，退耕还林，改善生态。全面开展塔里木河流域生态环境保护与建设，全面开展"两南"（塔里木盆地南缘、准噶尔盆地南缘）沙漠化治理，加强中国最大的内陆淡水湖博斯腾湖和湖水大面积缩小的艾比湖的环境保护和治理。同时，加快实施乌鲁木齐的污染综合治理工程，并不断增加绿地面积。

在调整产业结构中，以资源优势为基础，在"农业、石油天然气工业、加工业、旅游业"四个领域中，积极发展"能够在大市场中占据大份额"的大型资源产业。农业上，充分利用新疆的光、热、水、土资源，发挥自身的优势，走发展优质高效农业和特色农业的路子，将新疆建设成为全国最大的优质棉花生产基地，发展"规模化、优质化"的现代林果业。畜牧业上，加大畜群结构调整，改革传统的生产方式，建立全国最重要的细毛羊生产基地和肉牛、肉羊基地，走产业化之路。林业上，要大力发展经济林、防风林、用材林，不断优化新疆的生态环境。工业上，围绕"特"字做文章。大力调整产品结构，依托新疆得天独厚的资源开发出特色产品，将新疆建成全国最大的石油、天然气基地和西部重要的石油化工基地。石油、天然气以"双增"（增储、增产）为主攻方向，大规模勘探开发三大油田，把勘探塔北油田的天然气作为重点，尽快建成大规模的天然气生产和外输基地，为天然气"西气东输"奠定资源的产能基础。在加工业中，重点发展纺织业和以新疆大宗农产品为原料的食品和生物化工工业、有色金属工业，并积极发展建材业。在旅游业中，发展以喀纳斯为主的生态旅游，以博斯腾湖和天池为主的风景旅游，以吐鲁番为主的历史文化遗址旅游，以喀什为主的民俗风情旅游，以伊犁为主的塞外江南和草原旅游。同时，以新疆丰富的旅游资源作为依托，带动地方文化和民间工艺的发展，把旅游业培育成为新的重要的经济增长点。

大力发展科技教育，是新疆大开发的重要条件和保证。面向经济建设主战场，新疆鼓励技术创新，加快科学技术推广和成果转化。把农业科技放在突出地位，紧密围绕发展高产、优质、高效作物和农业产业化，在普及适用的节水栽培等先进技术的基础上，加强生物技术、基因工程等农业科技的研究、开发、推广，促进农业质的飞跃。运用先进技术改造传统产业，积极发展高新技术产业。加强主要行业和重点企业的技术开发，提高规模化生产的工艺装备现代化水平。加快科技体制改革，形成科研、开发、生产、市场紧密结合的机制。加强科普工作，提高各民族人民的科技意识和技术水平。

大力推进素质教育，实施"人才工程"，特别是注意培养各方面的少数民族人才。深化教育改革，通过调整专业结构、发展远程教育、推行教育产业化、高等教育大众化，鼓励社会办学，形成具有现代化教育手段的信息化程度高的教育格局。加大对贫困地区发展教育的扶持力度。制定优惠政策，吸引国内外人才参与新疆的开发建设。

继续推进城市化进程。根据新疆绿洲经济特点，走多样化的城市化道路，适度发展中小城市，扩大小城镇规模。发挥乌鲁木齐在城市体系中的龙头作用，加强市政基础设施建设，提高城市现代化水平和综合服务功能，力争建成国内、国际旅游、商贸大都市。以地州首府城市和具有一定经济优势、地缘优势的城市为重点，扶持和培育区域中心城市的发展，增强其对区域经济的辐射带动作用。有重点地发展一批小城市，使一批重要县城达到设市的水平，同时，加快沿线、沿边、兵团团场和资源富集地小城镇的综合建设。①

第二节　新疆大开发的社会
文化意义及其成就

西部大开发是在世界经济全球化，中国全面发展社会主义市场经济，推进现代化建设的大背景下展开的，它是21世纪中国社会主义现代化建设的重大战略任务。作为西部大开发的重要组成部分，新疆实施的经济、政治、文化和生态环境等举措从不同角度、不同层面带动了新疆多元民族文化的急剧变迁。

---

①　中共新疆维吾尔自治区委员会宣传部：《西部大开发——面向新世纪的重大决策》，新疆人民出版社2000年版，第92—94、100—104、127—128页；陈耀：《西部大开发战略与新思路》，中共中央党校出版社2000年版，第276—277页。

首先，加快基础设施建设，推进市场化进程，进一步打破了新疆自然封闭和社会封闭的状况，加速了新疆社会转型①，使新疆社会人文环境更加多元和复杂。

新疆是一个相对封闭的地区。从自然地理状况来看，新疆地处欧亚大陆的腹地，远离海洋，地域辽阔，交通不便，加上三山（天山、阿尔泰山和昆仑山）夹两盆（塔里木盆地、准噶尔盆地）的地理格局，使新疆民族文化交流与传播在客观上存在着诸多的不便和障碍。从社会人文环境来看，新疆的两种基本经济文化类型——绿洲农耕经济文化和草原游牧经济文化都是建筑在自然经济基础之上的，这样的社会结构往往是封闭的、分散的。尽管历史上"丝绸之路"的繁荣，一度改变了新疆社会的封闭状态，但是，16世纪以后，"丝绸之路"逐渐走向衰落，加上新疆地区伊斯兰化的完成，使新疆各民族社会文化的交流与传播呈现出自我循环大于外部循环的态势，新疆重新陷入相对封闭的状态。新中国建立以后，我国实行高度集中的社会主义计划经济体制。在这种高度集中的体系中，新疆地区的商品经济没有得到充分发展，社会分工不发达，难以形成活跃的市场体系，自然经济仍然是新疆社会经济的主要形式，新疆社会结构依然比较封闭。直到1978年，我国实行改革开放政策，新疆社会才开始了真正意义上的社会转型。这种社会转型的基本内容是由传统的农业社会向现代工业社会，由高度集中的计划经济体制向社会主义市场经济体制，由封闭性社会向开放型社会的转型。

在实施西部大开发战略之前，新疆社会虽然已经开始转型，但尚处于初始阶段，且受对外开放战略的制约，转型状态呈现出不平衡性。新疆实行的"以边境开放为前沿，以铁路沿线开放为后盾，以两线（边境线、铁路线）城市开放为台阶，点线结合，以点带面，辐射全疆的全方位对外开放"战略使得北疆地区比南疆地区开放；交通干线地区比非交通干线地区开放。新疆社会无论是开放领域还是开放水平都还远远不能满足新疆社会主义现代化建设的发展要求，因此，进一步加大新疆地区的对外开放力度，并以此为动力推动新疆充分利用国际国内两种市场两种资源，就成为新疆加快现代化建设的重要内容。

---

① 所谓社会转型，是指社会结构和社会运行机制从一种形式向另一种形式的运动过程。

　　实施西部大开发战略以来，新疆加快了以交通、通信等为重点的基础设施建设，取得明显成效。截至 2004 年年底，公路通车里程已达 8.68 万公里，已基本形成了以乌鲁木齐为中心，以国道干线为骨架，环绕准噶尔盆地、塔里木盆地，穿越古尔班通古特沙漠，横穿天山，连接南北疆，辐射地、州、县、乡镇和主要厂矿、经济开放区、农牧团场、开放口岸，东连甘肃、青海，南接西藏，西出中亚、西亚各国，四通八达的干支线公路运输网络。铁路营运里程 2999 公里，已构成了横贯东西、连接南北疆、衔接内地、沟通亚欧的铁路运输干线。航线里程 11.18 万公里，完成客运量 286 万人次，货运量 3 万吨，形成了以乌鲁木齐为中心，连接国内外 62 个大中城市和区内 12 个地、州、市的空运网，新疆已成为我国拥有航站最多、航线最长的省区。① 已经建立起立体化的交通运输网。尤其是农牧区，通过"油路到县""送电到乡""村村通广播电视"等工程的建设，基础设施条件发生了根本性的变化。邮电通信和广播电视事业发展迅猛，普及程度大幅度提高。先后建成了覆盖全区的光缆干线，完成了亚欧光缆新疆段，初步形成了程控交换、光纤通信、数字微波、卫星通信、移动通信等完整的现代化通信体系。截至 2006 年，新疆所有的乡镇都已开通电话并进入长途自动网，70% 的行政村通了电话，GSM 网、CDMA 网覆盖了所有的县市和 95% 以上的乡镇团场。2006 年，新疆固定电话用户达 706.9 万户，普及率为 34.5 部/百人。移动电话用户达 671.10 万户，普及率为 32.7 部/百人。局用交换机总容量达 912 万门。互联网用户 123.70 万户。② 这些基础设施的建成，降低了新疆各民族文化跨区域、跨国界流动的成本，为各民族文化的全球化发展提供了技术与渠道的支持和保障。特别是以国际互联网为代表的通信技术的广泛运用，大大改变了各民族文化传播的方式和速度，使各民族文化的交往在更大范围、更多领域、更快速度上实现，为各民族文化的接触、对话创造了一个全新空间，这个全新的空间就是全球化。在全球化的空间中，各民族文化的接触、传播可以跨越地理的阻隔而具有世界性，新疆多元

---

　　① 　参见新疆维吾尔自治区成立 50 周年筹委会办公室、新疆维吾尔自治区统计局编：《新疆50 年（1955—2005）》，中国统计出版社 2005 年版，第 23—24 页。

　　② 　《新疆维吾尔自治区 2006 年国民经济和社会发展统计公报》。

民族文化的发展也因此进入了一个世界性的过程。

与此同时，新疆坚持"外引内联、东联西出、西来东去"的方针，在全面推进兵地融合发展的同时，优先发展天山北坡经济带，启动了乌昌经济一体化，促进了区内的开放与融合。同时，充分发挥向西开放的区位优势，同周边国家进行以资源互补为主的深层次合作，积极开拓中亚、西亚、南亚、东欧和俄罗斯市场。截至 2006 年，新疆有一类口岸 17 个、二类口岸 12 个，已与 143 个国家和地区建立了经贸关系。自 1992 年以来，每年都举办"乌鲁木齐对外经济贸易洽谈会"。1978—2007 年，累计引进外商投资企业 403 家，引进我国 500 强企业 46 家，引进区外资金 2108.5 亿元。市场化改革从经济领域推进到社会政治领域，进入整体推进，向高层次、宽领域、纵深化方向发展的阶段。新疆初步建立起了社会主义市场经济体制，经济市场化程度明显提高，市场在资源配置中的基础性作用越来越明显。与此同时，科教、住房、医疗和政府职能等社会政治领域的改革也取得了较大进展。实施农村义务教育经费保障机制，全部免除农村义务教育阶段学生学杂费，减轻了广大农牧民的负担，提高了农村特别是少数民族聚居地区义务教育的入学率；积极开展新型农村合作医疗，设立济困医院、发展社区卫生服务，为各族群众提供安全、有效、方便、低价的医疗卫生服务；以完善企业职工基本养老保险、城镇职工基本医疗保险制度和城镇最低生活保障制度为主要内容，加强各项社会保障制度建设；深化财税、金融、投资体系改革，完善宏观调控，为改革开放提供体制保障。

市场化最大的特征就是开放性，新疆市场化改革必然从体制层面上推动新疆社会的开放程度，使新疆社会由封闭、半封闭走向开放，促进新疆社会转型，新疆社会结构和社会运行机制处于巨大变迁之中。事实上，正是伴随着新疆基础设施建设和市场化进程的加快，新疆加快了融入全球一体化的历史进程，而后一进程的加快，使新疆各民族之间及其与内地各民族乃至世界其他民族之间的交往更加频繁，更加广阔，引发了一场广泛的全球性文化互动：一方面，新疆各民族文化快速走向全国，走向世界。特别是加强对港澳台地区、亚洲、欧洲等国家的演艺交流，在俄罗斯、法国、德国、土耳其、巴基斯坦等国家相继成功举办"新疆文化周"活动，促进了国际文化交流，新疆各民族文化在与其他民族广泛的文化交流中越来越多地为世人所知。如维吾尔族歌剧《木卡姆先驱》、维吾尔剧《古兰木罕》、民族舞剧《大漠女儿》、大型民族话剧《罗布村的情祭》、大型民族歌舞音乐《天山彩虹》、大型柯尔克孜族歌舞乐诗《山水父母》、大型民族歌舞《我们新疆好地方》、大型民族歌舞组曲《艾德莱斯随想》以及舞蹈《摘葡萄》《盘子舞》《刀郎赛乃姆》《顶碗舞》等曾获得国家级奖项，有些还荣获了国家文化部颁发的艺术最高奖——"文华奖"及全国精神文明建设"五个一工程奖"；维吾尔古典音乐《十二木卡姆》向联合国教科文组织申报"世界人类口头非物质文化遗产代表作"成功；曾广泛流行于维吾尔地区的杂技艺术达瓦孜表演，近几年来由于新疆杂技团演员阿迪力·吾守尔的卓越技艺和出色表演名扬世界。通过积极参加各类文化产业博览会，加强文化项目合作交流，新疆文化产业得到发展。另一方面，各种外来文化也随着新疆的进一步开放，在新疆地区得到了空前传播，并对新疆各民族文化尤其是传统文化产生了强烈冲击。面对这种更加复杂多元的社会文化环境，如何处理好外来文化与本民族文化的关系就摆在新疆各民族面前，成为全球化背景下新疆各民族实现现代化发展必须解决的重大问题。

第二，以市场为导向，优化和调整产业结构，建设和保护生态环境，使新疆民族传统文化的生态环境①丧失或改变。

产业结构调整是新疆大开发的重要内容。新疆产业结构调整的主要内容是：加大对基础产业、特色农业、特色工业、旅游服务和高新技术产业的投资力度，扶优扶强，积极培育具有资源优势和市场竞争力的产业，加快将资源优势转化为产业优势、经济优势的进程，努力把旅游业培育成为新的经济增长点。产业结构是经济结构的重要内容，产业结构的调整必将动摇或改变新疆各民族传统文化的物质基础。因为一定的文化形态总是依附于一定的经济基础，而自然生态环境是经济模式生成的客观物质基础。所以，自然生态环境与经济相关联，经济与文化相关联，

---

① 这里所指的生态环境包括自然生态环境和文化生态环境两个方面。自然生态环境是指由空气、动物、植物、水资源、土地等要素构成的自然统一体，它是人类生存和发展的基本条件。文化生态环境是由生产方式、生活方式、风俗习惯、信仰崇拜等文化因素构成的统一体，它是物质文化、制度文化、精神文化的有机组合，是民族生存和发展的重要条件。

文化与自然生态环境之间有着密切的源流关系，自然生态环境不仅影响和制约着人们的生产生活方式，还影响和制约着人们的思想观念和价值取向。

新疆建立以农业为基础、工业为主导的经济发展格局，建立粮食、棉花、甜菜、瓜果、煤炭、石油、化工、棉纺织品、毛纺织品、制糖等11个全国和西北的产业基地，实施以"一黑（石油）一白（棉花）"为重点的优势资源转换战略，规划和部署扶优扶强，发展天山北坡经济带的产业发展战略，扩大支柱产业、特色产业，实施传统畜牧业向现代畜牧业转变的畜牧业发展战略，初步形成新的产业结构布局，产业构成由过去的"一、二、三"格局，转变为"二、三、一"格局。以石油开采、石油化工为主导，包括钢铁、有色金属、煤炭、建材、纺织、食品、电力、化工等门类比较齐全的具有特色的现代工业体系已经形成。城市化进程加快。2006年，新疆城镇化率为37.9%，比1990年提高5.74个百分点。① 这种以工业化、城市化为基本特征的经济模式的建立和发展，打破了新疆传统的以自然经济、半自然经济和计划经济为基础的传统经济模式，动摇了新疆各民族传统文化的根基，并由此引发新疆各民族生产生活方式的变迁。新疆文化生态环境的新变化，要求新疆各民族建立一种与之匹配的文化观念和文化行为，否则，民族文化就可能会成为制约民族发展进步的保守因素，各民族文化面临着由传统形态向现代形态转型的时代任务。

但另一方面，我们也看到，在建立以工业化、城市化为基本特征的经济模式的同时，新疆也在致力于贯彻落实可持续发展战略。新疆自然生态环境具有气候干旱、多风、降雨量少，水资源短缺、时空分布不均，农业自然灾害多等基本特征，自然生态环境十分脆弱。新疆开发建设最为突出的内容是矿产资源和农业种植资源的开发及综合利用。在新疆开发建设的过程中，生态环境发生了极大的变化。由于水资源、土地资源利用不合理，荒漠化、植被衰败等问题较为突出。20世纪90年代以来，新疆的生态环境质量虽然趋向好转，但先天不足，后天失调；局部改善，整体恶化；绿洲扩大与沙漠扩张并存，绿洲内生态系统大体改善，绿洲外围生态平衡严重失调；草地退化，湖泊萎缩；水土流失，干旱和荒漠

---

① 《新疆维吾尔自治区2006年国民经济和社会发展统计公报》。

化的问题依然突出,成为阻碍西部大开发战略推进的重要因素。实施西部大开发以来,新疆按照"以重大生态建设项目解决重大生态环境问题"的思路,推进生态建设步伐。2000 年以来,启动了一系列重大生态建设项目,极大地促进了区域、流域生态环境的改善。加大对生态环境的监管力度,重点对西气东输、塔里木河治理、公路建设和影响生态环境的建设项目进行了环境影响评价、现场环境监察和竣工环保验收工作,对旅游景区、石油天然气开发、矿产资源勘探开发项目进行生态监察,有效地保护了生态环境和促进了建设项目施工现场的生态环境保护,新疆局部地区的自然生态环境初步得到保护和改善。自然生态环境的保护不仅为新疆可持续发展提供了坚实的物质基础,也为新疆多元民族文化的存在和发展提供了必要的条件。

　　总之,一方面,新疆自然生态环境和文化生态环境的变化,使新疆各民族文化传承面临严峻挑战,承受着巨大压力;另一方面,可持续发展战略的实施,又为新疆各民族传统文化的发展提供了生存空间。要实现各民族共同团结奋斗、共同繁荣发展,新疆民族传统文化进行现代性转型成为必然。

　　第三,旅游业是新疆经济发展新的增长点。它的兴起,必将对新疆各民族文化变迁起到推动作用。

　　旅游业是以旅游资源为对象,以出售劳务为特征,规划、组织和安排旅游活动,并为旅游者在旅游活动中直接提供产品和服务的行业,它兼有文化和经济两大属性。作为一种文化性很强的经济事业,即文化型的产业,旅游业的发展必然会带动新疆社会文化的变迁。

　　新疆是一个多民族聚居的地区,多种宗教在此流行与并存,民族文化旅游资源十分丰富。历史悠久、内容丰富、风格独特的民族文化资源是新疆发展旅游业的绝好资源。实施西部大开发以来,新疆各地努力通过开发利用民族文化资源促进旅游业发展,旅游业已成为新疆民族文化实现产业化的重要途径。在各级党委和政府的努力下,新疆文化产业取得较大进步。其发展状态详见下表。

表 2.1 　　　　　　　　　　　新疆文化产业基本情况

年份	1995	2000	2006
文化产业机构数（个）	1174	7848	12613
文化部门	366	1055	1820
其他部门	808	6793	10793
文化产业人员数（人）	8348	26621	37571
文化部门	7372	9801	11471
其他部门	976	16820	26100
各类文化艺术事业单位数（个）			
文化馆、艺术馆	107	108	108
公共图书馆	66	80	98
博物馆	12	23	28
艺术表演场所	26	23	43
艺术表演团体	87	88	118
戏剧、电影观众（万人次）			
戏剧	20	14	61
电影	319	35	206
按总人口平均每人观看（次）			
戏剧	0.01	0.01	0.03
电影	0.2	0.02	0.1

资料来源：2007 年《新疆统计年鉴》。

应该看到，积极发展以文化产业为基础的旅游业，导致不同民族身份的人在新疆广泛而又频繁地流动。据统计：2006 年，新疆接待国内游客 1661 万人次，接待境外游客 36.25 万人次。[①] 正是新疆旅游消费市场的不断发展，特别是人们对文化旅游需求的趋强，使新疆各民族越来越明确地认识和发现自身文化的价值，文化自信大为增强，发掘、整理和开发民族文化资源的积极性被调动起来。各地各级政府也从发展旅游业的需要出发，日益重视对民族文化的保护，各种社会力量也自觉参与到民族传统文化的挖掘、保护工作中来，越来越多的民族民间文化资源得

---

① 新疆维吾尔自治区统计局编：《新疆统计提要（2006）》。

到保护、挖掘和整理。2002 年，新疆维吾尔自治区人民政府颁布实施了《新疆维吾尔自治区历史文化名城街区建筑保护条例》，通过立法手段将保护和管理历史文化资源纳入城乡总体建设和系统规划当中。在各级政府的高度重视和关心支持下，2005 年 11 月，新疆维吾尔木卡姆艺术被联合国教科文组织批准为"人类口头和非物质文化遗产代表作"。2007 年 5 月，新疆有 14 项非物质文化遗产被批准列入第一批国家级"非物质文化遗产代表作"名录，2008 年又有数十个项目进入备选名单。2007 年 10 月，新疆维吾尔自治区人民政府颁布《新疆维吾尔自治区非物质文化遗产保护条例》，将新疆非物质文化遗产的保护纳入法制范围。除此之外，政府还从财政上支持民间工艺品的生产；组织社会力量维护、修复重要的文化遗址；资助传统艺术团体举办艺术节等。如新疆著名的历史文化旅游名城吐鲁番，自 2001 年起，政府每年拨款 100 万元，用于对外宣传包装葡萄沟、火焰山、坎儿井以及交河故城、高昌故城等自然文化旅游景点；2002 年，吐鲁番还成立了"交河文化旅游发展有限责任公司"；同年，投资 1300 万元开工修复占地 26.94 公顷的吐鲁番市西域民俗风情园。火焰山土艺园、达坂城白水涧古镇旅游区等也在一些企业经营下开门迎客。一年一度的吐鲁番葡萄节、伊犁天马节和草原"那达慕"等民俗旅游项目方兴未艾。在旅游业的推动下，一些原先几乎被人们遗忘的传统习俗和文化活动重新得到开发。传统的手工艺品因市场的需要重新得到发展；传统的音乐、舞蹈、戏剧等受到重视和发展。维吾尔族传统舞蹈"麦西来甫"、杂技艺术达瓦孜表演，哈萨克族的竞技活动"姑娘追"、民间说唱艺术阿肯弹唱等，蒙古族、锡伯族的传统体育节目摔跤、射箭、赛马，一些具有民族特色的工艺品，如喀什的民族乐器、英吉沙小刀、花帽、艾德莱斯绸，和田的地毯、丝绸、玉器等，通过旅游业得到了充分展示，各民族文化出现复兴态势。不过，这种复兴是一种文化传统的再创造和再发明，是一种文化重构过程，这种重构往往导致民族文化的变异。这种变异是新疆各民族适应新环境的演化变迁，是新疆各民族传统文化在新形势下得以保留和发展的重要途径。在此过程中，还出现了民族文化商品化、庸俗化的问题。由于新疆民族文化的复兴在很大程度上是为了满足旅游业发展的需要，这种建筑在满足旅游者需求的基础上的民族文化的复兴，不可避免地带有商品化、功利性的色彩。在刻意迎合外来旅游者需要的过程中，新疆民族传统文化出现萎缩和失真的现象，文化传承发生断裂。不仅如此，旅游者在旅游活动中有意无意地将自身的民族文化，诸如价值观念、行为符号、物质消费等传播到旅游地，也影响和冲击着当地居民的传统文化。旅游业作为助推器，加快了新疆各民族文化的变迁与转型。

需要指出的是，旅游业发展给新疆各民族文化的影响是利弊相伴的。因此，在开发利用民族文化资源时，应正确处理文化与旅游的关系。要使新疆旅游业的发展，在给新疆各民族人民带来经济文化和社会利益的同时，能够保持原有的文化特点，只有这样，以民族文化为内容的旅游业的发展才能保持生命力。

第四，加快科技教育发展，加大人力资源开发力度，有助于提升新疆各民族现代化发展的文化适应能力。

新疆各民族是新疆大开发的主体，他们的观念和行为直接关系到新疆开发的成效和进程，因此，新疆开发必须重视发挥开发主体即新疆各民族的作用。为了增强各民族发展的内生力量，提升他们适应现代化发展的文化能力，新疆确立了以科技为先导、教育为基础的知识发展战略，进一步加大了人力资源开发力度，通过加快科技教育发展步伐，努力培育和提高各民族的整体素质和自我发展能力。

在科技事业方面，不断优化科技队伍的分布和结构，加大科技创新和新技术应用的力度。广泛开展和实施旨在促进资源转型，提高现实生产力水平，推动社会进步，以科技攻关、产品开发成果推广、技术服务以及基础研究为核心的科研项目和科技计划。在农业新品种培育，种植养殖技术推广，胚胎移植及农副产品加工和储藏保鲜等方面取得显著成绩，主要农作物优良品种推广率达90%以上。在乌鲁木齐、昌吉等地建立了一批高新技术产业开发区。在农牧区，则开展形式多样的科普宣传培训活动，如"科技之冬""三下乡""科技巴扎""农村适用技术成果巡回展览"等，大力推进科技兴新工程，基本形成了面向经济建设主战场，发展高新技术并实现产业化和加强基础性研究等三个层次的战略格局和具有新疆区域特色的科学研究和技术体系，出现了以"服务于优势资源转换，服务于大规模开发建设，服务于生态建设与环境保护"为方向，以"加强技术创新，科技成果转化，发展高新技术并实现产业化"

为核心任务,搞好中长期科技发展规划,营造有利于科技人才创新创业和全社会科技进步的环境,构建适应社会主义市场经济发展和全面建设小康社会需要的区域科技创新体系的局面。推进以"创新、结合、普及"为重点的各项科技工作。科技为经济建设和社会全面进步服务的整体功能得到提高,科技实力明显增强。新疆科技事业的发展,特别是一些适合新疆区情的重大科技项目的立项、科学技术普及、科技人才培养和资金投入等工作的不断改革,使新疆一批具有地域优势和特色的传统技术,如棉花种植技术,葡萄、哈密瓜等的栽培技术,马、牛、羊等的饲养技术,土质渗漏和蒸发量大条件下的引水灌溉技术,民族特色明显的毛纺技术和染色技术,拥有自己的医学理论和包括内、外、妇、儿、骨伤、皮肤等治疗方法在内的维吾尔医学技术得到了改进和提升。传统产业的现代化改造和新兴技术产业的培育,推动了新疆经济的增长和社会的全面进步,科技进步对新疆经济增长的贡献率明显提高。有关研究成果显示,"九五"计划到"十五"计划期间,科技进步对新疆农业经济增长的贡献率达40%以上,对工业经济增长的贡献率达30%以上。[1] 科学技术在新疆经济和社会生活中的大量运用,使现代技术、现代管理和现代观念越来越多地输入到新疆经济社会中,受这些现代文化因素的吸引,新疆民族文化加速了变迁进程。

在教育方面,立足于提高民族人口素质,不断加大工作力度。民族教育[2]是新疆教育事业的重点,民族教育的重中之重是基础教育。实施西部大开发以来,新疆坚持"两基"(基本普及九年制义务教育、基本扫除青壮年文盲教育)教育重中之重的地位不动摇,稳步推进"两基"工作。2006年,新疆全区有81个县(市区)实现"两基",全区"普九"人口覆盖率为80.99%。全区小学适龄儿童入学率达到99.15%,初中适龄少年入学率达到92.32%。全区初中辍学率为1.93%,小学五年保留率为98.43%。青壮年文盲率控制在3%以下,复盲率控制在5%以下。共有小学8345所,在校学生446.5万人,其中,少数民族学生占57.4%;各类

---

① 艾里·阿西尔:《新疆全面建设小康社会》(2003—2004年度全国党校系统调研课题,编号03@ZH006_ZKQ029),第110页。

② 此处是指狭义的民族教育,即少数民族人口的教育。

学校教职工为 34.5 万人，其中专职教师 28.1 万人。[1] 同时，调整中小学布局和结构，推进民汉合校、民民合校与混合编班，不断加大贫困生助学工作力度。从 2003 年开始，国家和新疆每年投入 1.90 亿元实施边远贫困地区"免费义务教育"工作。中央财政每年提供课本费 1.4 亿元，自治区财政解决杂费 5000 万元，实施范围涉及和田、喀什、克孜勒苏柯尔克孜自治州、阿克苏四地州所属县（市），其他国家级以及自治区级扶贫开发重点县、边境县等 56 个县的 205 万中小学生，[2] 帮助他们顺利完成九年制义务教育。努力改善基础教育办学条件。2005 年，中央和新疆财政增加投入，使"两免一补"政策惠及全区 228 万义务教育阶段贫困中小学生，占义务教育阶段学生的 69.3%。2006 年，中央和新疆又投入 7.42 亿元，实施新疆的农村义务教育经费保障机制，免除全部农村中小学杂费。实施"中小学危房改造工程"和"国家贫困地区义务教育工程"等教育基本建设项目，不断改善农村中小学的办学条件。

根据经济发展和就业机制的变化，新疆维吾尔自治区人民政府还对民族教育进行了改革。把加强"双语"教学作为提高民族教育质量的突破口，推进"双语授课"的教学模式，全面启动双语教育工程。2001 年，启动基础教育课程改革工作，先后确定三批 68 个自治区级课改实验区，其中维语系课改实验区 29 个、哈语系课改实验区 20 个。2002 年，做出了《大力加强"双语"教学工作的决定》，加快推进"双语"教学，全面提高各学科教师的汉语水平，努力使中小学成为培养"民汉兼通"人才的重要基地。此次双语教学改革的具体内容是：实行民汉幼儿混合编班；少数民族语言授课的小学从一年级起开设汉语课；要求有条件的地方中学积极推行双语教学模式，即除语文等课程用母语教学外，数理化用汉语授课或以汉语授课为主，同时加授母语课，在高校尽快实现除少数民族语言等特殊专业外，专业课、专业基础课使用汉语授课；大力推进民汉合校，鼓励民汉学生混合编班。在尚不具备条件实行民汉合校的地方，可将分设的民汉学校重新整合，向民汉合校的初中与高中，逐步

---

[1]　阿不都热扎克·铁木尔等主编：《2007—2008 年新疆经济社会形势分析与预测》，新疆人民出版社 2006 年版，第 304—305 页。

[2]　《我区免费义务教育正式启动》，《新疆日报》2003 年 8 月 29 日。

过渡。自治区政府对贫困地区民汉合校予以政策倾斜和扶持。同时，为解决新疆部分地区因缺少汉语授课教师无法进行正常的教学，尤其是数学、物理、化学、英语、信息技术科目中的中学汉语老师缺乏的困难，2003 年，国家制定了支援新疆汉语教师工作的方案，为新疆安排了 7600 万元的专项经费，用于新疆汉族教师的培养和培训，培训总人数将达 6000 以上。2007 年，新疆中小学"双语"班达到 5247 个，学生达到 15.5 万人，中小学阶段进入汉语学校（班）学习的少数民族学生达到 17.7 万人。[①] 从 2000 年起，国家还在北京、上海、天津、南京、杭州、广州、深圳、大连、青岛、宁波、苏州、无锡等 12 个内地城市开办新疆高中班，招生范围主要是少数民族农牧民子女（占招生总数的 80%），每年招生 1000 人，到 2007 年，扩大到 28 个城市的 50 所学校，招生规模达 5000 人。

当前，新疆已形成以九年制义务教育为基础，以普通中等、高等教育为骨干，以各级各类职业教育和成人教育为网络的多层次、多门类完整配套的教育体系，包括民族教育在内的教育事业发展水平在不断提高。详见下表：

表 2.2　　　　　　　　　　新疆人口的教育水平结构

年份	各类学校在校生占全区总人口的比率（%）	平均每万人口中（人）			大中小学生各占学生总数的比率（%）		
		大学生	中学生	小学生	大学生	中学生	小学生
2000	22.84	41.05	638.26	1395.72	1.82	27.93	61.09
2001	20.98	58.53	654.84	1298.22	2.79	31.21	61.87
2002	23.14	70.04	702.72	1238.61	3.21	31.87	56.18
2003	22.53	76.33	749	1183.62	3.39	33.25	52.54
2004	21.91	83.09	773.23	1129.89	4.18	38.92	56.9
2005	21.96	90.44	766.67	1066.4	4.7	39.86	55.44
2006	21.78	97.2	767.07	1023.4	5.1	40.64	54.26

资料来源：2007 年《新疆统计年鉴》。

---

① 阿不都热扎克·铁木尔等主编：《2007—2008 年新疆经济社会形势分析与预测》，新疆人民出版社 2006 年版，第 307 页。

表 2.3　　　　　　　　新疆少数民族人口的教育水平结构　　　　（单位：人）

年份	高等学校	中等学校	中等专业学校	职业中学	技工学校	普通中学	高中	初中	小学（万人）
2000	31989	834390	62572	34992	12260	724566	91843	632723	171.44
2001	47689	867582	58971	37013	9191	762407	103658	658749	165.84
2002	61610	913720	51204	40938	10971	810607	121523	689084	158.25
2003	65394	954789	42146	33997	10579	868067	137714	730353	151.53
2004	70340	985148	31566	49693	13407	890482	148398	742084	143.62
2005	75744	993390	32698	54773	13418	892501	152244	740257	136.94
2006	77627	975410	36393	13216	18066	907735	149963	757772	132.94

资料来源：2007 年《新疆统计年鉴》。

表 2.4　　　　　　　　新疆教育经费的投入水平结构　　　　（单位：万元）

指标	合计	国家财政性教育经费	预算内教育经费	社会团体和公民个人办学经费	社会捐资和集资办学经费	学费和杂费	其他教育经费
总计	1539704	1242831	1141499	20808	4297	147113	124655
中央	7001	7001	431				
地方	1532703	1235830	1141068	20808	4297	147113	124655
按学校类别分组							
高等学校	247150	123327	111232	1677	1294	77924	42928
普通高等学校	162495	79460	74487		1273	49713	32048
成人高等学校	31959	17424	17340		20	10671	3845
高职高专学校	52696	26443	19405	1677	1	17540	7035
中等专业学校	59830	33707	32529	129	65	17655	8275
中等职业学校	43642	23718	22663		65	13939	5920
中等师范学校	9880	6018	6010			2533	1330
成人中专学校	6308	3971	3856	129		1183	1025
技工学校	18858	9913	9730	112	200	3699	4934
中学	572547	484088	436464	13368	844	41424	32819
普通中学	572376	483956	436332	13368	844	41424	32780
高级中学	67359	44496	39791	174	92	15914	6682

续表

指标	合计	国家财政性教育经费	预算内教育经费	社会团体和公民个人办学经费	社会捐资和集资办学经费	学费和杂费	其他教育经费
完全中学	221935	171861	147290	12339	292	22956	14488
初级中学	283082	267600	249251	856	460	2556	11610
农村中学	193067	187591	180991	22	333		5121
成人中学	171	132	132				39
职业中学	11903	10145	8915		9	834	916
小学	515792	491351	470991	5522	920	3767	14231
普通小学	515792	491351	470991	5522	920	3767	14231
农村小学	332437	327278	321242	83	729		4347
特殊教育学校	1793	1428	1382		8	21	335
幼儿园	34108	27451	26990		560	1789	4308
其他							

资料来源：2007 年《新疆统计年鉴》。

值得一提的是，新疆在努力发挥基础教育的功能的同时，还积极探索和实践社会教育的途径和方法。劳务输出和劳动力转移就是新形势下新疆社会教育的有效途径和新亮点。据有关报道，2003 年，墨玉县全县劳务输出 4.5 万人，这些输出的劳动力不仅在新疆区内的阿克苏、阿瓦提、麦盖提、巴楚、乌鲁木齐等地务工、经商，还到北京、上海、湖南等地从事经商活动，如开餐厅、烤肉串、卖葡萄干和麻糖等。[①] 2003 年 8 月，笔者在新疆南疆各地州调研时发现，许多县市区都把劳务输出作为解决农村富余劳动力问题，增加农民收入的一个有效渠道。应该看到，劳务输出不仅是简单的劳动力转移问题，它还有着深远的社会文化意义。通过劳务输出，农民不仅增加了收入，还更新了思想观点，学到了一技之长。对于劳务输出的社会文化意义，新疆许多地方政府已经形成自觉意识。例如，柯坪县就提出："输出一个劳力，增加一份收入，节约一笔开支，学会一门技能，致富一个家庭。"巴里坤县提出："输出一个劳力，

---

① 《劳务输出为墨玉脱贫"封顶"了》，《新疆日报》2004 年 3 月 18 日。

节约一笔开支，学会一门技能，带回一条信息，致富一个家庭。"从中可以明显感觉到，新疆各级政府已经认识到社会教育在人力资源开发方面的作用，并努力加以实践。这些年来，新疆在劳务输出和劳动力转移方面取得了明显成效。据统计，2005 年，仅和田地区就有近 20 万劳动力转移输出出去，转移输出的领域和渠道由以前多经营干果、饮料、手工业加工拓展到外出织地毯、木工、技工等方面。2005 年，克孜勒苏柯尔克孜自治州阿图什市有九千多人从事商贸、贩运、餐饮、建筑、加工等二、三产业。阿图什市的上阿图什乡波斯坦村共有 502 户，其中，256 户从事运输、建筑、餐饮、商贸等二、三产业。阿图什市近三百人把生意做到了国外，有三千多人在区外从事二、三产业。像偏远的乌恰、阿合奇这样的牧业小县，也有五百多人在县城开起了商店、餐饮、舞厅。① 社会教育在新疆少数民族人口素质的提升中正发挥着越来越明显的作用。

由上所述可见，实施西部大开发战略的过程，实际上就是推动新疆地区全球化的过程。全球化作为一种社会过程，正改变着新疆各民族文化的自然和社会人文生态环境，推动着新疆社会更加开放，族际交流更加频繁，各种外来文化正在以前所未有的势头冲击着新疆各民族的传统文化。在这种全球化的背景下，多元文化在新疆碰撞与交融、分化与整合。在这场全球性的文化互动中，由于新疆经济社会发展水平的相对滞后，民族文化处于不利地位，民族文化的生存和发展受到外来文化的严峻挑战，与此同时，各民族传统的经济模式被打破，传统生产生活方式的基础遭到削弱或丧失，新疆各民族文化的适应机制经受着考验。面对这种境遇，新疆各民族表现出不同的反应和应对策略，从总体上看，这些策略具有过渡性特点，这就需要党和政府充分发挥主导作用，在建立一种与新疆现代化发展相适应的文化生态环境的同时，引导各民族建立一种对外来文化的适应机制。目前，新疆业已进行的科技教育工作，虽然在为新疆现代化发展提供智力支持和精神动力方面作出了贡献，新疆各民族的人口现代化程度在不断提高，但与现代化发展标准还存在差距。统计显示，截至 2006 年年底，新疆全区每十万人口中拥有的高等院校在校生为 1416 人（全国平均为 1816 人），高中阶段在校生为 2906 人（全

---

① 王玉岱编著：《走出绿洲藩篱》，新疆科技出版社 2007 年版，第 17 — 18 页。

国平均为 3321 人），初中阶段在校生为 5822 人（全国平均为 4557 人），小学阶段在校生为 10438 人（全国平均为 8192 人），幼儿园在园幼儿为 1095 人（全国平均为 1731 人）。人均受教育的年限 8 年左右。[①] 可见，进一步提升各民族人口的现代化程度，不断提高新疆各民族素质和自我发展能力是新疆未来发展必须解决的问题。也只有实现新疆经济社会的现代化与人的现代化良性互动的发展目标，才能从根本上解决新疆各民族现代化发展的问题。

第三节　新疆多元民族文化的变迁

一　新疆多元民族文化显性层面的变迁

当前，新疆各民族文化的深刻变迁，与新疆社会人文生态环境的变化直接相关。实施西部大开发战略后，特别是我国加入 WTO 后，新疆各民族加快了融入全球化进程的步伐。在全球化背景下，新疆各民族对外交往的范围和程度大为扩展，社会生产的全球性日益增强，各民族之间以及与国内外各民族之间在经济生活上的联系日益密切，相互依赖日益增强，相互影响更加明显，从而导致新疆各民族文化变异、互借和趋同现象的大量出现。由于新技术、新的生产方式和消费方式的广泛运用，新疆各民族在科学技术和部分物质文明（衣、食、住、行之类）方面越来越趋同，与各民族生活方式密切相关的表层文化的同质性使新疆各民族物质生活方式日益模式化、整齐化、单一化，其结果是，各民族文化表层的、显性的物质特征，随着全球化进程的发展日益淡化或弱化，民族文化呈现出以消费为中心，以市场流行为走向，以文化时尚为内容的态势。

新疆各民族传统的生产方式主要是绿洲农耕和草原游牧两种类型，维吾尔族和哈萨克族分别是这两种生产方式的典型代表。了解维吾尔族和哈萨克族生产方式的变迁状况，在一定程度上可以把握新疆绿洲农耕和草原游牧两种基本经济文化类型的变迁状态。

---

① 阿不都热扎克·铁木尔等主编：《2007—2008 年新疆经济社会形势分析与预测》，新疆人民出版社 2006 年版，第 303 页。

过去维吾尔族的农业生产属于经验农业，生产技术落后，经营方式简单、粗放。现在，维吾尔族的农业生产正在向现代化的科学农业转变，这在农田管理和生产工具的使用方面表现得最为突出。拔草、松土、施肥、选种现已成为维吾尔族农业经常性、普遍性的耕作方法，农田管理越来越精耕细作。从农用化肥使用的情况来看，2006 年，新疆全年化肥施用量（折纯）为 118.03 万吨。生产工具也由传统的手工工具向现代化机具过渡，机械化在农业生产中已占据了主导地位。2006 年，新疆农业机械总动力为 1190.04 万千瓦。拥有大中型拖拉机 12.92 万台、小型拖拉机 35.83 万台；农村用电量 41.16 亿千瓦小时。全年新增有效灌溉面积 12.20 万公顷（183.00 万亩）。①

《中国少数民族现状与发展调查研究丛书·墨玉县维吾尔族卷》对维吾尔族生产工具的变化有如下描述：

> 50 年代以前，墨玉县农业生产工具十分简陋，基本是世代相传的旧式农具，制作粗糙，质量差，极不坚固耐用……解放后虽然进行过农具改革，但有很大一部分畜力或手工工具仍然被沿用，基本保持原来模式。
>
> 由于农具简单，生产技术也较落后，许多农民习惯使用砍土镘翻地，既浅又慢，播种一般用手撒播，收割用镰刀或手拔。尤其是打场工具落后，普遍使用牛驴脚踏碾压脱粒……
>
> 近几十年来，墨玉县农业机械化程度有了很大提高，在机耕、机播、农产品加工、运输等方面比较突出，某些生产环节还增添了电动设备，如电磨、电锯、电灌等。②

维吾尔族农业生产方式的改变，不仅反映在生产工具的改善和农业生产水平的提高上，也反映在产业结构和家庭生产功能的变化上。南疆三地州（喀什、和田、克州）是维吾尔族集中居住的区域，其产业结构

---

① 《新疆维吾尔自治区 2006 年国民经济和社会发展统计公报》。

② 任一飞等：《中国少数民族现状与发展调查研究丛书·墨玉县维吾尔族卷》，民族出版社 1999 年版，第 80—81 页。

变化可以反映出维吾尔族产业发展水平和生产方式的变革状况。据研究，1980 年，南疆三地州的三次产业的比重为 62.26∶13.10∶24.64，2004 年，调整变化为 44.13∶18.41∶37.46，进入工业化的初始阶段。[①]

家庭是社会的细胞，是维吾尔族农民的生产单位和生活单位，家庭的核心功能是生产功能。维吾尔族家庭生产功能的变化也是生产方式变革的一种折射。以往，维吾尔族家庭的生产功能较为单一，主要从事农业生产，但随着农业产业结构的调整，以家庭为基础的第二、第三产业发展起来，还出现大批农业人口向非农业人口转移的现象。

例如墨玉县喀拉喀什镇斯孜村的情况：

> 1996 年底，该村共有农户 403 户。其中 20 户人家开了小商店，还有 8 户开餐馆，有 15 户人家去乌鲁木齐或内地经商，其中 3 户人家在内地长住。村里还有专业运输户、农机专业户和农机修理专业户等。这些专业户并没有脱离农业生产，一般来说，妇女在家种田、做家务，男人在外经商、搞运输或从事专业修理等等。[②]

此个案反映的虽是西部大开发实施前的情形，但它预示着维吾尔族传统生产模式的解体，预示着乡村集镇化的发展方向。西部大开发进一步加速了这一历史进程。笔者在调研中发现，现在的维吾尔族农村中，家庭在从事农业生产的同时，还兼具养畜、织毯、制帽、机械修理、木工、铁匠、金银加工、小百货、运输等多种生产经营功能。一部分先富起来的农户则转农为商，工农兼顾，成为农村的各种专业户。在一些靠近城镇的农村，受城市化进程的影响，大批农村劳动力转移到了非农产业中去，他们或去企业就业，或从事经商活动。对新疆维吾尔族农村家庭生产功能的这种变化，有学者曾作过这样的总结："在维吾尔族农村，家庭生产功能的减弱有一个过程，先是半农半工商，以农为主，逐渐发展为农、工（商）并重，

---

① 杨发仁：《重点扶持南疆三地州发展，逐步缩小区内南北发展差距》，《新疆日报》2007 年 12 月 11 日。

② 任一飞等：《中国少数民族现状与发展调查研究丛书·墨玉县维吾尔族卷》，民族出版社 1999 版，第 186 页。

再发展为以工（商）为主，以农为辅，最后发展到脱农。"①

　　哈萨克族生产方式的变迁则表现为过去单一的游牧畜牧生产开始向种植、圈养畜牧生产为主的多样化方式发展，这一切与哈萨克族由游牧向定居、半定居转化直接相联。昌吉阿什里哈萨克民族乡胡阿根村哈萨克牧民定居状况是新疆哈萨克牧民定居状况的缩影。

　　　　胡阿根村 1998 年通了公共汽车，昌吉市 30 路公交车通到村里。未定居前村民一年能去昌吉市 1—2 次，现在交通方便了，村民平均就要去 3—4 次。2000 年村里通了电，现在 98% 的村民家里有了电视，70% 的家里有了冰柜或冰箱。2002 年，修建了水塔，通了自来水，结束了夏季吃渠水、涝坝水，冬季破冰化雪饮水的生活。2004 年通了电话，全村有 150 户人家装了电话。村民定居后，生活条件明显改善，生活水平提高了，但开支也增加了。过去不通电，也不用交电费，喝的自然水，也省了水费。现在在生活上增加了住房、水电、电话等的开支。同时生产的投入增加了，牧业上要盖暖圈、改良品种等，农业上要买种、施肥、灌溉等。②

　　据统计，2004 年，新疆全区定居牧民已达 15.43 万户，占全区总牧户的 78%。③ 需要指出的是，新疆哈萨克族由游牧向定居的转化有一个发展过程。20 世纪 50 年代到 80 年代，哈萨克由游牧向定居的转化基本上属于游牧民的自发行为，80 年代，定居成为新疆政府提倡和鼓励的行为，到了 90 年代，则成为政府有组织的社会变迁行为。近几年来，新疆大力推行以人工草料基地为中心的牧民定居建设，大力改造和提升哈萨克族传统的畜牧业生产方式，帮助牧民走养殖业与种植业及其他产业结合、综合经营、全面发展的道路。这样，哈萨克族传统的四季转场游牧变成了现在冷暖两季异地饲养方式，即冬春季在定居点舍饲，夏秋季在草场

---

　　① 曹红：《维吾尔族生活方式——由传统到现代的转型》，中央民族大学出版社 1999 年版，第 133 页。

　　② 周亚成：《哈萨克族经济生产方式转型与经济发展》《新疆大学学报》2005 年第 3 期。

　　③ 《新疆 50 年（1955—2005）》，第 95 页。

放牧饲养的方式。畜牧业生产也开始由过去一家一户、小规模、多样化的生产向大户、大规模、专业化的方向发展。在生产经营上，一些新技术被广泛地运用于畜牧业生产领域。如在畜群繁育方面，过去以自然繁育为主，现在采用了冷冻精液配种、常温人工授精、牵引交配和胚胎移植等技术手段，使优良品种得到迅速推广；在预防病虫害方面，普遍采用疫苗注射、药浴和驱虫等技术，逐步改变了过去畜牧生产"夏壮、秋肥、冬瘦、春死"的完全依赖于自然条件变化的规律，畜牧业生产的产业化和现代化程度不断提高。畜牧产品的加工也由过去主要使用手工操作，开始向使用机器如牛奶分离器、擀毡机等的机械化方向发展。2002年夏季，笔者在哈密市德外里都如克哈萨克民族乡进行调研时，当地的哈萨克人告诉我们：他们乡搞了牲畜改良，使用了冷配、胚胎移植等先进技术，使用这些技术后，牲畜的质量和数量大大提高。

许多哈萨克人在改变传统畜牧业生产方式的同时，开始从事农业生产。如昌吉阿什里哈萨克民族乡胡阿根村哈萨克人在经营牧业的同时，步入了农业生产的行列。2004 年，全村 25 户人家共种植春小麦 210 亩，平均每亩产量 180 公斤；共种植玉米 570 亩，平均每亩产量 200 公斤；共种植苜蓿 1300 亩，平均每亩产量 220 公斤；有 6 户种植棉花，共 70 亩。2004 年 10 月有 8 户人家种植了冬小麦，这是村民首次尝试种植冬小麦。[1]特别值得一提的是，哈萨克族中出现了从事经商活动的人。虽然，总体数量不多，但它毕竟是哈萨克传统生活方式发生革命性变化的标志。在哈密市德外里都如克哈萨克民族乡，哈萨克人开的商店就有二十多家，饭馆有四五家。据介绍，他们的商店经营的主要是畜产品（皮毛）、中草药等。此外，一些哈萨克人在乡政府的组织下进行劳务输出，外出打工挣钱。[2]这些都表明，哈萨克族传统的生产方式正在发生变迁。

在生活方式方面，新疆各民族在衣、食、住、行等方面呈现出与过去不同的风貌。

服饰文化方面：现在，在少数民族中，除了老年人，大多数人在特

---

① 周亚成：《哈萨克族经济生产方式转型与经济发展》，《新疆大学学报》2005 年第 3 期。
② 2002 年夏天，笔者在哈密市德外里都如克哈萨克民族乡调研时，乡中心小学校长夏买·夏热木汗（哈萨克族）提供的情况。

殊的日子才穿着传统的民族服饰，一般情况下，人们都追求时尚和舒适，着装由单一趋向多样化，由传统变为时尚，由实用转向美观，逐渐与全国乃至世界潮流接轨。

如在维吾尔族中，花帽作为传统，在妇女中已很难见到，在男子中也主要集中在农村，且以 40 岁以上的中老年人为主。"袷袢"也仅有一些年长的男子穿着，青年男性大多已不穿它了。少女梳数条发辫的习俗因为太烦琐也逐渐少见了。

饮食文化方面：各民族的饮食结构和方式正发生缓慢的变化。在饮食结构上，肉食逐渐减少，蔬菜类和副食品逐渐增多；主食中粗粮逐渐减少，为细粮所取代；过去信仰伊斯兰教的少数民族肉类消费主要以牛肉、羊肉为主，如今鸡肉、鱼肉、鱿鱼、虾等也越来越多地出现在少数民族的餐桌上。特别是属于游牧民的哈萨克、蒙古等民族，过去饮食内容较为简单，且以肉类、奶及奶制品为主，很少吃蔬菜和米、面。现在，饮食内容日渐丰富，由以前以肉奶及奶制品为主食，逐渐变为以米面为主食，吃蔬菜的现象也普遍起来。不仅如此，新疆各民族还对传统菜肴进行了创新，将传统与现代结合起来，出现了大盘鸡、胡辣羊蹄、炸羊排、茄汁羊肉饼等创新性菜肴；饮食场地由过去习惯于在家中就餐，到现在更愿意在饭馆就餐，在这一变化的带动下，一种被称为"resturant"的餐厅出现在新疆各地，都市宴会饮食文化在各地兴起。"resturant"不仅是新疆少数民族吃饭的地方，还是他们进行礼仪、社交、娱乐的场所，涉及事项包括孩子生日、割礼、父母寿辰、男婚女嫁、子女升学、欢庆节日、乔迁新居、出国留学、升级晋职。[①]

民居文化方面：新疆各民族传统的居住形式一般与其经济生活方式相适应，大体上可分为两类：一类是从事农业的诸民族的居住形式，属于上栋下梁式建筑，维吾尔族民居就属于这种类型；另一类是从事游牧经济的各民族的居住形式，属于帐篷型，哈萨克族民居就属于这种形式。

目前，维吾尔族民居结构正在发生变化。传统的土木结构、夯土结构的民居正在被砖木水泥结构的民居所取代。在笔者调研到过的阿克苏、克州、喀什、巴州和吐鲁番等地的县、乡、村，我们看到，维吾尔民居

---

① 张昀：《试析伊犁地区民族饮食文化的变迁》，《西北民族研究》2002 年第 2 期。

的装修越来越现代化，一些现代建筑材料如瓷砖、墙纸、宝丽板材和石膏等已被人们所采用，在装修风格上，多是传统与现代相结合。现代家具如沙发、茶几、组合柜、高低柜、大立柜、写字台、席梦思床也悄然进入原本不放置家具的维吾尔族家庭。从民居建筑类型、建筑格局、民居内装修及家具陈设等诸多方面，都可以看到维吾尔民居文化的变迁。

哈萨克族则由于生产方式的变化，在政府的帮助下，开始分批搬进政府出资按"三通"（水、电、路）、"四有"（住房、棚圈、草料地、林地）、"五配套"（学校、卫生院、商店、文化室、技术服务站）要求兴建的定居点，正在结束以毡房为主的居住形式，彩电、冰箱、洗衣机、煤气灶等现代电器和生活用品也随之进入游牧民家庭。

交通工具方面：过去，牛、马、骆驼、驴、骡单骑式配车是新疆各民族的主要交通工具。随着新疆经济社会的发展，各民族生活水平的提高，小四轮拖拉机、摩托车逐渐代替了往日的毛驴车、马匹。摩托车、小四轮拖拉机、28 型拖拉机在农村公路上奔驰，如今已成为新疆农村一种普遍现象，富裕的家庭还会购买小轿车。据统计，2006 年，新疆城镇居民家庭平均每百户拥有摩托车 16.59 辆、家用汽车 2.08 辆、农村居民家庭平均每百户拥有自行车 83.42 辆，摩托车 49.29 辆。①

二　新疆多元民族文化隐性层面的变迁

伴随着新疆各民族显性的物质文化层面的变迁，其隐性的精神文化层面也处于变化当中。这种变迁往往通过风俗习惯、语言文字和宗教信仰等载体折射出来，主要表现在以下几个方面。

第一，观念的变化。新疆各民族观念的嬗变必然导致其社会行为的变化，各民族民俗文化的变迁就是他们思想观念变迁的一种折射。因为民俗文化具有文化心态与生活方式相交融的二重结构，它以外化的习俗行为与蕴含其中的共同文化心理相互作用、相互依存为特征。所以，新疆各民族衣、食、住、行之类民俗文化的变化本身就蕴含着新疆各民族在精神生活领域观念的变化和文化心理状态。例如，以游牧为生的哈萨克、柯尔克孜和蒙古等民族，受传统文化的影响，往往以经商为耻，在

---

① 资料来源：2007 年《新疆统计年鉴》。

这些民族的观念中，经商是一种人们不屑一顾的卑贱行为。但是，随着我国改革开放和社会主义市场经济的发展，在耳闻目睹了其他民族，如汉族、维吾尔族广泛活跃于流通领域，迅速致富的事实后，这些民族对经商渐渐由鄙视到羡慕，有些人甚至涉足商业。现在，在新疆，维吾尔、哈萨克、柯尔克孜和蒙古等民族中，从事经商、个体和私营经济活动的人越来越多。

又如，在婚姻观上，传统婚姻中儿女婚姻由父母包办的婚俗正在为自由恋爱所取代，自主选择对象有增多趋势；在择偶观上，一般中老年人重土地、重血缘、重安分程度的传统择偶标准也在转变，年轻人更喜欢找有文化、有知识、有才干的人做配偶，愿意找自己爱慕的有文化、不抽烟、不喝酒、能关心自己的人，对什么都不懂的"老实人"则持摒弃态度；传统礼仪中一些烦琐的仪规逐渐趋于简单；在婚姻生活中，早婚、宗教干涉婚姻的现象正在逐渐减少。现在，受法定婚龄的制约，绝大多数人满 18 周岁方成婚，结婚办理结婚登记，离婚、再婚在个人自愿的基础上遵循法律程序进行的现象日渐普遍。在生育观上，传统上新疆少数民族妇女没有节育的习惯，生育处于自然状态。她们认为，孩子是"胡达"给的，"胡达给多少，就要多少"。维吾尔族中有一种说法："有孩子的家好比巴扎，没有孩子的家好比麻扎。"孩子的多少是一个家庭幸福与否的标志。这些年来，在政府的积极引导下，新疆各民族妇女的生育观有了较大转变，生育由过去被动盲目生育转为现在主动地计划生育，开始讲究优生优育。

第二，语言文字的交融现象普遍。语言文字既是人们认识改造自然界和人类社会的工具，也是人们交流思想、传播信息的最有效、最便捷的媒介和工具，同时，也是传统文化的载体，因而人们对语言文字往往寄托着深厚的民族感情。在经济全球化步伐越来越快，知识更新周期越来越短，高新技术产品越来越多出现的形势下，为了自身发展，新疆少数民族在语言选择和使用方面从实用的角度考虑，除使用自己的母语外，还兼用一种或几种语言，语言文字兼用、转用的现象明显增多，而且，语言兼用和转用的类型以民汉双语类型为多。无论是笔者多年新疆生活的经验，还是有关调查研究的结果都表明，新疆少数民族中多少能使用一些汉语的比率，远远高于汉族能讲点少数民族语言的比率。有学者曾就维汉两个民族语言交融的情况进行过调查并作了量化分析。他们的研究结果有助于我们深化对这个问题的认识。其研究成果见下表：

表2.5　　　　　　使用他民族语言熟练程度（按民族、城乡分组）①　　　　（单位:%）

熟练程度	农村居民		城镇居民	
	维吾尔族	汉族	维吾尔族	汉族
完全不会	48.8	73.6	12.1	64.7
只会问候语	16.7	14.9	18.9	14.8
会生活用语	34.4	11.5	73.0	16.5

1997年，中央民族大学教育系暨民族教育研究所教授滕星博士率领的课题组在对新疆和田地区维汉双语教育情况进行考察后，得出这样的结论：“新疆和田维吾尔族聚居区广大老师、学生和家长希望在学校实施维汉双语教育，让青少年一代掌握两种乃至多种语言，以便年轻一代掌握科学技术知识，获得更大的发展空间。”② 这种愿望和要求随着西部大开发的实施呈现出趋强态势。我们在同新疆维吾尔自治区乡镇统战班领导干部座谈时，他们普遍反映：现在，基层百姓都愿意把孩子送到汉语学校。过去，主要是干部，现在农民、生意人甚至阿訇等社会各阶层都有，在南疆有的地方甚至出现少数民族上汉语学校难的问题，为此，有些少数民族学生家长不得不走后门，有的地方的汉语学校还出现了民汉学生比例倒挂的现象。2005年5月，新疆“库车县社情调查”课题组的调查结果也显示：“维吾尔族民众学习汉语的积极性很高，对于汉语的掌握也普遍好于当地汉族民众对维吾尔语的掌握，同时他们对本民族语言在维系民族感情和认同方面的作用仍很看重。”③ 除语言兼用现象以外，语言转用现象也明显增多，特别是在一些小语种中这种现象更为突出。在新疆锡伯族中，“锡伯语出现了功能逐渐衰退的趋势，锡伯文化的功能

①　吉平、高丙中：《新疆维汉民族交流诸因素量化分析》，《边区开发论》，北京大学出版社1993年版，第406页。

②　滕星：《族群、文化与教育》，民族出版社2002年版，第480页

③　陈延琪：《“目前新疆少数民族现代化进程中的重大问题研究”调查文集》（内部资料），新疆社会科学院民族所、法学所2005年版，第59页。

衰退更为明显。锡伯族青年人的语言转用现象明显增多"①。

第三，民族意识普遍增强。民族意识是一种社会群体意识，它是民族成员对其族属和群体利益的一种感受，它可以通过民族成员的物质文化和精神文化活动等体现出来。随着我国社会主义市场经济体系的建立和新疆各民族自身的发展，新疆各民族的民族意识普遍增强，这种增强主要表现为各民族的民族认同和权利意识的强化。

民族意识具有认同和分界两个基本属性，民族意识的增强必然会带来民族认同和分界意识增强这两个相反相成的结果，竞争机制的运行使新疆各民族对民族利益的感受被激活，强化了各民族的民族认同意识。目前，新疆各民族对民族利益的感受，包括对本民族社会地位、荣誉、权利、命运的关切；在民族交往中涉及民族特征、历史传统、文化心理、对风俗信仰的尊重、认可和对民族生存、发展环境的关注，以及能力与内心的信任，而且这种对民族利益的感受城市民族群体较之农村更强烈，而且他们更关注权利形式，诸如对于政策、法律地位、利益的均等机会、领导族属、职权、干部的比例以及职业、劳动力来源与使用、资源支配与开发等，这种民族权利意识实际上也是民族认同的一种表现。民族意识的这种发展状况，是我国现代化发展朝城市化、知识化和理性化方向发展的必然结果。

新疆各民族民族意识的发展，一方面，导致他们因认同而内聚性不断增强，另一方面，与此相伴的对外排斥性也不时出现在民族交往过程中，族际纠纷相应增多。此外，民族意识的增强，还使各民族尤其是少数民族的归属意识增强，表现为少数民族对自己民族的历史和文化浓厚的兴趣，"寻根"热和文化自恋情结在新疆社会生活中方兴未艾。文化寻根实质上是现代人文化再认同的方式，它表达了新疆各民族对传统价值观的情感需要，是对现代性的科学主义的一种补充与修正。正因为如此，在现实生活中，一些有损于少数民族形象的艺术作品和宣传材料常遭到少数民族干部和群众的强烈反对。

在新疆各民族民族意识普遍增强的过程中，出现了几种值得关注的

---

① 谢肇华：《民族语言与民族现代化——以新疆锡伯族为例》，《中央民族大学学报》2002年第 2 期。

不良倾向：

（1）过分强调本民族的利益，忽视中华民族的整体利益，漠视和排斥其他民族的利益。

（2）对于解决发展差距问题的过程性、艰巨性认识不足，往往将先富与后富的关系问题视为"不平等"，产生消极抵触情绪。

（3）因民族传统文化受到冲击而产生"阵痛"，进而盲目追求传统文化的复归，对于其他民族的文化成果一概加以排斥，防御心理和自我保护意识过于强烈，甚至还出现用今天的信仰体系去评判民族宗教历史的现象①，文化心理坠入封闭守旧的怪圈之中。

这些问题的存在反映出处于文化变迁时代的新疆各民族，在传统与现代、外来文化与本土文化冲突的背景下，面临着重新确定文化认同的时代课题。各民族在文化认同方面存在的困惑和矛盾，表现了他们在现代性与后现代性之间的纠结，表达了他们对现代性的一种反思。

第四，宗教升温。这在宗教信徒数量的增加、宗教活动场所的建设、宗教意识等方面均有所体现。

目前，新疆信教人数近千万，宗教活动场所超过2.4万处，教职人员超过2.9万人。在新疆社会生活中，做礼拜、朝觐、朝拜麻扎、学经等情况明显增多。在一些宗教氛围浓厚的地方甚至出现宗教活动违反国家法律法规和政策界限的现象。主要有以下几种：

（1）干涉他人宗教信仰自由权利，强迫他人信教或参加宗教活动。

（2）违反宗教法规规定，擅自修建、扩建宗教活动场所。

（3）宗教干预行政司法、学校教育和社会公共教育，干预党和国家政策的实施。

（4）宗教活动场所违反国家规定接受外国宗教组织或个人捐赠，索要财物。

（5）违反宗教法规规定，在宗教活动场所之外举行集体宗教活动。

（6）违反宗教法规，擅自开办经文学校、班点，私带宗教学生。

（7）无宗教教职人员合格证书即主持宗教活动，未经批准便进行跨地区传教活动。

---

① 阿合买提江·艾海提：《当代维吾尔文化心理剖析》，《新疆艺术》1994年第5期。

（8）恢复或变相恢复被废除的宗教封建特权和宗教封建压迫剥削制度。

（9）未经批准擅自印刷、散发、销售宗教印刷品和音像制品。

（10）未经批准擅自组织或举行宗教集会、游行等活动。

在上述这些非法活动中，以非法修建宗教活动场所，私办经文学校和私带"塔里甫"，宗教干预行政、司法、教育和婚姻、计划生育政策，以新教派之名争夺宗教领导权等的现象较为普遍。① 对于这些非法活动，新疆"三股势力"（民族分裂主义、宗教极端势力和暴力恐怖势力）极力加以利用。不仅如此，他们还积极参与或操纵这些非法活动，导致人民内部矛盾和敌我矛盾两类不同性质的矛盾问题常常交织在一起。"三股势力"利用宗教进行分裂活动，使其破坏活动具有了极大的欺骗性和煽动性，增加了新疆处理宗教问题的难度，给新疆经济社会的稳定与发展带来极大危害。

需要指出的是，对新疆少数民族而言，宗教既表达了他们的宗教归属，又表达着他们的民族归属，② 新疆宗教升温乃至狂热，是新疆少数民族民族意识增强的另一种表达，它在一定程度上折射出了新疆各民族在新形势下的价值取向。

第五，意识形态领域分裂活动的加剧，使新疆文化安全问题凸显。

两极格局解体后，为适应经济上互利互补的贸易往来和政治上的接触政策，世界各国在意识形态领域的对立表面上虽然淡化了，但是，冷战思维和霸权主义依然存在。中国作为社会主义大国，成为西方敌对势力实施"和平演变"战略的主要对象，新疆就是他们"分化""西化"中国的重要突破口。

目前，国际敌对势力为了实现他们"西化""分化"中国的政治图谋，极力支持新疆的民族分裂势力，将新疆民族分裂势力视为他们实现"和平演变"的内应力量，新疆民族分裂势力也加紧依靠西方敌对势力，他们相互勾结、相互呼应，把新疆多元民族文化之间的张力作为可资利

---

① 马品彦：《新疆反对非法宗教活动研究》，《新疆社会科学》2003 年第 4 期。

② 贺萍：《新疆地区伊斯兰教信众社会心理的实证分析报告》，《世界宗教研究》2008 年第 4 期。

用的社会资源，采取多种途径和方式，人为地制造不同民族在文化上的隔阂、摩擦和矛盾。其具体做法是：偷运书刊、音像制品入境；利用广播电视、报纸等媒体，赤裸裸地鼓吹新疆"独立"；利用文学作品和文艺演出，假借艺术创造之名，宣泄不满情绪，歪曲新疆历史，攻击社会；非法油印、出版反动书刊，利用电子音像制品和地下讲经点煽动宗教狂热，大肆传播宗教极端思想，公开宣扬"圣战"；利用民间文化活动，如"麦西来甫""茶会""踢足球""泰比力克"等形式，制造分裂舆论，扩大影响；利用宗教活动鼓吹分裂思想，煽动宗教狂热，制造信教群众与不信教群众之间的矛盾。境外民族分裂势力则通过互联网以及"自由亚洲""德国之声"和"东突信息中心"等广播电台向新疆境内传播反动言论，进行所谓的"空中渗透"。

新疆是一个多民族、多宗教的地区。在新疆各民族中，属于突厥语族的民族（维吾尔族、哈萨克族、柯尔克孜族、乌孜别克族和塔塔尔族）占人口的多数，多宗教流行与并存，但以伊斯兰教为主。基于新疆多元民族文化的这一结构特征，新疆民族分裂势力选择和利用"泛突厥主义""泛伊斯兰主义"作为主要思想武器在意识形态领域进行分裂活动。通过强化所谓"突厥民族意识"和伊斯兰"宗教意识"，人为扩大新疆少数民族与中华文化的差异性，进而否定新疆少数民族的历史文化与中华文化的相容性和联系性，想从根本上割断新疆各民族与祖国的联系，为实现他们把新疆从祖国大家庭分裂出去的政治图谋奠定舆论宣传和社会心理基础。

泛伊斯兰主义形成于 19 世纪中期，它由阿富汗人哲马鲁丁首倡，其基本内容是：主张信仰伊斯兰教的各个国家打破国家和民族界限，创建统一的伊斯兰教政治实体。泛突厥主义形成于沙俄统治下的鞑靼人（新疆习惯称"塔塔尔"），其基本内容是：主张所有操突厥语族语言的各族人民组成一个突厥大帝国。这两种思想都曾为奥斯曼土耳其统治者和帝国主义所利用，成为他们扩张地盘和推行侵略政策的工具。新疆民族分裂主义在吸收、借鉴这些思想的基础上，把它与新疆地方极端民族主义结合起来，形成以"东突厥斯坦独立论"为核心的思想体系和政治纲领。这一思想体系的基本特征是，以共同的历史和文化遗产唤起一致性，进而将这种文化认同泛化为国家归属。为此，他们极力宣传和强化泛突厥主义的历史意识，跨国的民族意识和文化认同心理，制造突厥语族和非突厥语族、伊斯兰教信众和非伊斯兰教信众之间的矛盾，煽起反汉排汉、民族仇恨的情绪，妄图在民族意识的深层次进行渗透，鼓吹新疆独立，实现他们在新疆建立"东突厥斯坦伊斯兰共和国"的迷梦。尽管新疆民族分裂活动打着"民族""宗教"的外衣进行分裂破坏活动，或者说，采用民族、宗教形式进行分裂破坏活动，但其实质是政治斗争，是一定范围内一种特殊形式的阶级斗争，是在国际风云变幻条件下不同的社会制度和意识形态的斗争，是"和平演变"与反"和平演变"的斗争，是维护祖国统一、坚持各民族共同繁荣与破坏祖国统一、实行历史倒退的斗争。分裂破坏活动直接威胁到新疆的政治文化安全、信息安全和教育体系安全。

综上所述，新疆各民族文化隐性层面出现的变迁主要是观念和价值上的变化，与此相伴，也出现了民族意识普遍增强，宗教升温的现象。可见，新疆各民族尤其是少数民族文化的精神特征并没有随着物质特征的弱化而淡化，反而呈现趋强态势。各民族生活方式的趋同性与民族文化、深层心理的差异性并存成为一对显见的社会事实。由于新疆与内地、与世界发达地区在发展水平上的差距，新疆各民族文化在自身"民族性"与"全球性"的文化互动中，始终处于西方文化和汉文化的强示范效应下，民族文化面临挑战与压力。由于担忧自身文化被淹没，新疆各民族极力维护、突出和彰显本民族文化的传统，这种反应的实质是各民族关注本民族的权利、地位和命运。这一思想意识总体上对于保护和发展世界文化的多样性具有重要意义，但在这一过程中，反对各民族文化的交往和沟通，要求返回并发掘"未受任何外来影响的""原汁原味"的本土文化的文化孤立主义或文化部族主义的现象也随之而生。这种现象的出现，反映了新疆各民族对全球化时代民族文化传承方式的把握还不到位，民族文化自身还存在不适应现代化发展的地方。在民族文化的现代性转型过程中，只看到全球化发展过程中的负面影响，没有看到正面影响，忽视了全球化过程会促进先进技术、先进生产力、先进管理方式和新的社会观念的传播即现代性因素在新疆各民族中的传播，以及这些新的文化资源对新疆社会转型的极端重要性。加之，民族分裂势力恶意放大和歪曲新疆民族文化在现代性转型中出现的矛盾问题，使新疆各民族文化心态的优化，民族文化现代性转型的进程更加艰巨和复杂。

　　20 世纪 80 年代末，在新疆维吾尔族、哈萨克族等的一些少数民族知识分子中曾经出现对本民族传统文化的反思活动①，但遗憾的是，这种反思没有能够在新疆少数民族中真正全面深入地展开。随着新疆现代化进程的加快，推进文化反思进程，加快各民族传统文化的现代性转型的任务迫切地摆在新疆各民族面前，成为新疆各民族实现现代化发展亟待解决的问题。从目前新疆各民族文化变迁的情况来看，各民族传统文化的现代性转型和文化认同问题已经成为新疆大开发中需要解决的突出问题，这些问题的实质是如何处理现代化与多元民族文化之间的内在张力。

---

① 　贾合甫·米尔扎汗：《哈萨克族文化大观》，新疆人民出版社 2000 年版，第 353 页。

第三章

实现新疆民族传统文化的
现代性转型

第一节 实现新疆民族传统
文化转型的必要性

一 全球化时代多元民族文化的走势

西部大开发是在全球化的时代背景下展开的，因此，对西部大开发进程中新疆多元民族文化走势的研究，应放在全球化视野下进行。认识和把握全球化背景下多元民族文化的走势，是我们研究新疆多元民族文化发展前途的前提条件。

21 世纪，经济全球化已经成为世界经济发展不可逆转的潮流，这种趋势会对民族文化产生什么影响？笔者认为，这取决于全球化的实践主体——民族或国家对全球化的选择。

当今世界的基本格局是由地缘政治实体和国际法主体民族国家构成的，全球化发展离不开这一现实基础。文化发展具有主体选择性，全球化发展的主体选择基础是国际关系主体民族国家，无论全球化浪潮如何扩展，以本国或者本民族的利益作为国家关系的出发点和归宿点这一根本立场是既定的，所谓"无国界"并非不要具体存在的民族和民族国家的根本利益。从这个角度来看，尽管一些全球性的问题引发了一些人类的共同利益，但它尚未构成人类利益的主导形式。这是因为，当今世界经济全球化发展是由西方国家主导的，西方话语中的全球化实际上只是西方发达国家利益的反映，它并不意味着全球各民族有着完全相同的利益，也不能构成文化走势趋同或一体化的条件。全球化条件下地区差异的加剧和利益多元格局的存在，反而使文化发展的多样性有了更为牢固的基础。

从目前全球化的发展态势来看，一方面，信息网络的发展，文化传播手段的现代化，使信息实现了全球性流动，使文化交流更加频繁、便捷和直接，使世界各民族文化形成了一种全球性的互动。这种全球性的文化互动的结果是，各民族在经济、科技和部分物质文明（衣食住行之类）方面的发展越来越趋同。差不多的建筑、同样的服装，以及人们对现代化生活相似的追求，现代化传媒的巨大影响等，越来越成为各民族共有的现象。另一方面，由于这种文化互动主要是通过资本、技术、人才、知识和信息等生产要素跨国界的流动与配置、商品物质生产和消费的全球性流动以及不同文化主体的流动来实现的，在经济、文化和政治交融日益增强的趋势下，这种文化互动方式和途径往往会造成经济上的强势就意味着文化上的强势的趋向。于是，各民族的双向文化互动实际上蜕变为西方发达国家的单向文化输出，这场全球性的文化互动实际上是西方文化占据主导地位，这种文化间输入与输出的不平衡态势，对参与全球化进程的欠发达国家的民族文化形成冲击，使这些国家在享受到人类文明的共同成果，如科技进步、工商业的发展、文化知识和新的观念的传播、普及教育、政治民主、国际贸易与生产的国际化分工、资讯与信息共享等的同时，民族传统文化面临严峻挑战。在西方文化的冲击下，这些民族的传统文化迅速变化或流失，世界文化的多样性受到威胁。加之以美国为首的西方国家出于统治全球的霸权主义需要，极力在文化领域向全世界倾销、灌输其生活方式、价值观念和欧美中心主义的意识形态，人为地制造各民族、国家之间在文化上的隔阂、矛盾和对立的文化霸权主义行径，直接威胁了其他民族国家的文化主权和文化安全，这就使得西方文化主导的全球化遭到许多民族和国家的拒斥而难以实现。

当今世界，民族是文化的载体，文化是民族的标识，民族本质上是人类的一种文化共同体。而文化本身又是一个结构复杂的有机体，其结构形态可以分为外显和内隐两个层面，这两个层面彼此关联。在民族文化结构体系中，外显层面是文化的表层结构，是民族文化中人能够感知，甚至看得见、摸得着的部分，且有明确的形态和模式；内隐层面是文化的深层结构，它是一个与外显文化相对的概念，指的是民族文化中隐蔽的、深层的观念和模式。不同民族在文化接触中，最容易接触到的是其文化的外显层面，这一层面属于物质层面，它是民族文化中最活跃的因素，它变动频繁，交流方便，而民族文化的核心层面、内隐层面往往是最后才能体会到的，这一层面是形成民族文化个性的灵魂，是民族文化形态潜在的、深刻的制约因素，在民族文化体系中，它最为保守，是民族文化的核心，是将不同民族加以区别的文化的根本特质，具有很强的稳定性。民族文化形成与发展的规律决定了文化现象一经生成，便获得了相对独立发展的可能性，就有一种独立发展的内在惯性与规律，它不会被轻易同化，即使在共同的经济生活和社会制度中，人们仍强烈地需要对本民族文化的认同，强调文化的个性化特征。但文化又是在不断发展变化的，文化变迁是民族文化发展的常态。由于文化有机体组合方式的影响和作用，文化变迁规律对不同民族来说既有普遍性，也存在相对性，情况比较复杂，不能一概而论。诚如有学者指出的："文化变迁的规律，一方面是遵循着人类社会的历史进程进行的，它表现为在生产方式的支配下所发生的变化；另一方面是遵循文化本身的内在规律进行的。"①因此，笼统地、抽象地去看待全球化条件下民族文化的发展走向是不客观的，也是不可取的，必须把它放到具体历史条件下，与社会现实相结合才会产生实效。

　　人类具有二维需要，既追求物质享受，也追求价值意义，而且，从本质上说，人是文化的动物。全球化的发展，在不断满足人们物质享受的同时，还使人们的精神需求增加，文化意识提升。面对各民族在物质生活方面越来越明显的同一化、模式化的趋向，在各民族外部物质世界变得愈发相似的情况下，人们越来越感到民族性的可贵，更加重视民族文化内部衍生出来的传统价值观念，特别是民族文化的深层价值观念和信仰。缺失就是需要。全球化带来的私人空间、精神家园的丧失，也导致了人们对私人空间和精神家园的迫切需要。人们追寻精神家园，对自己民族的传统文化的认同就成为非常自然的事情。人们力求通过本民族独特的价值观念去体现本民族的文化特征，进而体现人们生存的意义和价值，于是，民族文化的精神特征就被强化了。文化多元化的可能性和合理性，正是基于全球化所带来的这种人的精神的缺失以及由此产生的

---

① 武文：《宏观文化人类学》，兰州大学出版社1990年版，第117页。

需要，文化多元化的存在与发展正是扎根于全球一体化这一现实的土壤之中的。正如美国著名社会学家罗兰·罗伯森对经济全球化影响全球文化态势作出的宏观描述："全球资本主义既促进文化的同质性，又促进文化的异质性，而且，既受文化同质性的制约，又受文化异质性的制约。"①在经济全球化的背景下，文化既有求同的趋势，又有求异的要求，趋同与冲突构成全球文化发展悖论的两端，而且，这两者又是相反相成的。如果说，文化趋同反映的是深层次的人类经济伦理与科技理性不可抗拒的力量，那么，文化冲突反映的是人类对不同文化传统和价值信念的坚持，只有在二者之间保持必要的张力，并在这种张力之间寻找平衡，人类文明才能可持续发展。全球化这种内在的充满矛盾的过程，是一个悖论，但是，在这个悖论的背后是文化发展的辩证本性。

所以，在全球化时代，各民族文化虽然在物质生产方式、生产工具以及生活方式方面出现了趋同的态势，但是，限于各民族对文化多样性的需求和长期以来对各自生存环境的高度适应，这种趋同性仍只代表了一种态势，不能因此否定千姿百态的各民族物质文化存在的必要性。在当今世界西方文化的强势地位不容置疑的情况下，经济全球化推动下的文化全球化虽然大有西方文化全球化的趋势，但它并不能消解、否定、取代民族文化的多样性。世界各民族国家对全球化文化的借鉴和吸收是一个相互的过程，绝不是某种文化挟持其现在看来强势的经济，去侵蚀和消融其他文化，从而建立全球性的同质文化。经济的全球化不应当也不会导致民族文化特色的淡化甚至消亡。文化的全球化过程应该是各民族文化通过交流、融合、互渗和互补，不断突破本民族文化的地域和模式的局限而走向世界，不断超越本民族文化的界限并在人类的评判和取舍中获得文化的认同，不断使本民族的资源转变为人类共享共有资源的历史过程。

二 对新疆多元民族文化变迁现状的实证分析

全球化与多元民族文化的互动关系，需要我们从理论上去阐发，也

① ［美］罗兰·罗伯森：《全球化——社会理论和全球文化》，梁光严译，上海人民出版社2000年版，第24页。

需要我们进行实证研究，建立在实证研究基础上的理论认识更具有说服力。新疆是一个多元民族文化汇聚的地方，作为多元民族文化的典型个案，对它进行实证分析，既可以为我们认识全球化和多元民族文化的互动关系模式提供典型例证，也有利于我们了解和认识新疆多元民族文化变迁的客观实际。

为了对新疆少数民族文化①变迁和文化选择有一个较为全面、客观的认识和把握，笔者运用客位研究的视角，于 2003 年 5—8 月，在新疆全自治区范围内进行了一次调研。调研采用定性调查与定量调查相结合的方法，定性调查主要采用座谈会、个别访谈和观察法等，定量调查主要采用问卷法。问卷发放采用分类抽样的方式，从乌鲁木齐市、哈密地区、吐鲁番地区、巴音郭楞蒙古自治州、阿克苏地区、克孜勒苏柯尔克孜自治州、喀什地区、阿勒泰地区、塔城地区的维吾尔族、汉族、哈萨克族、蒙古族、回族和柯尔克孜族等民族中随机抽样调查。之所以把维吾尔族、汉族、哈萨克族、蒙古族、回族和柯尔克孜族确定为调查样本，是因为，笔者认为，这些民族的文化分别代表着新疆民族文化的主要类型。通过对这些民族文化变迁状况的调查研究，我们可以对新疆少数民族文化变迁的总体面貌有一个基本了解。问卷采用维、汉两种文字，共发放 1000份，回收有效问卷 957 份，回收率为 95.7%。

本次问卷调查的对象：从性别结构来看，以男性为主；从族别结构来看，维吾尔族和汉族最多，哈萨克族和蒙古族次之，回族和柯尔克孜族再次之；从年龄结构来看，以 30—40 岁的人为主，40—50 岁的人次之，30 岁以下的人再次之；从文化程度来看，绝大多数人具有大专以上学历，文化程度普遍较高；从职业结构来看，干部最多，知识分子次之，工人、农民以及其他职业者人数较少；从语言使用情况来看，使用双语的人数较多，这表明，本次问卷调查在性别和族别上具有广泛代表性，在年龄层次和文化程度上主要是反映新疆各民族群体中的中青年、高学历人群对西部大开发与新疆各民族文化关系的认知状态，这些人群在社会生活中多属于干部和知识分子阶层。

---

① 广义文化概念，指一个民族物质文化和精神文化的总和。

表 3.1 问卷调查样本的人口学特征

选题	选项	人数（人）	百分比（%）
性别	男	670	70
	女	287	30
族别	维吾尔	400	41.8
	汉	301	31.5
	哈萨克	89	9.3
	蒙古	74	7.7
	回族	50	5.2
	柯尔克孜	43	4.5
年龄	30 岁以下	201	21
	30—40 岁	440	46
	40—50 岁	278	29
	50—60 岁	29	3
	60 岁以上	9	1
文化程度	小学	15	1.6
	初中	20	2.1
	高中或中专	120	12.5
	大专以上	802	83.8
职业	工人	19	2
	农民	10	1
	干部	727	76
	教师	182	19
	其他	19	2
语言使用情况	单语	718	75
	双语	239	25

　　注释：单语，是指仅使用母语的现象。双语，是指除了使用母语外，还兼用另外一种或几种语言的现象。

　　需要指出的是，虽然此次调研主要针对精英文化群体，但是，精英文化在民族文化体系中的地位和作用决定了，此次调研成果可以反映新疆各民族文化在变迁过程中的某些倾向。从整体观点来看，同一民族内的精英文化和大众文化并不是毫无联系的，它们互相影响，相互渗透，构成一个民族的整体文化。所以，此次调研成果可以在相当程度上反映出新疆少数民族文化变迁的状况。

从方法论的角度来看，定量研究与定性研究相结合，可以使调查研究的成果更加精确、客观；主位和客位相结合，可以使我们对新疆多元民族文化变迁现状的认识和把握更符合新疆实际。

在本次调研中，笔者将语言、风俗习惯和宗教作为指标，通过这三个变量考察新疆各民族的文化变迁状况。语言是一个民族发展所必须依赖的工具，也是民族历史与文化的载体。在民族诸特征中，语言是最外显的特征。人们在使用本民族语言时，往往倾注了民族情感，因此，语言成为影响民族关系的敏感因素。透过新疆少数民族语言使用情况，我们不仅可以了解新疆少数民族文化变迁的程度，还可以考察他们的价值取向和情感状态。风俗习惯是一个民族在长期历史发展过程中形成的物质文化和精神文化的行为方式和历史传统，它往往通过饮食、服饰、生产、居住、婚姻、生育、丧葬、节日、娱乐、礼仪等方面反映出来，是民族文化中最能反映民族文化特质的部分。在民族文化体系中，它处于中介地位，且以外化的习俗行为与蕴含其中的共同文化心理相互作用、相互依存为特征。宗教是一个民族对世界存在方式的一种认识。作为一种社会文化形式，宗教既是一种信仰体系，又是一种生活方式，但本质上是一种信仰，属于民族文化的内隐层面。在民族文化体系中，风俗习惯作为一种他律性的文化力量规范着人们的行为，宗教则作为一种自律性的文化力量规范着人们的行为，两者相互作用，相互依赖，从不同方面影响着一个民族的社会生活。可以说，语言、风俗习惯和宗教信仰在民族文化传承过程中，从不同层次上，依次递进地反映着民族文化的变迁程度和趋向。

平时阅读报纸的状况是各民族语言文字使用情况的一种反映。图3.1显示，新疆少数民族被调查对象在语言文字使用方面，存在着只用本民族语言文字（使用频率①为48.9%），兼用、转用汉语言文字（使用频率为49%）等情况，这说明新疆各民族在语言使用方面出现了交融现象。

---

① 数列中分布在各组的总体单位数为次数，各组次数占总体单位总数的比重为频率。

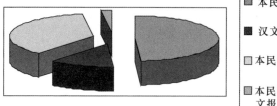

图 3.1　新疆少数民族平时阅读报纸的情况

　　新疆是一个民族文化多样化的地区，多种文化类型交错并存。从语言文化类型的角度看，维吾尔族、哈萨克族、柯尔克孜族属于阿勒泰语系中的突厥语族，蒙古族属于阿勒泰语系中的蒙古语族，回族属于汉藏语系。从宗教文化类型的角度来看，新疆少数民族的宗教文化类型大体可以划分为伊斯兰文化与非伊斯兰文化两大类。其中，维吾尔族、哈萨克族和柯尔克孜族属于伊斯兰教突厥—伊斯兰文化类型，回族属于汉—伊斯兰文化类型，蒙古族则属于非伊斯兰文化类型。基于此，维吾尔族、哈萨克族、柯尔克孜族、回族、蒙古族的语言文字使用情况也反映着不同文化类型在新疆的交融状况。

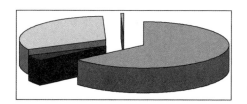

图 3.2　维吾尔族平时阅读报纸的情况

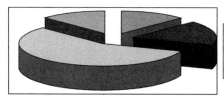

图 3.3　哈萨克族平时阅读报纸的情况

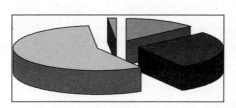

图 3.4 蒙古族平时阅读报纸的情况

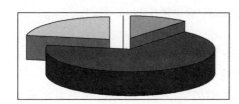

图 3.5 柯尔克孜族平时阅读报纸的情况

图 3.2、图 3.3、图 3.4、图 3.5 显示，属于不同文化类型的民族在语言交融程度上存在差异。调查结果显示：蒙古族被调查对象使用民汉双语的频率最高，为 57.9%，柯尔克孜族被调查对象使用民汉双语的频率最低，为 21.6%，但与同属于突厥语族的维吾尔族和哈萨克族被调查对象相比，柯尔克孜族被调查对象使用汉语言文字的频率却最高，为 64.9%。这表明，在新疆，不同经济生活方式和不同宗教信仰基础上形成的文化差异对各民族在文化上的接触和沟通是有很大影响的。

节庆习俗是民族风俗习惯的组成部分，其变化发展状态本身就是民族风俗习惯变化发展的重要内容。统计数据显示，在被调查的新疆少数民族中，认为传统节日比现代节日的影响大的占 31.4%，认为传统节日与现代节日的影响差不多的占 30.5%，认为传统节日比现代节日的影响小的占 26.4%。此外，还有 11.7% 的被调查对象未答。由此可见，传统节日与现代节日交织是新疆少数民族节庆习俗的基本态势。

分民族统计结果显示：在给定的选项中，维吾尔族被调查对象认为传统节日比现代节日的影响大的占 27%，认为传统节日与现代节日的影响差不多的占 33.2%，认为传统节日比现代节日的影响小的占 25%；哈萨克族被调查对象认为传统节日比现代节日的影响大的占 26.3%，认为传统节日与现代节日的影响差不多的占 20.2%，认为传统节日比现代节

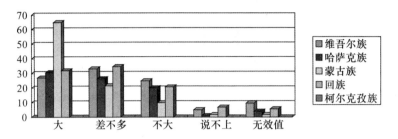

图 3.6 你认为传统节日比现代节日的影响大吗

日的影响小的占 48.5%；蒙古族被调查对象认为传统节日比现代节日的影响大的占 65%，认为传统节日与现代节日的影响差不多的占 21.6%，认为传统节日比现代节日的影响小的占 10%；回族被调查对象认为传统节日比现代节日的影响大的占 31.9%，认为传统节日与现代节日的影响差不多的占 34.7%，认为传统节日比现代节日的影响小的占 20.8%；柯尔克孜族被调查对象认为传统节日比现代节日的影响大的占 33.3%，认为传统节日与现代节日的影响差不多的占 35.2%，认为传统节日比现代节日的影响小的占 22.2%。上述结果表明，新疆各少数民族在对节庆习俗认知上存在较大差异，反映了新疆各少数民族节庆习俗发展变化的不平衡性。

作为一种社会文化形式，宗教对新疆少数民族社会生活的影响如何？在本次调查问卷中设计了一题即"您认为宗教教育对社会影响大吗？"在给定的选项很大、大、一般、不大、没有和说不上等六个中，新疆少数民族被调查对象选择很大和大的占 51.9%。这表明，宗教对社会生活有较大影响是新疆少数民族的普遍感受。

图 3.7 显示，宗教教育对属于伊斯兰文化类型的少数民族如维吾尔族、哈萨克族、回族和柯尔克孜族等社会生活的影响较大。在这些民族的被调查对象中，认为宗教教育对他们社会生活影响大的占 43.9%。而对属于非伊斯兰文化类型的民族，如蒙古族等的影响则一般。在蒙古族被调查对象中，认为宗教教育对他们社会生活影响一般的占 51%。即使在属于伊斯兰文化类型的民族中，宗教教育对他们社会生活的影响程度也存在差异。调查显示，在属于伊斯兰文化类型的民族中，宗教教育对

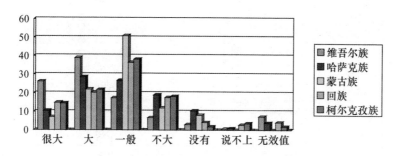

图 3.7 你认为宗教教育对社会影响大吗

属于绿洲农耕经济类型的维吾尔族的影响最大。调查统计数据显示，在维吾尔族被调查对象中，认为宗教教育对他们社会生活影响大的占65.2%。比较而言，对属于草原游牧经济类型的哈萨克族的社会生活的影响就要小一些。调查统计数据显示，在哈萨克族被调查对象中，认为宗教教育对他们的社会生活影响大的只有39.1%。可见，宗教教育对属于不同宗教文化类型的新疆少数民族社会生活的影响程度不尽相同。

从统计数据来看，在新疆少数民族被调查对象中，认为宗教教育比学校教育影响大的占37.3%，认为宗教教育与学校教育的影响差不多的占20.6%，这两项相加为57.9%。在被调查对象中，认为宗教教育比学校教育影响小的只有29.1%。由此可见，新疆少数民族被调查对象认为宗教教育和学校教育对他们社会生活的影响大体相当。

分民族统计的结果显示，维吾尔族被调查对象认为宗教教育比学校教育影响大的比率最高，为52.8%；蒙古族被调查对象认为宗教教育比学校教育影响小的比率最高，为77%；回族被调查对象未答比率最高，为25%。

如果把语言、风俗习惯和宗教视为一个有机整体来认识和把握新疆少数民族文化变迁的态势，那么，当前新疆少数民族文化处于新旧交替、传统与现代相交织的阶段。而且，由于历史文化传统的不同，各民族文化转型的程度还存在差异，表现出一种非均衡发展状态。

从各民族文化的结构层次来看，语言作为民族文化的外显层面处于变革的前沿，它突出地表现在新疆少数民族在语言使用上兼用或转用其他民族语言的现象增多，双语人口数量的增加，各民族在语言上的交融

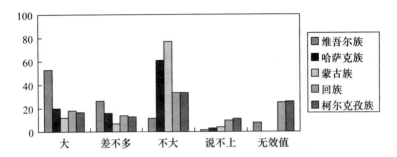

图3.8　你认为宗教教育比学校教育影响大吗

态势日益增强。关于这一点，我们在定性调查中得到了证实。在调研中，少数民族基层干部告诉我们：

> 现在，越来越多的人愿意学习汉语，希望将孩子送到汉语学校就读。他们认为，好多东西都要在汉语中学，学习汉语好处多。以前，把孩子送到汉语学校的主要是在城市工作的干部和从事经商活动的人。近两年来，许多农民甚至阿訇都愿意将孩子送到汉语学校。乌恰县阿合亚乡二小（汉语学校）原计划招生120名，结果报名五百多人，为此，有些人不得不走后门。

一位维吾尔族教师也为我们提供了同样的情况：

> 在语言问题上，过去，在维吾尔族中，懂汉语的人不多，现在就多了。人们普遍希望学汉语和外语，连农民都希望自己的孩子上汉语学校，只是没有条件。

与语言文字和风俗习惯相比，新疆各民族在宗教上互渗的现象比较少见，各民族的宗教边界依然清晰，宗教在新疆少数民族社会生活中的影响仍然很大。对此，一位维吾尔族教师作了如下解释：

> 在宗教信仰方面，多数人是迫于周围环境的压力参加宗教活动的。坚持宗教信仰，是担心本民族的生存环境和发展前途，怕一旦改变，维吾尔族这个历史悠久的民族会消亡。

可见，宗教成为当前新疆少数民族固守民族边界的一道屏障。

在风俗习惯方面，新疆各少数民族传统的风俗习惯开始发生变化。据一些维吾尔族干部和教师介绍：

> 当前，本民族传统文化在总体保持原来传统的基础上有一些变化。比如，以前本民族乐器主要使用热瓦甫等，现在开始使用电子琴等；婚姻习俗过去比较复杂，而且费用高，现在简单了，费用也减少了。过去结婚要 4 天时间，现在只要 2 天或 1 天时间。过去婚姻一般是父母包办，现在自由恋爱的人越来越多。
>
> 饮食方面的风俗习惯变化也很大。过去不吃的带鱼、海鲜，现在也吃了。服饰方面，已经不是很讲究民族服饰了，许多人追求时髦。结婚时，许多人都穿婚纱、西服。以前，结婚新娘要过火盆，现在这种习惯也逐渐淡了。

可见，外来文化对新疆少数民族文化的冲击，不仅引起了其外显层面的明显变化，还引起了其内隐层面的激烈震荡，从民族语言到风俗习惯，再到宗教信仰，这种文化震荡依次递进，逐渐深入。对此，作为少数民族精英文化代表的干部和知识分子群体在文化心理上表现出一种矛盾和困惑的心态。这一点，在对语言问题的态度上表现得比较典型。统计数据显示，新疆少数民族被调查对象希望保留本民族语言的占 93.9%，但对今后的语言学习，选择愿意学习本民族语言的仅占 22.7%，选择愿意学习汉语的则占 46.4%，选择愿意学习外语的也占 29.2%，这折射出新疆少数民族在本民族语言价值认定和选择取向上的矛盾。

在调研过程中，我们明显地感受到，新疆少数民族精英阶层对本民族文化前途和命运的担忧。基于这种担忧，他们特别关注本民族的历史与文化，强调文化的民族性，相应地也出现了一定程度的文化排斥倾向。为了解这种倾向对新疆民族关系的影响程度，我们用两个问题进行了测度：一是"你认为学习其他民族的文化对本民族的发展有作用吗？"统计数据显示：在新疆少数民族被调查对象中，认为学习其他民族文化对本民族发展有作用的占 85.8%；认为有一点的占 4.9%；认同没有的占

0.6%；选择说不上的占 1.4%；未选的占 7.3%。可见，新疆少数民族是肯定各民族相互学习对本民族发展的促进作用的。图 3.9 显示，分民族统计的结果表明，绝大多数维吾尔族、哈萨克族、蒙古族、回族和柯尔克孜族的被调查对象都肯定各民族相互学习对本民族发展有促进作用。在这一点上，哈萨克族被调查对象的认可比率（包括有和有一点两项相加）最高，为 99%。二是"你是否愿意与其他民族接触与交流?"统计数据显示：新疆各少数民族被调查对象选择愿意与其他民族接触与交流的占 90.6%，不愿意的占 1%，说不上的占 4.1%，未选的占 4.3%。这表明，新疆各少数民族普遍愿意与其他民族接触和交往。调查统计数据显示，对此，哈萨克族被调查对象的认可比率（包括愿意和非常愿意两项）最高，为 99%，主动接触其他民族的意愿比较强烈。见图 3.10。

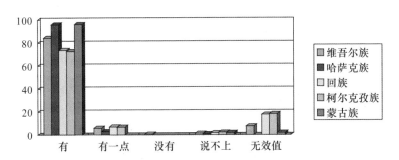

图 3.9　你认为学习其他民族的文化对本民族的发展有作用吗

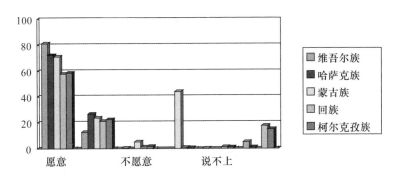

图 3.10　你是否愿意和其他民族接触与交流

结合以上两个问题的测度结果，笔者认为，目前，新疆少数民族的文化心态总体是积极、健康的，这种文化心态有利于少数民族的发展进步，但同时，文化排斥心理也一定程度地存在。文化排斥是维持民族存在和发展的一种需要，但若处理不好，势必影响和制约民族的发展和进步，把握好度是关键。

三　对新疆少数民族文化选择的认识与思考

当前，新疆少数民族传统文化正处于新旧交替、传统与现代交织的转型时期，其文化变迁状况可以概括为物质特征弱化和精神特征强化并存。对此，少数民族精英阶层的文化选择呈现多样化特点。既有主张维护传统的，也有主张否定传统的，还有态度不明朗的，它反映出新疆少数民族在文化心态上的彷徨、犹豫和无所依归，表明在外来文化与本民族文化碰撞、渗透和交融的情况下，新疆少数民族面对传统与现代、现代与后现代的纠结与张力，对自身文化身份存在困惑和矛盾。在这种情况下，文化价值观的建设就至关重要。因为新疆少数民族的文化选择将直接影响各民族文化的发展走向，而文化选择的结果在很大程度上取决于各民族对本民族传统文化的认同状态。对此，我们通过问卷调查对新疆少数民族在语言、风俗习惯和宗教等方面的认同状况进行了测度，调查统计结果如下。①

表 3.2　　　　　　　　新疆少数民族语言认同状况的调查结果　　　　（单位:%）

选题	选项	维吾尔族	哈萨克族	蒙古族	回族	柯尔克孜族
我们需要保持民族语言	1. 同意	65.8	65	58	62.5	63.3
	2. 非常同意	30.7	35	39	23.8	23.3
	3. 既不同意，也不反对	1.5			3.7	5
	4. 反对	0.5				
	5. 坚决反对					
	6. 说不上	0.5		1.5	3.8	3.4
	7. 未答	1		1.5	6.2	5

---

①　注：数据来源于2003—2004年笔者问卷调查的统计结果。具体分析参见附录《西部大开发与新疆多元民族文化的调查报告》。

续表

选题	选项	维吾尔族	哈萨克族	蒙古族	回族	柯尔克孜族
你认为民族语言对民族发展的作用是	1. 促进	78.7	79	84	56.3	55.4
	2. 有所促进	13.7	17	11	27.6	28.6
	3. 无所谓	0.5			4.3	3.6
	4. 有所妨碍	5	2		2.7	3.5
	5. 妨碍	0.3		5	0.8	0.7
	6. 说不上		2		1.5	0.7
	7. 未答	1.8			6.8	7.3
如果你有机会学习语言,你喜欢学习	1. 本民族语言	24.3	13.4	30	20	18.9
	2. 汉语	51.1	61.9	40	26.7	27.6
	3. 外语	23.6	23.7	30	49.3	50
	4. 民汉双语				2.7	1.7
	5. 未答	1	1		1.3	1.8
你认为,学校对孩子最好用什么语言进行教学	1. 本民族语言	25	29.2	23.3	21.2	29.1
	2. 汉语	21.4	14.2	13.7	33.3	25.5
	3. 外语	3.6	27.4	21.9	11.2	17.7
	4. 说不上	49.3	29.2	41.1	33.3	25.5
	5. 未答	0.7			1.1	2.2

表 3.3　　　　　　**新疆少数民族风俗习惯认同状况的调查结果**　　　　（单位:%）

选题	选项	维吾尔族	哈萨克族	蒙古族	回族	柯尔克孜族
你认为,传统节日对社会发展有作用吗	1. 有	52	50.5	56.5	37.6	36.7
	2. 有一点	28	30.7	37	32.8	32.6
	3. 没有	7	11.9	1.6	10.9	12.4
	4. 说不上	5	5	1.6	10.9	10.2
	5. 未答	8	1.9	3.3	7.8	8.1
你认为,应该保持本民族的传统习惯吗	1. 应该保持	40	48.5	42	23.7	23.7
	2. 应该保持好的方面	48	46.6	42	59.2	57.7
	3. 应随社会发展而变化	7.3	4.9	16	2.6	2.6
	4. 说不上				0.7	1.7
	5. 未答	4.7			13.8	14.3

表 3.4　　　　　　　新疆少数民族宗教认同状况的调查结果　　　　（单位：%）

选题	选项	维吾尔族	哈萨克族	蒙古族	回族	柯尔克孜族
你认为，宗教信仰对经济生活的作用是	1. 促进	9	11	5	7.4	7.9
	2. 有所促进	18	39	14.4	30.9	30.2
	3. 无所谓	8	5	29	13.6	14.3
	4. 有所妨碍	33	19	11	23.5	23.8
	5. 妨碍	18.5	6	27.4	6.2	6.3
	6. 说不上	4.5	18	10	13.6	12.7
	7. 未答	9	2	3.2	4.8	4.8
你认为，宗教信仰对社会发展有作用吗	1. 有	17.4	21.2	10	25	25.4
	2. 有一点	42	41.5	34.4	34.2	36.4
	3. 没有	27	24.2	50.7	19.7	20
	4. 说不上	6.8	11.1	4.9	14.4	12.7
	5. 未答	6.8	2		6.7	5.5

　　表 3.2 显示，在语言方面，新疆少数民族被调查对象虽然高度认同本民族语言，且对本民族语言价值定位较高，但语言选择取向却非母语。表 3.3 显示，新疆少数民族被调查对象依然认定本民族传统文化的价值。在主张保持民族风俗习惯的少数民族被调查对象中，多数能够客观、辩证地认识民族风俗习惯，能够认识到本民族风俗习惯既有积极的、属于精华的内容，也有消极的、属于糟粕的内容，认为保持民族风俗习惯应该保持其好的方面。表 3.4 表明，新疆少数民族被调查对象在总体上肯定宗教信仰对社会发展的作用的同时，对宗教信仰在具体经济生活领域的作用存在着否定趋向。调查表明，实现民族传统文化的现代性转型不仅是我国社会主义现代化建设的需要，也是新疆少数民族的愿望和要求。新疆少数民族希望在实现新疆经济社会发展的同时，实现民族自身的发展与进步。

　　新疆各族人民应该积极主动地应对全球化和现代化的挑战。从民族自身发展的角度来看，珍视和维护民族传统文化的感情和意识是很自然的，也是正当的，但必须把握好度。如果因此陷入盲目，走向片面，一味地迷恋传统，用传统封闭自己，固守陈旧的传统文化模式止步不前，将不利于民族的发展进步，回避、倒退同样不利于民族的发展进步。只有建筑在民族性与时代性统一的基础上，民族文化才会具有活力和生命力，只有不断吸收、借鉴异质文化，进而充实巩固自身文化体系的民族文化才能不断发展。民族文化具有传承性，但它的传承不是一成不变的，而是在自身发展和与其他文化相互影响、相互交流的过程中被传承的，把民族传统文化视为先验的、一成不变的封闭体系的认识，会影响人们对传统文化现代性转型的主动性和能动性的发挥。

每个民族都应该保持本民族的传统文化，因为它是民族存在和发展的条件，但还应该超越它，要根据社会历史发展的潮流赋予它新的内涵，使其焕发出新的活力。继承是发展创新的条件和立足点，继承的目的在于发展和创新，只有把继承与创新有机地结合起来，才能保持民族传统文化的生命力。新疆各少数民族只有不断提高文化自觉，促进民族传统文化转换，使之与现代化整合，才能为民族的现代发展提供智力支持和精神动力。在经济文化结合日益紧密的今天，各民族如果不解决好"传统文化的文化力孱弱及其对民族经济的壁垒性制约"① 的问题，就无法实现在保持民族文化传统前提下的现代发展。所以，新疆各少数民族必须不断克服自我封闭的保守心态和历史惰性，这是全球化时代各民族生存发展的前提条件。

新疆社会的现代性转型是外部力量推动的结果，属于"外迁式"转型模式。这一转型模式具有被动性和外生性的特点，这种特点决定了新疆民族传统文化要实现现代性转型，除了发挥新疆各民族积极性和主动性外，党和政府的引导具有关键性作用。从一定意义上讲，新疆民族传统文化的现代性转型成功与否，取决于党和政府的引导和推进效果。

我们认为，当今世界经济的全球化不会最终导致民族文化多样性的消失，但它会使民族文化的竞争和较量加剧，这是基本的发展趋势。在把握全球化对中国这样一个统一多民族国家可能产生的影响和挑战的同时，更重要的是要把握全球化进程中统一多民族国家的希望之所在，进而在全球化浪潮中做出正确的历史选择。在尊重国内各民族生存和发展

---

① 高新才、马文龙：《西北少数民族传统文化的现代化思考》，《兰州大学学报》1999 年第 1 期。

权利的同时，把多民族构成的多样性变成自己的优势，争取在多元、多层和多向的全球化进程中实现新的发展。①

从人类的根本利益和根本需要来看，多元民族文化具有巨大的价值。

首先，人类为谋求自身的生存和发展，在千差万别的生存环境下创造了各民族的文化，民族文化的多样性是人类社会的珍宝，是人类智慧的库存。维护民族文化的多样性，并有效地利用各民族文化多元并存的资源，对缓解目前已经出现的生存环境恶化问题有积极意义。

其次，多元民族文化有助于提高人类对生存环境变化的应对能力。文化的多样化能够保持人类心智的多样发展和多重反映能力，使之更好地适应复杂多变的环境，以解决不同时代、不同地域和不同人群的不同难题，求得更好、更长远的发展。因此，应该保持在统一性中的多样化发展，避免文化走向单一，否则，会导致人类自身的僵化，使人类走向死路。

再次，多元民族文化能使世界永葆活力和生机，永葆五彩缤纷的繁荣景象。多元民族文化的存在，使世界避免了单一的色彩，维护了人类丰富多彩的生活状态。它不仅为人类提供了丰富多彩的生活方式，还为人类文化的发展提供了源泉，使世界充满了活力和生机。

中华文化本身就是一种多元一体的文化。正是这种多元一体性，使中华文化内部保存了某种源于多样性的活力和互补功能，使中华文化中的各民族可以在相互刺激中产生新的发展生机，这也是中华文化一脉相承前后相继的重要原因。中国各民族都有其富有特色的文化，正是这些富有特色的文化才汇成中华民族文化多元一体的、绚丽多姿的辉煌，它也是中华文化未来持续发展的源泉。在全球一体化的大趋势下，中华民族立于世界民族之林离不开自己的民族特色，中国各民族的传统文化是中华民族文化宝库中不可分割的重要组成部分，如果这些民族文化受到损失，那将是中华民族文化的巨大损失。

复次，保存和维护多元民族文化对增强民族团结，维护社会稳定，促进社会发展繁荣起着不可替代的作用。文化是民族的标志，文化生存是民族生存的重要前提和条件，维护多元民族文化本身就是民族平等的

① 李红杰：《论民族国家及其选择的多向性》，《民族研究》2003 年第 5 期。

体现和要求。在民族现象长期存在的历史条件下，尊重民族特性，保护和弘扬文化的民族性，是维护民族团结和社会稳定的前提。

最后，对一个国家或地区来说，保存和维护多元民族文化，对经济发展有着重要的促进作用。在全球化时代，民族传统文化已经成为一种重要资源，在民族经济发展中具有不可替代的作用。要实现民族传统文化的经济价值，前提就是有效保护民族传统文化资源，没有对民族传统文化资源的有效保护，就谈不上民族传统文化资源的利用和转化问题。

当然，多元民族文化并不是一种没有弊端的文化模式，它在发展中还存在着两种危险：一是片面强调特殊性和求异的一面，二是过分强调普世性和求同的一面。这两种倾向如果过分发展，其结果是导致"文化孤立主义"或"文化霸权主义"，对此，如果不加以有效地统一与协调，会带来社会发展的诸多问题。在经济一体化和文化多元化并存且相互作用已成为当今世界发展趋势的情况下，我们应该正视多元民族文化并存的合理性和必要性，继承中华传统文化中"和而不同"的文化价值理念，构建一种多元民族文化既能共存共荣，使各民族文化的个性更加丰富多彩，又能获得广泛文化认同的具有时代特色的中华文化。基于此，新疆在民族文化建设中，必须弘扬以改革创新为核心的时代精神，加快新疆民族传统文化的现代性转型。在新疆社会主义现代化建设进程中，必须注意把现代性与民族形式和特点有机结合起来。应该遵循这样一个原则，即"汉族地区实行的各方面政策，包括经济政策，不能照搬到少数民族地区去。要区分哪些能用，哪些修改了才能用，哪些不能用"①。努力使各民族的现代化在自身传统的基础上实现，使现代化过程成为其民族文化展示自身的过程。用单维、一元化的思维模式和简单化、程式化的工作方法处理新疆这样一个多民族聚居地方的现代化建设，容易引起新疆少数民族对现代化的拒斥心理，进而影响新疆现代化建设的进程和成效。加快新疆民族传统文化的现代性转型迫在眉睫，势在必行，意义重大。

---

① 《邓小平文选》第 1 卷，人民出版社 1989 年版，第 167 页。

第二节　新疆民族传统文化
转型的制约因素

新疆各民族传统文化处于变迁之中，但同我国的整体情况相比，其变迁进程较为迟缓，变迁状态也较为浅显。在西部大开发进程中，新疆要实现民族传统文化的现代性转型，必须认真分析和研究制约民族传统文化转型的因素，这是新疆最终完成民族传统文化现代性转型的先决条件。笔者认为，目前，制约新疆民族传统文化实现现代性转型的因素主要有以下四个方面。

一　自然生态因素

自然地理与生态环境是民族文化孳生的物质基础，它制约和影响着民族文化的生成和发展。新疆地处亚欧大陆的腹心地带，面积166万平方公里，占全国总面积的1/6。周边与蒙古、俄罗斯、哈萨克斯坦、乌兹别克斯坦、巴基斯坦等八国接壤，与我国甘肃、青海、西藏三省区相邻。三山夹两盆即昆仑山、天山、阿尔泰山环抱着塔里木盆地和准噶尔盆地的地理格局，造成了新疆地域的封闭性。远离海洋、山川阻碍，使新疆气候极为干燥，年平均降水量仅150毫米，有些地方甚至还不到10毫米，戈壁、沙漠和绿洲成为新疆地貌的主要特征。新疆这种山川阻隔、分散、孤立的居住环境，客观上不利于人们的交往和文化的交流与传播。文化交流是文化发展的必要条件，民族文化的持续发展需要不断吸收、借鉴异质文化，文化上的封闭只能导致停滞、僵化与落后。诚如日本著名学者羽田亨所指出的：“凡是某一民族的文化发展与衰退，在多数场合下要视其与其它民族有无接触，这已成为一般的原则。”[①] 新疆封闭的自然地理环境是制约文化交流与传播的客观因素。

不过，自然地理的封闭并不是绝对的，因为人类不只是被动地适应自然，还能够主动地改造自然，新疆的历史发展已经证明了这一点。在历史上，新疆不利的自然地理条件并未使新疆陷入孤立，相反，它内在

---

① ［日］羽田亨：《西域文化史》，耿世民译，新疆人民出版社1981年版，第103页。

地推动了"丝绸之路"的开通和长期繁荣,使新疆地理环境呈现出开放的一面。通过"丝绸之路"这条连接亚欧大陆通道的畅通和繁荣,许多外来文化在新疆交汇、碰撞与交融,新疆各民族通过吸收、借鉴各种异质文化丰富和发展了本民族文化。随着"丝绸之路"的衰落,新疆社会走向封闭,民族文化也因此趋于封闭和保守。可见,新疆地域具有封闭性和开放性两个相反相成的特点,而促使其转变的重要条件是"丝绸之路"的发展变化,"丝绸之路"的兴衰影响着新疆民族文化的走向。因此,要改变新疆地域的封闭性,必须发展交通、通信事业,只有这样,才能为重振"丝绸之路"提供客观条件和环境。改革开放以来,尤其是西部大开发以来,新疆加大了以交通、通信为重点的基础设施建设力度,这为打破新疆社会的封闭、半封闭状态奠定了良好的物质基础。但是,新疆在基础设施建设方面所取得的成绩与新疆各民族的现代化发展的目标和要求相比,还存在较大差距。远离现代文明中心的区位特点,各民族封闭、分散的居住环境仍在时空上延缓现代文明在新疆的传播与交流,制约着现代性文化因子在新疆的扩散,自然地理因素仍是制约新疆民族传统文化现代性转型的客观因素。

二　经济社会因素

一定的文化总是一定社会的政治和经济的反映,文化的发展不可避免地要受社会政治经济发展的制约和影响。政治经济因素对新疆民族传统文化的制约作用,体现在新疆社会经济发展的历史过程中。

早在我国近代化的发展过程中,新疆就处于发展的迟滞状态。新中国建立以前,新疆除了少数手工业外,几乎没有现代工业。当时,在新疆地区占据主导地位的经济是封闭、单一的自给性农牧业经济。新中国建立以后,为了彻底改变新疆贫困落后的社会面貌,国家曾经投入大量的人力、物力,在新疆建立起一批现代化企业,试图以此来带动当地经济的发展,改善和提高新疆各民族人民的生活水平。但遗憾的是,这种"嵌入式"做法未能使这些现代化企业发挥出应有的辐射和带动作用,反而使新疆出现二元经济结构,新疆原有的自然经济在计划经济时代并未消失,封闭、半封闭的社会状态也未被彻底打破,新疆商品经济、市场经济发育不充分,社会内部缺少现代性因素的积累,因而缺乏自然经济发展到现代阶段的物质条件，新疆民族传统文化自身缺乏向现代性变迁的内在动力，新疆依靠自身力量难以实现现代性转型。当前新疆的社会转型和民族文化变迁是在外部力量的推动下发生的，这种推动力量就是在党和政府的领导下，实行改革开放和建立社会主义市场经济这场自觉而又有目的的社会变迁。因此，当前新疆的社会转型和文化变迁不是"内源式"变迁，而是"外迁式"变迁，新疆民族传统文化的转型具有被动性和外生性特点，这一特点决定了新疆民族传统文化转型的实现程度将取决于它与现代文明接触的时间和吸收的程度，取决于新疆吸收、容纳异质文化的社会机制的建立与完善。

在西部大开发进程中，新疆从基础设施建设、城镇化建设和市场化建设等方面不断提高社会的开放程度，力图通过充分利用国际国内两个市场、两种资源来促进新疆经济社会发展。但是，受历史、自然生态和地理环境等多种因素的影响和制约，新疆的现代化进程比内地沿海地区缓慢，社会转型的深度和广度也不及内地沿海地区，社会结构和运行机制的计划经济色彩还比较浓厚，社会开放程度还是有限的、不平衡的，这种开放状态必然会影响新疆与全国统一市场乃至世界市场的接轨，制约人流、物流、信息流及与其相关的各种现代文化要素在新疆地区的充分流动，进而影响新疆各民族吸收现代文化的程度，制约新疆民族传统文化的现代性转型向深度、广度的推进。

目前，新疆经济社会发展水平与全国平均水平相比，还存在一定差距。它表现为在国内外市场竞争日趋激烈的形势下，新疆经济社会发展对市场经济体制和运行机制还不完全适应，新疆市场化建设的任务还很艰巨。新疆经济社会发展的滞后性，削弱了新疆民族文化发展的物质基础。这一点在对新疆少数民族接触报纸、广播和电视等现代传媒的现状调查中得到了证实。调查结果显示：在影响报纸在新疆少数民族中传播的诸多因素中，经济因素是最大的障碍。导致新疆少数民族没有电视的主要原因是收不到信号，其次是经济困难。可见，经济发展水平直接影响着新疆少数民族接触现代传媒的状态。[1] 而且，新疆经济社会发展水平

---

① 阿斯亚·尼亚孜、金亚萍：《新疆少数民族受众现状研究》，《新疆大学学报》2004 年第4 期。

的相对滞后，不仅影响着新疆少数民族接触现代文明的能力和水平，还制约着新疆各级政府发展民族文化事业的能力和水平。经费投入严重不足是目前制约新疆文化事业发展的一个主要因素。1998 年以来，新疆文化事业预算支出占财政总支出的比率为 0.51%。目前，新疆还有 30 个县无图书馆，18 个县文化馆和 6 个县图书馆有馆无舍，154 个乡镇、街道无文化站，2982 个村无文化室，6 个县无影剧院。① 经济社会因素成为制约新疆民族传统文化现代性转型的基础因素。

三　宗教文化因素

宗教是新疆少数民族传统文化的重要内容，是维系新疆少数民族信仰和文化传统的精神力量。新疆少数民族文化具有宗教性特点，这一特点在信仰伊斯兰教的各民族中表现得尤为鲜明。

以伊斯兰教为主，多元宗教并存与流行是新疆宗教的基本格局。伊斯兰教作为一种囊括了政治、经济、文化等社会生活各方面内容的宗教，具有两世兼顾、教俗合一的特点。对于信仰伊斯兰教的新疆各民族而言，伊斯兰教不仅是一种信仰体系，还是一种生活方式的综合体。伊斯兰教不仅使宗教文化世俗化，还使世俗文化神圣化，具有强烈的社会文化功能，它对信仰该宗教的各民族的政治、经济、文化产生了深刻的影响。经过长期的历史演变，宗教中的有些内容就成了民族文化的内容，于是，宗教与民族联系起来，宗教感情与民族感情交织在一起，宗教对民族的发展有着重要影响。对于新疆各民族尤其是信仰伊斯兰教的各民族而言，宗教不仅承载着民族的文化，还体现着民族的文化价值观，同时，它还是民族文化的象征符号，具有强大的文化聚合功能，在各民族文化传承方面发挥着至关重要的作用，是影响新疆民族传统文化实现现代性转型的关键因素。

目前，新疆宗教呈现不断发展态势，存在着信教人员多、教职人员多和宗教活动场所多的"三多"现象，有些地方宗教氛围非常浓厚，宗教在新疆各民族社会生活中的影响力和控制力不是在弱化，而是在强化，对新疆民族传统文化现代性转型的影响增强。问题是，包括伊斯兰教在

---

① 魏琪、王洪琦：《新疆文化建设存在的问题及其对策》，《实事求是》2004 年第 6 期。

内的新疆宗教没有经历过类似基督教那样的资本主义改革，也就没有形成基督教那样的资本主义文化精神，在相当一段时期内，包括伊斯兰教在内的新疆宗教主要是沿着传统轨迹演化的，因而至今仍保持着较为浓厚的传统色彩，在宗教教义、礼仪等方面仍然固守传统，宗教教职人员和信众的现代科学文化水平较低。因此，在实践中，新疆宗教对少数民族传统文化的现代性转型在某种程度上具有的不是积极的促进作用，而是深层次的制约作用。引导新疆宗教适应现代社会的发展要求，是新疆民族传统文化实现现代性转型需要解决的关键问题。

　　需要指出的是，新疆宗教问题的解决取决于新疆物质文明、政治文明和精神文明的协调发展，根本地取决于新疆各民族现代化素质的不断提高。实施西部大开发以来，新疆坚持优先发展教育科技事业，坚定不移地推进"两基"工作，使新疆各民族素质得到不断提升，新疆每万人中大学生人数呈现逐年递增趋势就是对这一工作成效的很好诠释。政府加快教育教学改革，通过推进"双语"教学，全面提高各学科教师的汉语水平等举措发展民族教育，形成了以小学三年级开设汉语课为主，双语授课、民考汉、民汉合校、小学一年级开设汉语口语等多种双语教学模式并存的发展格局，推动了新疆各民族人口素质的提高。但新疆教育事业在发展过程中，还存在一些困难和问题。这些困难和问题突出表现在新疆教育事业发展呈现"倒金字塔"式，综合发展水平不高，人口素质提高不平衡；人口总体受教育程度仍然不高，人口平均受教育年限的提高速度非常缓慢，基层普通劳动者的科学文化素质仍然较低。2002 年，有调查者在对新疆 10 个固定观察点 782 个农户、1955 个劳动力的文化程度进行调查时发现，在被调查的劳动力中，文盲、半文盲占 8.1%，小学文化程度的占 43.8%，初中文化程度的占 36.4%，高中文化程度的占 10.5%。劳动力中有技术特长、受过职业技术教育的只有 382 人，占总数的 19.5%。被调查的 6 个农区点的村干部共计 17 人，其中，高中以上文化程度的只有 3 人，占总数的 17.6%，初中 2 人，占 11.8%，小学及小学以下文化程度的共有 12 人，占 70.6%。[①] 因"愚"致贫，因"愚"制

①　罗淑兰、马永强、陈莉：《2002 年新疆农村家庭经济状况分析》（续），《决策通讯》2003 年第 3 期。

约发展的问题在新疆仍然比较突出，全面提高新疆各民族人口素质的任务仍很艰巨。

四　文化心态因素

全球化、现代化使我国传统文化受到全面而深刻的冲击，处于边缘地位的新疆民族传统文化更是承受着多重压力，这种状态导致新疆民族传统文化流失严重，引起新疆少数民族对现代化进程中民族传统文化发展状态的关注，对民族传统文化传承问题的敏感。民族传统文化是维系民族深层次结构，维护民族稳定的核心要素。对本民族的传统文化，各民族都怀有深厚的民族感情和敏感的民族意识。这种感情和意识是很自然的，也是正当的，但必须把握好度。如果陷入盲目，走向片面，只是一味地迷恋传统，用传统封闭自己，固守陈旧的传统文化模式止步不前，那将不利于民族的发展进步。

目前，在新疆少数民族中，传统观念仍然占据着主导地位，在文化心态上还存在一定的不适应和消极心理。如：出现以不变应万变，甚至想回到传统的思想情绪；出现对民族传统文化现代化发展方向的困惑和疑虑；出现过分强调文化的"民族性"或所谓"纯粹性"，拒斥外来异质文化的思想情绪；还出现敌对势力利用并引导民族分界意识消极发展，通过促使少数民族认同转向、认同形式转变以制造分裂的社会心理基础等。凡此种种，都影响了新疆各民族尤其是少数民族实现民族传统文化现代性转型自觉性、主动性和积极性的发挥。对于西部大开发形势下新疆少数民族的心态，一位学者作了这样的描述："顾虑多于兴奋，留恋多于向往。"[①] 新疆民族工作实践中存在的对民族传统文化的扬弃过于粗浅，对民族宗教事务管理不到位，导致在现实生活中，一方面许多民族优秀的文化传统面临丧失危险，另一方面，传统文化中的某些封建糟粕却在乘机抬头。譬如，在南疆地区，维吾尔族妇女戴面纱的现象日益增多;[②] 宗教干预教育、行政、司法和计划生育等社会事务的现象时有发生，这

---

① 阿布来提·依明：《入世与大开发形势下的新疆少数民族竞争心态分析》，《新疆师范大学学报》2002 年第 3 期。

② 祁若雄：《对新疆库车县维吾尔族妇女戴面纱问题的调查和思考》，《西北民族研究》2003 年第 1 期。

些现象和问题的出现刺激和强化了人们对民族传统文化固守和保护的意识，影响了人们对民族传统文化现代性转型的认同，进而制约了新疆民族传统文化现代性转型的进程。

由上所述，制约新疆民族传统文化实现现代性转型的因素是多方面的，既有外部因素，也有内部因素。实现新疆民族传统文化的现代性转型，既需要党和政府积极有效的引导，也需要新疆各民族不断克服自我封闭的保守心态和历史惰性。要把外源性动力和内源性动力结合起来，特别是要调动新疆各民族实现文化转型的自觉性、积极性和主动性，使新疆各民族在反思中求得进步，在进步中不断反思，从而实现各民族不断发展进步。

第三节　实现新疆民族传统文化转型 应当处理好的几种关系

一　民族文化与民族经济的关系

人的经济活动都是由一定的民族集团在特定的地域上进行的，一定地域中的民族构成了一定社会生产力的主体，生产环境和经济生活的多样性又造就了民族文化千姿百态的个性特征，正是在适应和改造特定环境的过程中，各民族形成了本民族的文化特质。

就民族共同体而言，民族经济是其整体的有机组成部分，民族经济并不是游离于民族文化而独立存在的，而总是沉浸在特定的文化环境之中。在民族的形成发展过程中，民族经济与文化相互联系、互为条件，它们之间相互促进、相互推动。

从源头上看，民族经济是民族文化生成的前提条件，它为民族文化的产生发展提供必要的物质基础。依据历史唯物主义的基本原理，一定文化是一定社会的政治和经济在观念形态上的反映，一定文化的发展最终受该时代人们经济生活的制约。如马克思在《〈政治经济学批评〉序言》中所言："物质生活的生产方式制约着整个社会生活、政治社会和精神生活的过程。不是人们的意识决定人们的存在，相反，是人们的社会存在决定人们的意识。"① 民族文化对民族经济是有一定依附性的。一定

① 《马克思恩格斯选集》第2卷，人民出版社1976年版，第82页。

民族的文化必然植根于一定的经济基础，任何摆脱一定经济基础，或者超越一定经济发展阶段的文化现象都是子虚乌有的。

从发展上看，民族文化是民族经济发展的源泉。一定民族的文化虽然植根于一定的经济基础，但它并不只是被动地适应经济基础，它还会影响和作用于该民族的经济生活，而且，这种影响和作用往往是通过民族群体这个社会实践主体产生的。具体表现在：一方面，文化是民族的标识。对一定的民族而言，文化具有象征符号意义，一个民族通过民族文化的这种象征符号作用，形成民族凝聚力和价值取向的向心力，并由此促进民族思维模式、行为方式和组织制度的建设。另一方面，一定民族的经济活动是在特定民族文化环境中进行的。在这种民族文化环境中，每个民族成员都遵守该民族特定的规则、习俗和行为模式。这样，民族文化作为一种控制机制，制约着民族成员的社会行为包括其经济行为，并对其经济过程的选择具有决定作用。从这个意义上讲，民族文化决定着民族经济行为的价值取向，决定着该民族经济行为的发展方向和进程。此外，民族文化作为一种精神力量，可以为该民族的经济活动提供思想保证、精神动力和智力支持。特别是在文化与经济相互交融日益密切的今天，文化作为一种社会生产力，在民族发展过程中的作用越来越突出，它已经融入了民族的生命力、创造力和凝聚力之中。因此，我们在考察民族经济发展的相关问题时，必须重视非经济因素在各民族经济行为中的作用和影响，要立足于民族文化的基点对民族经济行为进行价值判断，增强民族经济发展的内在动力。

可见，在民族社会体系中，民族经济和民族文化虽然分别属于两个平行的结构体系，各有自身变化发展的规律，但二者又是共生互动的，存在着一定的适应性和互动性。民族经济结构的变动，必然导致民族文化的变动，而民族文化的变动必然会给经济结构以巨大的影响。"政治、法律、哲学、宗教、文学、艺术等的发展是以经济发展为基础的。但是，它们又都是相互影响并对经济基础发生影响。并不是只有经济状态才是原因，才是积极的，而其余一切都不过是消极的结果。这是在归根结底不断为自己开辟道路的经济必然性基础上的相互作用。"① 这就是经济与

---

① 《马克思恩格斯选集》第 2 卷，人民出版社 1976 年版，第 506 页。

文化关系的辩证法，对此，必须有一个唯物辩证的认识和把握。

新疆各民族的现代化发展需要与之相匹配的文化观念和文化环境。但是，新疆各民族在现实生活中直接碰到的、既定的、从传统文化中继承下来的价值观念、思维方式、社会心理、行为规范等，往往与自然经济有着千丝万缕的联系，如封闭、保守、安于现状的观念和意识，平均主义的意识，风俗习惯中的畸形消费与扩大再生产之间存在的矛盾，旧的行为方式（习惯法）与现行法律之间存在的矛盾等，这些与现代化发展的要求格格不入。对此，如不加以调适，会使民族经济的发展缺乏必要的文化支撑和精神动力。

新疆"外迁式"的社会变迁模式意味着新疆民族传统文化变迁的实现在很大程度上取决于它与现代文明接触的时间和吸收的程度，取决于其容纳异质文化的社会机制的建立与完善。要做到这一点，需要党和政府的积极引导和推进，依赖于必要的制度资源和环境塑模。我国现代化建设初期实施的是梯度发展战略，党和政府把现代化建设的重点放到了东南沿海地区，这种战略部署势必影响党和政府引导和推进新疆现代化建设的力度，这样，制度资源和环境的不足成为影响新疆民族传统文化现代性转型的重要因素。

当然，新疆各民族的经济发展如果仅仅依靠党和政府等外部力量的支持和帮助，新疆各民族自身缺乏积极性和主动性，新疆的现代化建设同样难以完成。因此，必须调动新疆各民族参与现代化建设的积极性，改革新疆民族传统文化与现代化发展要求不相适应的内容。这个问题能否解决得好，关系着新疆民族传统文化在日益深化的现代化进程中，是促进还是抑制，是主动适应还是盲目跟进，也在很大程度上决定了新疆各民族经济发展的水平，并决定着各民族未来的命运。

在实践中，要注意克服两种倾向：一是只关注发展民族经济而忽视民族文化，甚至不惜以牺牲民族文化为代价发展民族经济。如果忽视民族文化，看不见民族文化的作用，片面追求经济发展，就如同无本之木，无源之水，这种失去对象的经济发展是没有意义的。在今后一段时间内，新疆应该把更新文化观念，优化文化环境作为加强各民族经济发展动力的侧重点，引导各民族科学、理性地对待民族传统文化，提高文化自觉，积极主动迎接挑战，自觉推动民族传统文化的现代性转型。二是盲目夸大民族文化的影响和作用。文化领域的变革必须以一定的经济发展为基础，没有必要的经济基础的支撑，文化因素不可能单独起作用。在新疆各民族现代化发展过程中，不能主次不分，避重就轻，必须始终紧紧抓住经济建设这个中心，否则，既不利于民族经济的发展，也易于导致民族分优劣、文化分高低，不利于民族平等团结和国家的统一安全。

新疆各民族的现代化发展应该以民族传统文化为基础和出发点，应该使现代化成为民族传统文化发展的目标和过程。现代化并不排斥传统，它需要传统；现代化也不剔除传统，它吸收传统。要坚持辩证唯物主义观点，在弘扬民族传统文化合理内核和优秀内容的同时，剔除封建糟粕和落后的内容，使新疆各民族在自身传统的基础上实现现代化，使新疆的现代化发展过程成为各民族发展自身文化的过程。

二　民族文化的保护与开发

新疆实施大开发的过程，也是各民族文化走向世界的过程。在世界性的文化互动中，新疆民族传统文化的实力和竞争力总体上还显得比较弱。面对外来文化强有力的冲击，新疆民族文化资源流失速度明显加快，文化生态受到破坏，新疆民族文化的维系、生存和发展受到巨大挑战，如不加以保护，任由市场机制和文化法则发挥作用，不仅会影响新疆的发展，还会影响新疆的民族团结和社会稳定。

保护民族文化要立足于民族传统文化，因为民族传统文化是民族文化的核心和特质。在全球化背景下，保护新疆民族传统文化具有政治、经济价值和社会功能。

首先，保护民族传统文化对促进新疆地区的可持续发展具有重要的价值。各民族在适应和改造所处的自然生态环境的过程中，创造了各具特色的传统文化，而且，在长期实践中积淀了许多很有价值的生态伦理道德和生态文明观念。例如，很多民族自然崇拜、图腾崇拜、乡规民约和民间禁忌中体现的对生态环境积极保护的思想，有利于各民族社会成员调控社会行为，正确处理人类与自然界的关系。

其次，新疆各民族传统文化中体现的崇高民族精神、伦理道德规范等是凝聚人心、强化团结和稳定社会的基本要素。这些文化精华不仅对新疆发展有着极为重要的意义，还可以丰富新疆各民族人民的文化生活，提高全社会的文化生活质量，促进新疆精神文明建设。

再次，在文化与经济紧密结合、相互交融的特点越来越突出，文化在综合国力和地区综合实力竞争中的地位越来越突出的时代，民族传统文化已经成为经济发展的资源，开发利用新疆民族文化资源，发展文化产业，有利于新疆经济社会发展。

最后，保护民族传统文化资源和文化生态环境是维护民族团结、社会稳定和国家统一的需要。民族文化是民族历史的一部分，是民族存在的重要表现形式。社会主义初级阶段是各民族共同繁荣发展的历史时期，而不是民族消亡的历史时期。我们应该遵循民族发展规律，而不应该有意无意地让民族赖以存在发展的文化消失，更不应该人为地消灭民族文化。要以实现各民族共同繁荣发展为目标，做好新疆民族传统文化和文化生态环境的保护工作，这对新疆这样一个多民族聚居、多宗教共存与流行的边疆地区的团结稳定和长治久安意义重大。

此外，从人类社会的发展来看，保护民族文化从根本上说是为了保护人类文明的结晶，保存历史的记忆。

当前，要有效保护新疆民族传统文化，就必须使新疆民族传统文化满足新疆各民族要求发展的迫切愿望，使之具有当代价值和意蕴，就必须实现民族传统文化的现代性转型，否则，新疆民族传统文化难以生存和发展，保持和发展民族文化也就是一句空话。保护和发展相结合，才是新疆民族传统文化保护的根本出路。要坚持保护是发展的先决条件，发展是保护的终极目的的指导思想，推动新疆民族传统文化的现代性转型，将新疆民族文化资源存量转化为资本增量，为新疆经济发展奠定坚实的文化基础。

文化资源是一种资源集合体，在其构成要素中，既有物态型的有形资源，又有非物态型的无形资源。新疆民族传统文化的保护也应包括有形和无形两类，主要体现在三个层面上：一是对濒临灭绝的民族文化事项进行抢救，如民族语言、民间风情风俗、民族服饰、民间工艺等；二是对面临破坏的具有民族特色的古建筑、风景名胜等进行切实保护；三是在开发的同时树立民族传统文化的保护意识，不能以牺牲民族传统文化为代价来发展经济。要充分发挥民族文化的功能和效益。应该看到，文化具有观念和物质两种形态，以及意识形态和经济两种属性。它既能够满足人们思想观念、知识学习、理论创新的需要，又能够创造出经济价值；既可以推动社会知识的创新和文明进步，又可以直接推动社会财富的增加，具有社会和经济双重效益。要有效保护新疆民族传统文化，除了国家和政府综合运用文化、经济和法律的方法和手段进行引导外，还应该积极探索文化的产业化发展道路。把新疆民族传统文化与经济发展结合起来形成文化产品，通过市场途径解决新疆传统文化的发展和竞争问题，通过文化产业和文化服务展示新疆民族传统文化的特殊魅力，这对经济文化发展相对落后但民族文化资源十分丰富的新疆地区而言具有极其重要的现实意义。

新疆民族文化具有历史悠久、内容丰富、风格独特以及展示性、表演性强的特点，为新疆文化产业的发展提供了充足的养料和良好的发展前景，特别是独具特色的民族舞蹈、音乐、服饰、手工艺品、建筑等，实际上已经成为新疆经济发展潜在的优势资源。实施西部大开发以来，新疆把文化产业作为产业结构调整的重要内容，不断加快文化产业发展的步伐，使之成为新疆经济社会发展新的增长点。特别是以独特民族文化资源为基础的旅游业的发展，促进了新疆民族传统文化的"开发""利用"从"自在"状态走向"自为"状态，并且，使"保护"与"开发"民族传统文化资源的自觉意识在新疆各民族中逐渐形成和发展，并且转化成为各级政府的行政行为。从总体上看，在西部大开发过程中，新疆民族传统文化虽然产生了一定的经济效益，但包括民族文化产品在内的新疆文化产品在国际市场上的份额还很小，其有效传播和有效增长还停留在文化的自然经济阶段，大多属于文化资源消耗性产品，这与新疆作为"丝绸之路"交汇地的地缘优势极不相称；一些文化产品如杂技、舞蹈、音乐虽在国际舞台上有所展示，但还停留在为经济或宣传形象"搭台"的层面，并未完全进入世界文化市场，新疆还没有培育出能够"走出去"参与国际竞争的文化产业群和大型文化企业，新疆文化产业的竞争力并不强，与新疆民族文化应有的潜力和经济价值不匹配；此外，新疆民族文化尤其是传统文化的开发利用尚处于较低层次。重硬件、轻软件，重民族文化的表面包装、轻民族文化内涵的深度挖掘，重短期效益、轻长期规划等现象，在实践中普遍存在。造成这种状态既有认识上对文化包括民族传统文化的经济价值认识不足的原因，也有受经费不足的制约，对民族传统文化的调查、挖掘和整理不够的问题，还有对民族传统文化开发利用不当的问题等。因此，新疆民族传统文化的发展出现这样的情形：一方面是民族传统文化流失严重，另一方面大量文化资源闲置，已经得到开发的民族文化资源尚未形成强有力的文化品牌优势，民族文化与经济的联动机制并不完善。在今后的发展中，新疆要进一步加快文化产业发展速度，不断增强民族传统文化的经济生产能力和竞争能力。

需要强调的是，对新疆民族传统文化的开发利用要坚持保护性开发的原则，要避免以牺牲民族文化特征换取工业现代化的危险。特别要注意"不能将那些具有神圣精神意义的文化要素开发成旅游产品，向旅游者开放"[1]。要坚持党和国家的民族政策，注意掌握好分寸，不能因为民族传统文化的开发利用影响新疆的民族团结和社会稳定。在开发利用新疆民族传统文化资源的过程中，要重视人文精神，协调好传统与现代化、共性与个性的关系，按照可持续发展的原则，正确处理保护与开发的辩证关系，避免优秀民族文化遗产遭到破坏。发展是可以持续进行的，而文化的消亡却是无法弥补的。

三　民族文化的继承和发展

在经济全球化的时代背景下，新疆民族文化面临着前所未有的冲击和挑战，各民族的文化维系和发展正承受着巨大压力，民族文化传承问题凸显，且日益成为新疆民族传统文化实现现代性转型难以回避的重大理论和实际问题。笔者认为，解决这一问题的关键在于正确处理文化民族性与时代性的关系问题。

文化传承是民族文化向前发展的基础和前提条件，而文化传承的核心问题是文化的民族性，关键是对民族传统文化的继承和发展。在传统社会，文化传承比较简单，文化基本上都在特定的国家、民族内部流传和延续，而且，所使用的语言和表达方式也都具有明显的民族特色。在"世界历史"的条件下，特别是在全球化的条件下，文化传承的空间大大改变，由此也引发了文化传承途径的重大变化。这种变化突出地表现在，传统意义上的文化传承在全球化的语境下，越来越失去固定的空间，国

---

[1]　马晓京：《民族旅游保护性开发的新思路》，《贵州民族研究》2002 年第 2 期。

家和民族的边界正在被消解，文化的传承再也不可能局限于一个国家、一个民族的范围，而是被纳入世界文化版图，民族文化的发展进入了一个全球性的过程，对民族及其文化的认同也必然产生于全球化的文化互动之中。在这种历史条件下，一个国家要想真正地保持文化的民族性，就只能融入开放的世界大潮中，只有不断给民族文化注入新的内涵，才能使民族文化富有朝气与活力，增强自身的竞争力。

　　有鉴于此，新疆民族文化的现代传承必须确立全球视野，要通过全球视野反观和审视民族传统文化，进行文化选择，否则，新疆民族文化的传承与发展只能离世界文明越来越远，最后走进死胡同。尽管目前全球性的文化交流中含有不平等因素，但文化交流已是不可回避的现实和趋势，因势利导，正视和参与全球性文化交流，才是明智的选择。民族文化只有在交流中才能吸取外来先进文化成果，才能取长补短，不断发展壮大自己，从而在多元文化的较量中，充分体现自己的价值，发挥自己的作用，进而在世界范围内得到传承。尽管经过交流的文化已经不是"原汁原味"的文化，而是渗透了外来文化的因素，但是，这种渗透并不是对民族性的否定，而是对民族性的丰富和发展，这样的民族性已经被赋予新的内涵，获得了时代规定性。正如有学者指出的："任何群体文化在其发展的一定历史阶段上，都同时具有民族性和时代性，都存在着一定的民族性和一定的时代性的统一。因为任何文化，都与一定社会群体及其社会实践创造活动相联系而存在，既有历史发展的存在，又是现实变化的存在。"[1] 各民族都应该树立这样的文化自觉，就是把民族文化在历史发展中形成的优良传统和文化，与在现实运动中产生的时代要求有机、辩证地统一起来。民族的发展是在传统基础上进行的，是对传统文化的不断扬弃和创造性重组的过程。文化从它形成之日起，就与民族传统相依共存，民族文化一旦失去了这种固有的传统，也就失去了构成民族文化的根本要素。因此，新疆各民族要获得现代化发展，首先要继承本民族的传统文化，这是民族文化创新和发展的基础、前提和保障。传统是在历史长河中积累起来的智慧，经受了时间的检验，而且为人所熟悉，给人以安全感和实在感，没有传统作为依托，任何创新和发展都很

---

① 杨镜江：《论文化的民族性和时代性的统一》，《北京师范大学学报》1992 年第 4 期。

难成功。

　　当然，继承民族传统文化并不意味着原封不动、不加分析地全盘接受。文化的发展是一个新陈代谢的过程，文化往往是精华和糟粕杂陈。作为一种强大的社会习惯势力，传统在民族发展进步中往往暴露出它的保守性、落后性和顽固性，容易变成对民族发展进步的阻碍力量。诚如恩格斯所说的："传统是一个巨大的阻力，是历史的惰性力。"① 因此，新疆各民族对传统文化的继承应该建立在对民族传统文化进行合理选择的基础上，而且，这种选择不是根据民族过去的需要，而是根据今天的要求。即从当代新疆各民族社会生活实践的要求出发进行选择，主要看传统文化能否回答各民族在全球化实践中提出的重大问题。要把寻求全球化背景下的时代要求与新疆各民族现代化实践的交叉点，作为当代新疆民族传统文化实现现代性转型的切入点，作为新疆民族文化继承与发展的出发点。换句话说，就是要确立新疆民族传统文化在当代社会发展过程中的价值与意义，确立新疆民族传统文化传承的内容与方向，尤其是要明确全球化背景下新疆各民族社会生活实践所要求的文化选择以及制约民族传统文化转型的因素。要从这一实际出发，反观新疆民族传统文化的基本素质，确定继承什么抛弃什么，只有这样，才能有效地实现新疆民族传统文化与时代要求的合理对接。特别是要注意把握新疆各民族对本民族传统文化的价值判断和选择取向，因为这直接关系到各民族传统文化的前途和命运。

　　需要进一步指出的是，当前新疆各民族的社会生活实践既有我国的社会实践，也包含着全球性的社会实践，这是当代新疆各民族社会实践的基本规定。关注和参与全球性的社会实践，是新疆民族文化发展题中应有之义，离开了这种实践的文化，必然是一种缺乏生活根基而最终被淡忘的文化。

　　在新疆民族传统文化实现现代性转型的过程中，培育新疆各民族文化的兼容性与选择性机制对其发展具有极为重要的现实意义，优化各民族的文化心态特别关键。

　　从新疆民族传统文化转型的实践来看，新疆各民族对现代化进程中

---

① 《马克思恩格斯选集》第4卷，人民出版社1976年版，第402页。

民族传统文化的传承问题尤为关注，民族传统文化的敏感性增强，这一点在新疆少数民族干部、知识分子和学生阶层中表现得尤为明显。这是新疆各民族发展的必然结果。民族传统文化是维系民族深层次结构，维护民族稳定的核心要素。对本民族的传统文化，各民族都怀有深厚的民族感情和敏感的民族意识。这种感情和意识是很自然的，也是正当的，但是如果把握不好度，就会陷入盲目，走向片面。问卷调查结果显示：在新疆汉族被调查对象中，认为学习其他民族文化对本民族发展有作用的占 69.5%；认为有一点的占 19.3%；认为没有的占 3.4%；认为说不上的占 2%；未选的占 5.8%。在新疆少数民族被调查对象中，认为学习其他民族文化对本民族发展有作用的占 84.1%；认为有一点的占 5.1%；认为没有的占 1.5%；认为说不上的占 1.5%；未选的占 7.8%。此外，在新疆汉族被调查对象中，选择非常愿意和愿意与其他民族接触和交流的占 91.6%；选择很不愿意和不愿意的占 2.1%；未选的占 6.3%。在新疆少数民族被调查对象中，选择非常愿意和愿意的占 90.6%；选择很不愿意和不愿意的占 1%；选择说不上的占 4.1%；未选的占 4.3%。这说明，目前新疆少数民族文化心态总体上是健康、向上和开放的，而且要求学习其他民族文化的意愿较汉族更为强烈。但与此同时，在新疆少数民族中一味地迷恋传统，用传统封闭自己，固守陈旧的传统文化模式的现象也还是存在的，文化上的封闭心态在一定范围内还存在，并产生了一定的负面影响。问卷统计结果显示：在新疆少数民族被调查对象中，认为学习其他民族文化对本民族发展没有作用、说不上或者未选的达9.4%。① 这种心理取向既不利于民族文化的继承和发展，也不利于民族的发展进步，成为影响新疆民族传统文化实现现代性转型的障碍。

优化新疆各民族的文化心态成为推动新疆民族传统文化实现现代性转型的重要任务。要做好这项工作，一是在实践中把握好民族文化整合的主体和标准。坚持以我为主、博采众长、为我所用的原则，将各种文化因素有机结合，消化吸收，在动态发展过程中使新疆民族文化结构不断重组和优化；二是帮助新疆各民族提高文化自觉，增强文化适应力。要使新疆各民族认识到，只有建筑在民族性与时代性积极统一基础上的

---

① 参见附录《西部大开发与新疆多元民族文化的调查报告》。

民族文化，才具有活力和生命力；只有不断吸收、借鉴异质文化，进而充实巩固自身文化体系的民族文化，才能不断地发展。文化具有传承性，但它的传承不是一成不变的，而是在自身发展和与其他文化相互影响、相互交流的过程中被传承的。把民族传统文化视为先验的、一成不变的封闭体系的认识，只会影响人们对传统文化现代性转型的主动性和能动性的发挥。要引导新疆各民族积极地参与国内国际文化交流，以广博的胸怀吸收先进文化，并在多样化的世界中，认准先进文化的发展方向，保持和发展民族文化的特性，弘扬切合时代智慧的民族文化因素，努力实现各民族的"文化自觉"①，使新疆各民族在相互学习、相互借鉴中共同发展和进步，最终实现各民族文化"和而不同"的生态位。

---

① 费孝通：《费孝通文化随笔》，群众出版社2000年版，第208页。

第四章

培育中华文化认同，增强
中华民族凝聚力

第一节　文化认同和民族认同的关系

一　对认同的界说

认同（identity），原本属于哲学范畴，后来在心理学应用日益频繁。最早在心理学范畴应用"认同"一词的人是弗洛伊德，他将儿童把父母或教师的某些品质吸收成为自己人格的一部分的行为称为认同作用，用以表述个人与他人、群体或模仿人物在感情上、心理上趋同的过程。他认为，认同是个体与他人情感联系的最早表现形式，是一种心理防御机制。埃里克森在弗洛伊德认同概念的基础上，进一步对认同进行了阐述，提出了"自我同一性"的概念。他认为，自我同一性是一种发展的结构，有时它指一个人对其个体身份的自觉意识，有时指个体对其性格连续统一体的无意识追求，有时指自我综合的无言操作，有时则是指对某个群体的理想和特征的内心趋同……①这实际上是关于"我是谁"这一问题或明确或隐晦的回答。而且，埃里克森对认同的解读是在"自我同一性"和"集体同一性"两个层面上展开的。在埃里克森的认同理论中，认同不仅是个体的，而且是群体的、社会的，认同就是在人与人、群体与群体的交往中所发现的差异、特征及其归属感，这就拓宽了弗洛伊德"认同"概念的外延。心理学注重个体研究，因此，一个个体对另一个个体的接纳成了认同在心理学方面的本义。埃里克森"自我同一性"和"集体同一性"思想的提出，为认同在个体和群体两个层面上展开研究奠定

---

① ［美］简·卢文格：《自我的发展》，李维译，辽宁人民出版社 1989 年版，第 360 页。

了学理基础,这样,"认同"这个在心理学中人的自我概念的外延扩大了,在社会科学领域的使用范围日益扩大。从 20 世纪 60 年代开始,它被广泛应用到社会学、政治学、哲学、文学、人类学、民族学等诸多领域,"认同"的内涵随之发生变化,对它的界定也多种多样。尤其是随着社会学、人类学等学科的介入,认同研究开始转为着重揭示个人与群体、群体与群体之间的归属,认同研究取向出现分化。目前,在个人认同和群体认同两个层面、两条路径上研究认同问题,成为认同研究的基本取向。在个体层面上,认同是指个人对自我的社会角度或身份的理性确认,它是个人社会行为的持久动力。吉登斯所说的认同就属于这一层面,即"个体依据个人的经历所反思性地理解到的自我"①。在社会层面上,认同则指社会共同体成员对一定信仰和情感的共有和分享,它是维系社会共同体的内在凝聚力。法国学者迪尔凯姆的"集体意识"或"共同意识"就属于这个层面的认同。"社会成员平均具有的信仰和感情的总和,构成了他们自身明确的生活体系,我们可以称之为集体意识或共同意识。"② 在西方学术理念中,尽管不同的学科范畴和理论对认同问题有不同的认识,但大体上认同概念是指人们在一定意义上对自身同一特性的意识或内在界定。在我国,不同学者也从不同角度使用认同概念。如从认同的机制特征揭示其内涵的,认为认同是个人喜欢某个人或群体、想要与另一个人或群体建立关系、希望成为与施加影响者一样的人、把自己看成所期望的对象等;有从认同的功能方面解释认同的,把认同作为一种防御机制,或以"内化"的观点解释认同,将认同定义为情感、态度、认识的移入过程;有从认同的行为特征上下定义的,把认同看成模仿学习;有从认同的动力机制的角度界定认同的,把认同定义为认识与情感的一致性。③ 这些定义从不同角度揭示了认同某一方面的

---

①　[英]安东尼·吉登斯:《现代性与自我认同》,赵旭东等译,三联书店 1998 年版,第 275 页。

②　[法]埃米尔·迪尔凯姆:《社会分工论》,渠东译,三联书店 2000 年版,第 42 页。

③　参见费穗宇、张潘仕主编《社会心理学词典》,河北人民出版社 1988 版,第 45 页;朱智贤主编《心理学大词典》,北京师范大学出版社 1989 版,第 990、535 页;顾明远主编《教育大词典》,上海教育出版社 1990 版,第 390 页;荆其诚主编《简明心理学百科全书》,湖南教育出版社 1991 版,第 397 页;夏征农主编《辞海》(缩印本),上海辞书出版社 1989 版,第 433 页。

特征。

尽管学者们是从不同的视角对认同进行界定的，但从这些认同概念中，我们仍可以得出对认同问题的一些基本认识。

认同是一种主位概念，它与态度、价值观有关，涉及个体对人、事、物的看法，还涉及个体对内群体与外群体类属关系的看法，其实质是主体对自己身份、角色、地位和关系的一种定位、认识和把握。

社会性是人的本质特征。这一特征要求个体必须通过对一定行为、习俗、信仰等的认同构成一定的社会群体，以此来弥补个体力量的不足，实现使自己成为环境的主人的生存意识和降低经济活动的交易费用以及求得某种形式的共同体保护。因此，在现实生活中，人类个体都属于一定的社会形式，处于一定的社会关系之中，都是一定社会的成员。认同就是人类个体在社会化过程中，在一定的社会关系中产生的一种自我界定和归属的社会态度。认同的过程就是人类个体通过他人或社会确认自我身份的过程，也就是在自我之外寻找自我、反观自我的过程。

认同是一个动态的过程，它是人们在复杂的社会互动过程中通过自我观照和掌握规范而形成的，它在社会过程中建构，并随着社会制度和利益的改变而变化。它产生及存在的基本条件，首先是存在差异、对比，因为只有这样，人们才会产生将自己归类、划界的认同感。其次，必须建立在互动基础之上。因为只有通过社会互动，人们才能对自己以及与他人的关系有一种明确的定位，进而产生对自己的地位、形象、角色以及与他人关系的判断。

人的认同具有多维多层性。在社会生活中，一个人可以拥有一种认同，也可以拥有多种认同；在实现低层次认同的基础上，人们还可以实现较高层次的认同。社会生活的复杂性，使人们在现实生活中总是同时属于几个不同的群体和集团，这种共时性的多种归属使每一个人具有多重身份，个体的自我认同具有多维多层性。这种认同如果按社会组织划分，由远及近，可以有家庭认同、亲属认同、阶层认同、阶级认同和国家认同；按地域划分可以有城镇认同、省份认同、人类认同（相对其他物种或太空而言）等；此外，还可以有性别认同、职业认同、年龄认同和民族认同等。随着社会的发展变化，人们的认同日趋复杂。在远古社会，性别、家庭、部落、部族是人类认同的主要单位，随着社会的演进，村社、城镇、地区、国家甚或宗教、阶层、阶级也逐渐成为人类认同的载体和内容。而且，人们对认同的选择和定位常常根据需要和利益而变化，具有较强的灵活性、情境性和选择性，这种变化既是人们对外部社会环境变化的反映，也是人们之间相互关系不断变动的结果。

二　文化认同与民族认同的关系

文化认同和民族认同是个体认同的不同维度，属于不同的范畴，但两者关系极为密切。

文化认同，是指个体与外部世界、个体与个体以及个体与群体之间的共同文化的确认，它是人们对自身文化身份和地位的一种自觉认识和把握，是人们形成"自我"的过程。由于身份和角色只有在一定的社会关系中才存在，文化认同实际上是一种共享的经验或体验。正如有学者指出的：文化认同是一个种属概念，它是人类对于文化的倾向性共识与认可，是一个与人类文化发展相伴随的动态概念。[①] 文化认同包括社会价值规范认同、宗教信仰认同、风俗习惯认同、语言认同、艺术认同等。使用相同的文化符号、遵循共同的文化理念、秉持共有的思维模式和行为规范，是文化认同的依据。

民族是人们身份认同的多种类型之一[②]，是人们从民族维度对自身身份的甄别与确认，对自己民族归属的认知和感情依附。民族认同发生在不同民族成员相互交往的基础之上，并与民族交往的广度和深度成正比。对民族共同体和对民族文化的认同是民族认同的主要依据。

作为人类个体认同的两种类型，文化认同与民族认同既有联系也有区别。两者的联系在于：一方面，文化是民族存在的基础，不同的群体在不同的生态环境中创造了不同的文化，不同群体的人们正是从这些文

---

① 郑晓云：《文化认同与文化变迁》，中国社会科学出版社 1992 年版，第 4 页。

② 目前，国内理论界多将民族认同归为意识范畴，侧重从宏观、抽象意义上界定民族认同概念。例如：王希恩认为，民族认同是社会成员对自己民族归属的认知和感情依附。王建民认为，民族认同是一个民族成员相互之间包含着感情和硬度的一种特殊认知，是将他人和自我认知为同一民族的成员的认识。郑晓云认为，民族认同就是一个民族中的人们对于自己所属民族的一种归属意识，即对"我"自己属于哪个民族的看法，等等。

化的不同中感悟自我，认识自己的民族归属的。人类文化的不同是民族存在的基础，也是民族认同存在的基础。另一方面，一定的文化体系是以民族为载体的，而民族也是以一定的文化相聚合的，文化是民族的黏合剂。共同的民族文化不仅是民族共同体可以识别的符号，也是这个共同体存在和发展的精神维系，民族正是通过传承其传统文化，才完成并实现民族要素的积累和社会的整合，并最终结成稳定的人们共同体。从本质上讲，民族是一种以文化区分的、具有自我认同的相对稳定的人们共同体，是一种文化的人们共同体。在民族的诸多特征中，文化因素是最具本质意义、最具生命力的持久因素，文化认同对民族认同具有重要意义。文化认同内含着价值的选择和社会意识的认可，在民族共同体中表现为对传统的遵从和群体的归属感，它是民族凝聚力形成的内在机制。一个民族特有的文化在民族互动中维持着本民族的主体性地位，而民族之间文化上的巨大差异导致人们区分"我族"与"他族"。作为一种文化同质的人类群体，民族成员的归属和认同都要以其自身的文化特质为范畴。民族身份属于文化范畴的问题，它涉及思维方式、伦理道德、价值观念、哲学思想、风俗习惯等，并以特有的方式表现出来。一个人的民族性特点，深深地植根于文化结构中。文化的深层次结构——心理意识、价值判断、感情趋向、审美情趣等，是构成民族认同感和内聚感的核心要素，是造成民族之间的文化差异的根本所在，文化认同是区分不同民族，加强各民族凝聚力的标志。基于此，有学者提出："文化认同是指民族群体和个体对本民族价值的笃信，对本民族生活方式、历史命运的理解和关注以及对族际关系的认识等。"①民族认同包含着文化认同的内容。对民族群体而言，文化是一种意义和智力系统，是民族群体统一的逻辑基础。文化意义上的民族身份，构成了民族的精神世界和行为规范。文化为全民族传承共同的思维方式、传统风俗和精神遗产，进而在现有经济和社会发展水平的基础上，在民族发展的共同历史境遇和未来前景的基础上，形成全民族认同的价值取向和向心力，形成共同的理想和精神支柱。这种全民族认同的价值取向、向心力、共同的理想和精神支柱，有着巨大的凝聚力量、动员力量和鼓舞力量，它在民族生存发展的历史

①　周庆智：《文化差异：对现存民族关系的一种评估》，《社会科学战线》1995 年第 6 期。

进程中，发挥着深远影响。而且，随着全球化的发展，民族认同越来越多地通过文化认同的形式表现出来，更多地表现为对民族具体表现形式或民族象征符号系统的认同，文化认同在民族认同中的核心地位和基础作用日益突出。因为经济全球化和知识经济时代，文化对一个民族来说更具有内聚力与黏合力。

文化认同与民族认同之间的区别在于：第一，文化认同与民族认同的内涵存在差异。民族共同体除了具有社会文化属性外，还具有生物属性。因此，民族认同不单与文化要素紧密关联，还与血统要素有关，民族认同具有血统与文化两种要素。第二，文化认同与民族认同的范畴存在差异。文化认同作为身份识别、规范求同和归属感确立的一种符号与意义的赋予过程，它在不同的层次、范围上有着不同的性质、方式和效果预期，它可以超越民族的界限，范畴更大。除了民族层次外，文化还可以形成地域、国家和世界等其他不同层次的体系。第三，对于人类个体而言，民族认同具有先赋性，文化认同具有后致性，民族认同相对稳定，文化认同可以选择，变动性较强。

第二节　新疆少数民族文化
认同的现状分析

全球化时代，人类的生存已不再受地域的限制，生活在不同地域的人们可以享受共同的文化，这样，民族赖以生存的根基不再局限于其生活的地域，而转变为其在生存发展过程中构建起的文化模式。

当前，世界各民族的物质边界，如民族服装、民族语言、民族饮食、民族建筑的特征日渐弱化，物质面貌的日趋相似，使得追求生存意义和归属感的人们日益感到文化民族性的可贵，民族文化意识由此增强。这种增强既是他们对本民族前途命运的忧虑和思考的反映，也与外部因素的刺激有关。因为当前全球性的文化互动在很大程度上已经蜕变为西方文化的单向输出，它对处于弱势地位的发展中国家的各民族文化形成了巨大冲击，导致许多处于弱势地位的民族文化日益边缘化甚至濒临灭亡，从而激发了这些民族民族文化意识的增强，新疆各民族也不例外。外来异质文化对新疆少数民族文化的冲击，不仅涉及其文化的外显层面，还引起其内隐层面的激烈震荡，这种震荡从民族语言到风俗习惯，再到宗教信仰依次递进，逐渐深入，这就使新疆少数民族的文化认同问题逐渐凸显。新疆各民族的民族认同正在由不自觉状态向自觉状态转化，民族自信、自尊、自强心理的普遍增强，对自身权利、地位和利益发展的更加关注，自恋情结和寻根意识的方兴未艾，都是新疆少数民族民族意识走向自觉的具体表现。

认同和分界是民族意识两个相依相存的基本属性。在中国这样一个统一多民族国家，各民族民族意识的增强，带给中华民族的影响是双重的：一方面是"振兴中华"的中华民族共同意识的增强。社会主义市场经济是一种开放性经济，在这种经济体制的作用下，我国各民族之间的双向流动越来越频繁，规模增大，各民族间经济、文化的互补性和互助性增强。各民族间文化的交流、互渗和交融的增强，必定导致民族间的共性因素的增多，激发各民族共命运的情感和意识，进而推动我国平等、团结、互助的社会主义民族关系的进一步发展。在我国境内各民族加强相互联系和相互往来的同时，中华各民族与世界各民族的交往和交流也在加强。在与世界其他民族的广泛互动中，我国各民族的中华民族一体的自我认同意识在世界范围的观照下同样得到了强化，中华民族凝聚力在增强。调查统计结果显示：在新疆少数民族被调查对象中，认为中国是多民族共同创造的家园的占92.4%；认为新疆自古以来就是祖国不可分割的一部分的占91.4%；认为本民族是中华民族组成部分的占84.6%；对于我们提出的，目前各民族在政治、经济、文化、人口分布等方面已经形成了不可分割的整体，中国各民族是利益共同体和命运共同体的论断，新疆少数民族被调查对象的认同比率为90.7%。可见，新疆各民族的中华民族整体意识在民族意识中占据主导地位，认同中华民族，归属中华民族，是当前新疆少数民族民族意识的主流。

但另一方面，销蚀中华民族整体性的意识还或隐或现、或明或暗地在各民族的社会生活和交往联系中反映出来。调查统计结果显示：在新疆少数民族被调查对象中，对于中国各民族之间存在着共同利益，各民族人民是利益共同体和命运共同体的判断，选择既不同意也不反对的占1.7%；选择反对和坚决反对的占0.4%；选择说不上的占0.8%；未选的占 7%,这一认识状况必然会在各民族的社会生活和交往联系中反映出来。

此外,新疆少数民族在社会生活中表现出的自恋情结和寻根意识实际上是各民族文化认同困惑或危机的一种折射。寻根意识作为一种文化再认同的方式,实际上是新疆少数民族试图通过寻根来发现或者创造新的集体记忆,以维持民族认同或者凝聚新的民族认同的一种表达。而需要关注的是,在新疆少数民族文化寻根过程中出现了时间向度上的逆向回溯,空间向度上的外向发展趋向,这一趋向反映出新疆少数民族对民族历史文化传统的回归和突出本民族特殊利益诉求的强烈愿望,这与各民族共同进行社会主义现代化建设和实现各民族共同繁荣发展的政策相背离,它表明,新疆少数民族的中华民族整体认同出现动摇或弱化。新疆社会生活中出现的只顾本民族和本地区利益,而不顾其他民族和其他地区的利益乃至国家整体利益;因经济发展差距和竞争条件的不利而引发对其他民族、民族成员甚至党和国家的民族政策的不满;在相互交往中,伴随严重的对外拒斥情绪,甚至产生画地为牢、以邻为壑的现象,导致民族交往中摩擦增多等现象,是新疆少数民族维护自身利益倾向强化的证据。对于这一倾向如果遏制不力,会消解中华民族的向心力和凝聚力,对中华民族实现伟大复兴产生消极作用。

当前,少数民族分界意识、自我意识的增强是我国各民族发展的产物,也是各民族民族意识增强的必然结果。与其他地区的少数民族相比,新疆少数民族的自我意识更明显一些、更强烈一点。究其原因,一是,新疆是一个多民族聚居的地区,多元民族文化并存的社会环境铸就了新疆各民族明显的自识心理和明确的自我意识。二是,在整个中国的现代化发展格局中,新疆的经济社会发展水平相对落后,利益分布相对薄弱,在市场机制的作用下,新疆少数民族对民族利益的感受被激活,自我意识强化,要求改善自身状况的愿望越来越强烈。三是,境内外敌对势力极力把新疆民族文化的差异作为动员和整合新疆少数民族的政治资源,人为地制造和扩大新疆少数民族文化与中华文化的差异,割断新疆少数民族文化与中华文化的紧密联系,为其分裂破坏活动制造舆论和社会心理基础,他们的分裂舆论宣传,在新疆少数民族中造成了一定的负面影响。对于新疆各民族民族意识增强过程中出现的民族分界意识的发展,如果放任自流，不仅不利于新疆各民族自身的发展，也会影响到新疆民族团结、社会和谐以及国家的统一安全。

目前，团结和谐仍然是新疆民族关系的主流。在我国现代化建设过程中，中华各民族的凝聚力在发展，但影响中华民族凝聚力和祖国统一安全的因素也客观存在，不容忽视。在新疆，"上世纪80年代以后，一些人对祖国、对中华民族、对中华文化、对社会主义道路的认同有所减弱"①。对中华民族整体性、合理性和合法性的质疑，会在深层次上削弱新疆少数民族对中华民族的认同。增强中华民族凝聚力依然是现阶段新疆民族工作的重要内容。

应该看到，在当代这场全球性的文化互动过程中，处于边缘地位的新疆少数民族文化一方面要适应本国、本地区的广泛性、主体性或主流性的文化，另一方面也要适应国际性的跨民族文化，他们的传统文化可能会因此发生质的变化。在这种多重压力下，新疆少数民族文化受到的冲击更大、更强烈。这些压力可能成为新疆民族文化新的增长点，也有可能使民族文化萎缩、淘汰和消失。从新疆民族传统文化的变迁现状看，复兴、衰退与变异并存，而衰退的趋势更明显。对于这种状况，新疆少数民族表现出一种复杂心态：既有主张维护传统的，也有否定传统的，还有犹豫不决、举棋不定的。这种矛盾和困惑从更深层次上讲是文化认同危机所带来的生存焦虑和意义缺失。出现这种焦虑与缺失是因为新疆各民族过去心灵所系的文化命脉的根基动摇了，所有的价值和意义都得重新估计或重新寻找，传统的文化认同出现危机与困惑，这种文化认同的危机带来了人们的生存焦虑，隐含的是对文化主体或者说民族的生存、地位和命运的关注。面对新的经济方式和意识形态的变化，人们需要重新认识民族性和主体意识，进而实现文化认同，这样，文化认同问题不仅重新成为新疆各民族，也成为世界各民族面临的一个重大理论和现实问题。

---

① 吴敦夫：《在自治区"四个认同"教育座谈会上的讲话》，《今日新疆》2004年第7期。

第三节　培育中华文化认同,增强
中华民族整体意识

中国是一个具有双重性特点的统一多民族国家,它既是一个政治意识形态共同体,又是一个历史文化共同体,而政治意识形态共同体只不过是中华各民族历史文化共同体——中华文化的外在表现形式。具体地讲,虽然中国这个多民族国家是一个政治意识形态共同体,但是,这种政治意识形态共同体并不仅仅是依靠暴力手段,而是根植于中华文化认同的基础上的,是中华文化认同和政治意识形态相互交织和作用的产物。正因为如此,在中国这个统一多民族国家的历史上,虽然有过若干次分裂,但总的发展趋势是走向越来越巩固的统一,民族之间的联系越来越密切,且日益形成血肉相连的关系,以致你中有我、我中有你,成为一个不可分割的整体。中华民族的这种整体性在近代反对外来侵略的斗争中,不仅经受了血与火的考验,还形成了更加强大的凝聚力和生命力。究其原因,不能不说与中华各民族的共同文化纽带——中华文化有密切关系。

纵观中国历史,中华文化绵延五千年连续不断,它没有因为中央王朝统治者族属的变化而中断,在文化和法统上始终保持着同一性和一贯性。这是因为中华文化是中国境内各民族共同创造的,包括新疆少数民族在内的我国各少数民族都为丰富中华文化作出了贡献,因而他们都认同中华文化,都对中国这个统一多民族国家有明确的归属感和认同感,从这个意义上讲,中国这个统一多民族的国家实际上就是一种历史文化共同体。中国各民族对中华文化的认同是决定中国国家统一、稳定和发展的内在因素,它是中国统一多民族国家的生存之根。

在中华民族长期的历史发展过程中,各民族之间相互接触与交流,在血缘上和文化上已经形成相互渗透和融合的关系,由此造成了"你中有我,我中有你"的民族关系,这是中华各民族认同的客观基础。今天,中国各民族具有的中华民族整体意识,是经过千百年的文化积累而形成的。它"萌芽于夏、商、周的大一统思想,经春秋战国时期的丰富与发展,随着秦汉统一的多民族国家的建立而完善、确立,表现在认识和处理民族关系上就是'华夷一统'。经过两汉四百年的统一，大一统思想根深蒂固，汉族与非汉族、内地与边疆民族地区发展成为不可分割的统一整体，形成了'华夷一体'的观念。东汉以后，匈奴、鲜卑、羯、氏、羌等边疆民族大规模内迁，大一统思想为内迁各少数民族所接受，增强了各民族在政治上、文化上的认同性。以后经过魏晋南北朝民族大融合，中华各民族间内在联系与密不可分的整体性得到进一步加强。隋唐的空前统一与强盛，促进了各民族的交流与融合；辽、西夏、金的汉化与认同，加强了中华民族文化的内在统一，发展了'华夷一体'、'共为中华'的思想，使中华民族的整体观念得到强化和发展。经过元、明、清的进一步发展，大一统思想和中华民族整体观念深入人心，并在近代全国各族人民反帝反封的民族解放斗争中得到升华，成为凝聚各族人民的重要精神力量"[1]。这种中华民族的整体意识既表现在理论思维的层次上，也表现在各民族群众的集体无意识之中。这种意识是在肯定和承认各民族文化的独创特色和存在价值的基础上，求得各民族的平等团结、相互促进、共同发展以及国家的统一，其实质是求同存异，和而不同。

可见，多元一体是中国历史发展的结果，它既是一种国家构造，更是一种政治制度。而且，作为一种事实上各民族生存的根本利益与最佳选择，已经得到了中华各民族的认同并上升为民族意识，深化为民族心理，凝聚为民族感情，扩大为民族传统，从而不可抗拒、不可逆转，最终受到"好治""恶乱"的生存本能的推动，逐渐形成了"爱统一"而"恨分裂"——因统一则可治，分裂必大乱——的民族心态、民族意识、民族意志，且相沿为习惯，习惯成自然，成为传统，代代相传。这种优秀的传统意识在新的历史条件下需要继续发扬光大，并注入新的时代特征。

在西部大开发进程中，培育和增强新疆少数民族的中华民族整体意识，不仅要使新疆少数民族对中华各民族之间形成的"你中有我，我中有你"的客观实际有一种自觉认识，还应该培育他们积极维护这种相互依存关系的责任感。我们应该在弘扬新疆各民族爱国主义传统的同时，为建构具有时代特征的文化认同增添新要素。

中华民族的基本结构是多元一体，这一结构特点决定了中华民族凝

---

①　刘正寅：《试论中华民族整体观念的形成与发展》，《民族研究》2000 年第 6 期。

聚力有两个紧密关联的层面：56 个民族自身的凝聚力和中华民族大家庭整体的凝聚力。56 个民族自身的凝聚力是由民族形成的本质决定的，而由 56 个民族组成的民族自然是一种民族复合体，这个复合体所表现出来的凝聚力自然是多种多样的。在中华民族凝聚力的发展过程中，56 个民族自身的凝聚力和中华民族大家庭的凝聚力是互动的力量。民族自身释放出来的黏合力和向大家庭放出的向心力，实质上是局部凝聚力和全局凝聚力的关系，是一个整体的不同层面，它们之间既相互依存，又相互贯通、相互制约、相互渗透。从效应上说，中华民族大家庭凝聚力的增量或减量，离不开各民族大家庭凝聚力的增量或减量，而中华民族自身凝聚力的增量或减量，也必然促进各民族自身凝聚力的变化。中华民族自身凝聚力的增强与大家庭的发展互为因果。

中华民族的凝聚力不是凭空产生的、一劳永逸的，它是在几千年历史发展过程中形成的动态的发展系统。作为一个动态系统，中华民族凝聚力既是历史发展的传承，又要在社会发展中不断赋予新的内涵和形式。我国社会正处于转型期，日益开放和多样化发展的社会生活使中华各民族的生存发展环境发生了重大变化，形成中华民族凝聚力的基础因素——共同经济生活正在增添新的内容，我国社会原有的价值体系和价值取向正在失去存在的社会基础和经济基础，中华民族凝聚力存在背景转换与社会价值体系重构的历史任务。面对新的历史条件和历史任务，增强中华民族凝聚力的工作仍然停留在用旧的"凝聚力"来维系和动员阶段，总体上已属不合时宜，不仅无法达到预期效果，还可能带来消极影响。新的历史条件要求我们必须对中华民族凝聚力的内涵、形成方式重新思考和选择，构建有利于维护中华民族多元一体格局的新的历史条件。

面对新疆少数民族传统文化价值取向多元化发展的态势，要使新疆各民族不断增强中华民族凝聚力，共同为实现中华民族伟大复兴而努力奋斗，国家应充分发挥引导作用，消解影响新疆少数民族中华民族向心力和凝聚力的不利因素。今后应该重点关注以下问题：

一　协调好民族利益关系，构建符合中华民族多元一体基本结构的利益格局

目前，在我国的现代化建设格局中，新疆的经济社会发展程度较之内地和沿海地区相对落后，利益分布特别是经济利益分布的不平衡导致新疆各民族尤其是少数民族严重的心理不平衡，由此产生了一种被剥夺感，进而出现了把这一经济利益分布的不平衡状态简单归结为政策原因的倾向。这一问题如果长期得不到解决，就会使经济利益问题演化成一种政治诉求，影响新疆社会政治稳定和少数民族对中华民族的向心力和凝聚力，实际上，这一问题已经成为现阶段影响新疆民族关系的主要因素。民族分裂势力也利用经济社会发展差距问题，把这一问题作为动员、煽动和裹胁新疆少数民族的政治资源，刺激和强化新疆少数民族的不平衡心理，为其进行分裂活动制造舆论准备和心理基础。发展差距问题在新疆已经不是纯粹的经济问题，它与政治问题交织在一起，已经成为影响新疆少数民族中华民族凝聚力和向心力的重要因素。妥善解决新疆与内地和沿海地区之间存在的发展差距，建立符合中华民族多元一体民族结构的利益格局，使各民族在政治利益共同体的基础上，形成一种相互依赖的经济利益共同体，不仅符合新疆少数民族人民的愿望和要求，也符合中华民族的整体利益和长远利益。

从目前新疆的实际出发，解决发展差距问题既需要国家在宏观层面上的调控和帮助，也需要新疆各民族自力更生与艰苦奋斗，根本上取决于新疆各民族自身发展能力的不断提升。

从宏观层面上看，中国是一个统一多民族国家，大分散、小聚居是中国民族分布的基本格局。目前，中国民族结构与民族利益关系的客观现实是：聚居在西部地区的各少数民族在经济社会发展中竞争能力相对较弱，其社会经济发展水平及经济利益实现程度与人们的愿望存在较大差距，这种状况影响了少数民族对中华民族的向心力和凝聚力。在实现中华民族伟大复兴的进程中，统筹兼顾各民族、各地区发展是国家需要解决的重大问题。

20 世纪 50 年代以来，尤其改革开放以来，我国少数民族和民族地区经济社会发生了翻天覆地的变化，但是，这些成就的取得还没有从根本上改变民族关系问题上的基本矛盾，包括新疆在内的少数民族地区的发展没有赶上中国社会整体的发展水平，各民族之间的发展差距依然存在，而且，这种发展差距现阶段还没有得到有效遏制，这种发展的不平衡导致了各民族利益实现的不平衡。正是基于这一现实，党和国家决定实施西部大开发战略,也正是基于少数民族和民族地区经济发展相对滞后、利益分布薄弱的现实,把"富民兴区"作为西部大开发的主旨。这一战略的实施成效,直接关系到中华民族多元一体经济利益格局的构建。可以说,西部大开发战略是新时期党和国家加快民族地区发展和协调民族利益关系的具体实践,只有积极推进西部大开发战略,才能为有效防止和消除因过大差异引起的民族矛盾提供重要保障,进而增强党执政兴国、执政为民的政治合法性,为长治久安提供政治保障。没有民族地区的发展与稳定,就没有中国的发展与稳定,更谈不上中国社会的长治久安;没有少数民族的发展繁荣,就没有中华民族的伟大复兴。

当前,要把构筑民族利益关系协调机制作为解决我国民族问题的重中之重,要把对少数民族和民族地区自我发展能力的培育作为构筑民族利益协调机制的着力点,要把明晰利益主体的产权关系,维护民族地区人民对当地资源的优先受惠权作为关键环节,在利益形成与分配上给予更多的扶持,扭转区域和民族利益分布的不平衡状态,构筑中华民族共同利益基础,为中华民族凝聚力奠定坚实的物质基础。现阶段以及未来一段时间内,我国民族关系方面的矛盾主要还是表现在发展问题上。发展是增强中华民族凝聚力的基础,只有发展才能使中华各民族建立起不可分割的联系和共同利益,经济发展带来的各民族之间的深入交往和由此建立起来的共同利益是民族团结最牢固的基础,中华民族凝聚力的增强要靠经济的纽带和共同的利益,也只有这样,民族利益多元化倾向才有可能淡化。

对新疆各民族而言,实现共同繁荣发展的愿望,需要国家的扶持和发达地区的支援和帮助,但更需要自力更生,增强自我发展能力。增强自我发展能力和实现各民族人口素质的现代化才是解决包括少数民族在内的新疆各民族发展滞后问题的根本途径。需要指出的是,正视多元民族利益,着力扶持经济发展滞后的民族地区的经济利益,有助于提高各民族的自我发展能力。因为经济社会的发展是提升民族素质的客观物质基础和社会条件。但同时也应该看到,各民族自我发展能力的增强和提高与民族利益的整合是两个不同的过程。民族自我发展能力的培养可以增强民族个性,经济发展水平的接近、利益分布的相对均衡才能为利益关系的协调和新的利益整体的形成奠定基础。所以,新疆在争取国家宏观调控倾斜和发达地区支援的同时，还需要在基础层面上多下工夫，培养本地区自我发展能力和提高各民族人口素质。以人为本，激发新疆各民族的主体意识，引导新疆各民族积极参与新疆的现代化建设，这是促进新疆经济社会发展和各民族共同繁荣的治本之策。

人的现代化是新疆现代化建设的根本基础和首要条件，而人的现代化是需要现代化的教育铸就和培养的。在知识经济大行其道的今天，知识日益成为经济发展中最具有创造性和最活跃的要素，人才和人的能力建设在综合国力的竞争中越来越具有决定性意义，人才资源的开发和利用在新世纪、新经济、新战略中越来越具有基础性、战略性和决定性的意义。但目前新疆的人才资源状况并不尽如人意。人力资源分布集中在农业和畜牧业上，特别是少数民族人口集中于农牧业的程度更高；非农人口主要集中在国有企事业单位；少数民族人口受教育水平参差不齐等。[①] 人才资源数量不足、"人气不旺"、质量不高、结构不合理、开发程度低、用人机制不良、工作环境差；提高人口素质的现代化，还面临"两基"攻坚和"普九"提高任务繁重的难题；调整和完善"以县为主"的农村义务教育管理困难较多；中小学布局分散、规模偏小、效益较差；农村中小学教学质量不高；教师队伍建设亟待加强；经费投入不足，办学条件差；教育体制还不能完全适应新疆经济社会发展需要；人口的现代化程度与现代化建设的目标要求存在差距。人力资源严重不足，教育落后造成的知识资源的严重不足已经成为制约新疆经济社会发展的最大瓶颈。新疆拥有丰富的物质资源，但这只意味着新疆开发具有了良好的基础和开发前景，能否将这些物质资源变为现实的经济优势，还有赖于新疆的资金和技术状况，人类智能和能力的发展才是决定新疆物质资源开发的决定性因素，因此，必须把培养和提高自我发展能力和实现民族素质的现代化作为新疆开发的基础性、决定性战略。通过教育体制改革，强化新疆教育的经济功能，为新疆大开发提供更多、更好的人力资源。

实现人的现代化和经济社会现代化的有机统一是新疆社会主义现代化建设的目标要求。目前，新疆大开发的推进和社会的急剧变革已促使各民族的生产生活方式发生巨大的变化，这种变化需要与之相适应的新

---

① 马戎：《西部开发、劳动力流动与少数民族教育》，《西北民族研究》2002 年第 1 期。

观念在新疆各民族社会生活中传播，需要各民族养成适应新生产方式和社会生活的新的观点和行为，这些都要求教育充分发挥其模塑功能，传播新观念、塑造新人。通过培育人，传播新的观念，推动科技发展、经济振兴、文化繁荣。

包括民族教育在内的新疆教育事业应该根据新疆经济社会变化的需要进行相应的改革和调整，以充分发挥其经济文化功能。目前应该做好以下工作：其一，贯彻教育先行原则，教育发展适度超前。其二，把民族团结贯穿于民族教育的始终，培育德智体美劳全面发展的社会主义事业的接班人和建设者。其三，调动社会一切积极因素，加快步伐切实搞好普及义务教育的工作，特别是新疆边远贫困地区的义务教育工作。其四，不断提高民族教育的质量，在素质教育上下功夫。其五，依据科技发展、产业结构调整形势与需要，因地因时制宜发展职业教育，开发人力资源。其六，下大力气加强师资队伍建设，加强教育技术现代化建设。其七，依据科学发展观搞好环境教育。总之，只有不断提高新疆各民族人口的综合素质，才能为西部大开发提供足够的智力支持和人才保证，才能实现新疆经济社会又好又快发展，实现各民族共同繁荣。

二　以建构历史记忆和社会记忆为切入点，广泛、深入、持久地进行认同教育，在深层次上培育新疆少数民族的中华民族整体认同

记忆和认知是民族存在与发展的必要条件和基本要素。所谓社会记忆是个人经验和印象的集结，是一种集体社会行为。[①] 在民族存在与发展过程中，历史记忆和社会记忆（或集体记忆）是培育民族认同的有效途径，它在民族认同形成与发展过程中具有基础性作用。应该看到，历史记忆是可以被选择、想象和构建的社会记忆，人们常常从社会中得到记忆，也在社会中拾回、重组这些记忆。民族作为一种人类群体，是人们情感依归和心理认同的社会单位，它的存在和发展需要历史记忆来凝聚，要借助对应的社会记忆来维持与延续，民族认同就是基于民族"集体记

---

① 王明珂：《华夏边缘——历史记忆与族群认同》，社会科学文献出版社 2006 年版，第 27 页。

忆"或"共同记忆"的民族群体中的个体对民族共同体的归属认知和情感依附。在人类社会发展过程中,以结构性失忆①及强化新的集体记忆(或社会记忆)来维持民族发展与重组是比较普遍的现象。如何选择、组织和重述历史,在新疆少数民族中传承和创造中华民族的共同传统,诠释中华民族的本质及维系中华民族凝聚力是新疆推进民族团结教育需要解决好的深层次问题。

新疆是一个多元文化汇聚的地区,多元化本身就潜藏着离心的危险。要消解这种负面影响,需要国家和政府发挥主导作用,在宏观层面上构筑起既适应社会主义市场经济发展方向,又能保障各民族共同利益的利益协调机制,与此同时,在社会生活中广泛、深入、持久地进行认同教育。要把教育作为培育中华民族整体认同的重要方式,把弘扬和培育共同的历史记忆和社会记忆作为强化新疆少数民族中华民族认同、增强中华各民族凝聚力的着力点,形成具有时代特点的、与中华民族共同体对应的历史记忆和社会记忆,使这种历史记忆和阐释成为增强新疆少数民族中华民族凝聚力的重要来源,成为维系中华民族凝聚力不可或缺的纽带。

不同的历史记忆和社会记忆规定了人们对自身所属群体不同的自我想象,维持、传递和建构历史记忆和社会记忆是新疆认同教育的基础环节。只有以此为基础,才能更好地弘扬和培育新疆少数民族在新的历史条件下的中华民族整体认同。改革开放以来,尽管新疆一直在开展民族团结教育工作,但教育的力度与成效不够,这就使处于转型期的新疆各民族对我国现代化建设中出现的种种矛盾和问题在思想认识上未能得到及时有效的教育与引导,导致部分人的历史记忆和社会记忆偏离合理轨道,出现过于强化和维系自身民族边界的现象。与此同时,新疆民族分裂势力加紧在意识形态领域进行渗透破坏。他们杜撰、编造和歪曲新疆历史包括新疆民族宗教演变的历史,重构包括新疆民族宗教历史在内的新疆历史,编造符合他们分裂企图的所谓"共同突厥"和"凡穆斯林皆兄弟"的共同价值的历史,向新疆各民族群众灌输被歪曲的历史,培育所谓的"共同突厥"和"凡穆斯林皆兄弟"的认同意识;恶毒攻击党和

---

① 以忘记或者虚构祖先来重新整合民族范围的现象。

国家的民族宗教政策，极力削弱新疆少数民族的社会信心，为他们进行分裂活动制造所谓的"历史根据"和合法性资源。在向新疆各民族群众提供符合他们分裂利益的集体记忆的过程中，新疆民族分裂势力极力促使享有这种共同命运感的文化认同力量不断强大，进而引导它从中华民族大家庭中分离出去。他们的渗透破坏活动对新疆少数民族的思想意识产生了一定的影响。

但从总体上看，认同中华民族、归属中华民族仍然是当前新疆各少数民族民族意识的主流方面。从调研结果看，目前，在新疆少数民族被调查对象的历史记忆中，认同各民族经历了共同的历史命运，中国是多民族共同创造的家园的占92.4%；认同新疆自古以来就是中国不可分割的一部分的占72.7%。这表明，新疆少数民族普遍保持着中华民族的认同感和内聚力。具体调查结果参见下表：

表4.1　　　　　　　新疆各少数民族历史记忆的调查结果　　　　（单位:%）

选题	选项	维吾尔族	哈萨克族	蒙古族	回族	柯尔克孜族
中国是多民族共同创造的家园	1. 同意	92.6	96	96.6	86.4	85.2
	2. 既不同意，也不反对	1.6	3		0.6	0.8
	3. 反对					
	4. 说不上			1.7	0.7	0.8
	5. 未答	5.8	1	1.7	12.3	13.2
新疆自古以来就是中国不可分割的一部分	1. 同意	79.2	65	63	58.8	59.4
	2. 非常同意	11.4	32	37	24	24.4
	3. 既不同意，也不反对	2.2	2		1.5	1.6
	4. 反对	0.3				
	5. 坚决反对					
	6. 说不上	1			0.8	0.6
	7. 未答	5.9	1		14.9	14

对新疆少数民族中华民族整体认同的调查显示：在被调查的新疆少数民族中，认为中华民族不是指汉族的占84.6%；认为目前各民族在政治、经济、文化、人口分布等方面已经形成了不可分割的整体，中国

各民族是利益共同体和命运共同体的占90.1%。可见，绝大多数被调查对象中华民族的归属意识是明确的，这种状态与新疆各少数民族历史记忆和社会记忆的状况基本吻合。但另一方面，各少数民族的自我意识、分界意识也在发展，并且出现了片面强调本民族利益的倾向。在被调查对象中存在着消解中华民族整体性的意识。在被调查的新疆少数民族中，对于中华民族就是指汉族选择是、说不上和未答这三个选项的合计占15.5%；对于中国各民族之间存在着共同利益，各民族人民是利益共同体和命运共同体的判断，选择既不同意，也不反对的占1.7%；选择反对和坚决反对的占0.4%；选择说不上的占0.8%；未答的占7%。这四个选项合计达9.9%。可见，在新疆少数民族调查对象中，存在着对中华民族整体性认识模糊甚至错误的现象。具体统计结果参见下表：

表4.2　　　　　　新疆各少数民族中华民族整体认同的调查结果　　　（单位:%）

选题	选项	维吾尔族	哈萨克族	蒙古族	回族	柯尔克孜族
中华民族是指汉族	1. 是	5	9.7	11	12.3	10.9
	2. 不是	88.5	87.3	85.4	69.7	70.9
	3. 说不上	2.5	2	1.8	2.7	1.8
	4. 未答	4	1	1.8	15.3	16.4
我国各民族人民是彼此分不开的	1. 同意	56.4	63.4	55.9	49	43.2
	2. 非常同意	34	32.6	39	34	40.3
	3. 既不同意，也不反对	2.1	2	1.7		
	4. 反对	0.3				
	5. 坚决反对	0.3				
	6. 说不上	0.5		3.4	0.8	0.8
	7. 未答	6.4	2		16.2	16.7

政治认同是人们在社会政治生活中产生的一种感情和意识上的归属感，它反映和折射着人们的社会记忆和社会信心。国家、政治制度、阶级、政党、政治理想、政策等都属于政治认同对象。调研结果显示：对我国现行民族政策的评价，新疆少数民族被调查对象选择好和很好选项

的占78.8%;认为现行民族政策一般的占14.2%;认为现行民族政策不好的占1.5%;未答的占5.5%。对于西部大开发对新疆发展的影响,被调查对象认为西部大开发有利有弊,但利大于弊的占19.8%;认为有利有弊,但弊大于利的占1.7%;选择说不上有利还是有弊的占1.6%;未答的占5%。对民族区域自治制度及其在新疆的实践,被调查对象认为民族区域自治制度保障了少数民族当家做主的占88.6%;选择不认同和回避的占9.2%;选择否定的占2.2%。从调查结果来看,总体上,新疆少数民族被调查对象无论对民族政策本身,还是民族工作的实践基本上是满意的,对其取得的成就也是肯定的,对于目前正在实施的西部大开发战略也是拥护和支持的。但不容忽视的是,相当数量的调查对象对民族政策的执行存有不满情绪,甚至出现反对倾向。这表明,民族政策在执行过程中还存在一些不尽如人意的地方。相当数量的被调查对象对民族政策实施过程中可能出现的消极方面的影响存有忧虑,对西部大开发战略能否给新疆各民族带来实惠和利益信心不足。具体统计结果参见下表:

表4.3   **新疆各少数民族政治认同的调查结果**   （单位:%）

选题	选项	维吾尔族	哈萨克族	蒙古族	回族	柯尔克孜族
你认为,现行的民族政策	1. 好	57	40.7	35	50.7	49.1
	2. 很好	24.3	30.1	47.4	23.9	23.6
	3. 一般	11.5	29.2	15.8	9.9	10.3
	4. 不好	1.6				
	5. 很不好					
	6. 说不上	0.3		1.8		0.6
	7. 未答	5.3			15.5	16.4
西部大开发对新疆的发展有何影响	1. 非常有利	71.8	77.5	72.4	67.1	66.5
	2. 有利有弊,但利大于弊	19.6	20.6	24.2	16	16.3
	3. 有利有弊,但弊大于利	0.3		1.7	1.2	1.9
	4. 说不上有利还是有弊	1	1.9	1.7	0.6	0.8
	5. 很不利					
	6. 未答	7.3			15.1	14.5

选题	选项	维吾尔族	哈萨克族	蒙古族	回族	柯尔克孜族
我国的民族区域自治制度保障了各民族当家作主的权利	1. 同意	62.9	68	62.5	63	60.2
	2. 非常同意	18.9	18.4	28.6	14	15.8
	3. 既不同意，也不反对	5.3	11.7	3.6	3.5	4.4
	4. 反对	1.6			1	0.9
	5. 坚决反对	1.8			1	0.9
	6. 说不上	2.4	1.9	5.3		
	7. 未答	7.1			17.5	17.8

国家认同是现代社会人们最基本的政治认同。公民身份就是人们国家属性的一种反映，对公民身份的认可是人们对国家认同的一种表达。调研结果显示，绝大多数的新疆少数民族被调查对象确立了公民身份是第一身份的意识。在新疆少数民族被调查对象中，认同公民身份是第一身份的占72.1%。这表明，在新疆少数民族被调查对象中，绝大多数人是认同中国的，对中国的归属意识是明确的。认同民族身份为第一身份的占22.6%，可见，有相当数量的被调查对象把民族身份置于公民身份之上，还不能正确地处理民族与国家的关系。还有少数被调查对象把阶级、阶层身份视为第一身份；有些则视条件和形势确认自己的身份角色，在社会身份的定位与把握上奉行实用主义原则。这种情况表明，在新疆少数民族社会成员中构建符合现代社会要求的身份意识还需要做大量的工作。具体统计结果参见下表：

表4.4　　　　　　　新疆各少数民族身份认同的调查结果　　　　（单位:%）

选题	选项	维吾尔族	哈萨克族	蒙古族	回族	柯尔克孜族
你认为，你的第一身份是	1. 民族身份	19.8	23.6	43.2	16.9	17.5
	2. 公民身份	75.2	64	56.8	79.1	77.5
	3. 阶层身份	1.8	6.8		1	1
	4. 宗教身份		1.1			
	5. 未答	3.2	4.5		3	4

综合上述调查结果可见, 新疆各少数民族的民族身份认同现状与构建社会主义和谐社会的任务要求相比, 还存在不符合、不适应的方面, 加强认同教育是目前新疆民族工作一项紧迫而又现实的任务。这项工作的意义不仅在于它可以澄清新疆各民族群众思想中存在的模糊和错误的认识和记忆, 还在于其扩展效应有利于培育新形势下新疆各民族的中华民族凝聚力和向心力, 构建新疆各民族反对民族分裂的思想长城。

结合当前新疆各民族在认同问题上存在的薄弱环节, 新疆认同教育应该有针对性地围绕民族来源、民族归属与定位、民族未来走向与发展道路问题等一些事关民族生存发展的问题展开, 通过综合运用多种教育形式和途径, 使新疆各民族牢牢确立以下基本认识: 中国自古以来就是一个统一的多民族国家, 新疆自古以来就是中国不可分割的一部分, 在新疆这个多民族聚居的边疆地区, 维护祖国统一就必须坚持国家利益高于一切; 中华民族是一个多民族的大家庭, 中国 56 个民族都是中华民族这个大家庭中的重要一员。在中国, 各族人民的根本利益是一致的, 中国境内各个民族的利益都是局部性、特殊性、眼前性的利益, 中华民族的利益才是全局性、长远性和根本性的利益, 中华民族的整体利益高于各个民族的具体利益; 中华民族的象征——中华文化是中华各民族共同创造的, 中华各民族都为创造和发展中华文化作出了贡献; 在中国, 只有社会主义才能救中国, 才能发展中国, 这是中国历史发展的必然趋势, 也是中国各族人民的必然选择。与上述教育内容相配合, 新疆的认同教育必须紧紧围绕培育各民族的公民意识展开, 要引导新疆各民族尤其是少数民族正确处理民族与国家、宗教与国家的关系, 确立公民身份是第一身份的理念。

中华民族是多元一体的复合民族, 中国社会成员是民族性和公民性的统一, 民族与国家的关系问题是我国各民族合理自我定位的重要内容, 能否正确处理这一关系, 决定着我国这个统一多民族国家在全球化进程中的命运。中华民族多元一体的结构决定了各民族的民族认同具有交叉性和多层次性, 即在自我认同的同时, 还有更高层次的中华民族认同。从这一实际出发, 国家可以按照文化多元和政治、国土一体建构各民族社会成员的认同框架。政治、国土一体是中华各民族在中国统一多民族国家中的共同纽带, 它反映的是社会成员与国家之间的法律联系, 对社会成员的身份要求是公民身份。

公民是现代社会具有法律人格的国家主体，是政治上享有平等权利，人格独立的社会成员，它具有超越民族、阶层、地域和文化差异的特质，能够成为被各民族广泛理解和接受的精神支柱，成为各民族认同的意识。使新疆各民族社会成员树立公民身份是第一身份的意识，可以将他们对祖国的认同、对中华文化的认同规范化、法制化，使他们的爱国主义传统体现时代要求，具有法律内涵。公民意识的实质是契约意识，强调的是权利与义务的统一。认同公民身份为第一身份蕴含着各民族对当代中国政治的认同和法律的遵循，是积极社会信念的一种表达。树立这种意识，有助于新疆各民族在实践中处理好具体民族与国家整体的关系，处理好民族特殊利益和国家整体利益的关系。在现实生活中，在享受法律保护的同时，承担起维护国家根本利益和各民族整体利益的义务，维护民族团结和国家统一。在不违背国家法律、法规和政策的情况下，自由地发展本民族的文化。这样，就可以把民族文化的多元化发展纳入国家多元文化的轨道，从而防止多元民族文化走向极端，发展成为政治民族主义。这对于中国这样一个正在进行现代化建设的统一多民族国家而言，对于新疆这样一个多民族、多宗教的地区来说，极其重要。

第四节　抵御文化渗透，维护新疆文化安全

冷战结束后，在经济全球化的推动下，传统的影响安全的政治、军事因素有所弱化，经济、信息、文化和生态环境等非传统因素正在逐渐增强，经济安全、信息安全、文化安全和生态环境安全在国家安全中的地位和作用不断上升，国家安全的内涵不再限于军事领域，它包含了政治安全、经济安全、军事安全、信息安全、文化安全和生态环境安全等方面的内容，安全问题出现了全球化、社会化和人道化的发展趋势，并相应地出现了从主权安全到人权安全、从国家安全到全球安全、从军事安全到综合安全的转变。在这种时代背景下，要有效维护国家安全，必须树立综合性、全面性和社会性的安全观念，积极拓展维护国家安全的途径和方式。

在全球化深入发展的形势下，越来越多的国家在利用文化的互动性

和渗透性实现其扩大影响、保护主权和维护国家安全的目的。西方发达国家更是极力运用文化手段进行侵略,对发展中国家实施"文化霸权",企图以"文化渗透""文化倾销"为突破口,对与其社会制度不同的国家进行"和平演变"。文化层面的意识形态是具有鲜明阶级性的,不可忽视西方国家以文化传播为政治工具,把西方意识形态强加给我国产生的消极影响。

两极格局解体后,虽然世界各国为适应经济上互利互补的贸易往来和政治上的接触政策,在意识形态领域的对立表面上淡化了,但是,以美国为首的西方势力对于作为社会主义坚强堡垒的中国始终没有放弃实施"和平演变"的企图,而且,在苏东剧变后,还把"和平演变"的矛头集中指向中国,加紧对中国推行"西化""分化"和遏制战略。它们利用经济全球化的态势,凭借科技实力、经济实力和对全球传媒的垄断性优势,以文化传播为政治工具,有意识地向中国输出其价值观念、政治模式和制度理念,不断强化对中国的文化控制及制度性压力,相继推出了所谓的"福音西进计划"①"松土工程"②"金字塔工程"等。目前,它们利用基督教、天主教对新疆地区的渗透活动加剧。一些境外基督教组织以经商、办企业、赈灾为掩护,以讲学、旅游、文化交流为名,利用网络、邮路、非法出版物、电台和私设聚会点等进行渗透,派遣人员在新疆部分地区秘密开办培训班、义工班,建立地下教会,企图与爱国宗教力量抗衡。梵蒂冈则积极推行所谓"合一共融"策略,插手新疆天主教事务,支持天主教地下势力,企图操纵和控制新疆天主教界。天主教和基督教地下活动在新疆地区蔓延,不仅教徒发展速度快,传播地域也不断扩大,还出现了诸如非神职人员随意给他人洗礼,外来教徒或自封的"传道人"以经商、务农、打工为名秘密从事传教活动,私设家庭聚会点等现象。抵御境外势力利用宗教进行政治渗透,已经成为新疆维护社会稳定和国家安全的现实内容。

此外,西方敌对势力还极力利用人权、民族、宗教等问题干涉中国内政,威胁中国文化主权。例如,美国除了承认"东突厥斯坦伊斯兰"

---

①　所谓"福音西进计划",就是在我国西部地区和少数民族地区传教。

②　所谓"松土工程",就是使"中国文化基督化,中国社会福音化,中国教会国度化"。

为恐怖组织外，对其他"东突"恐怖主义势力不但不承认为恐怖组织，反而在政治、经济上给予支持，把他们作为"西化""分化"我国的重要工具和内应力量。在政治上，以新疆等地少数民族的"人权"问题为借口，向我施压，企图以压促变，以压促乱；在经济上，为民族分裂主义势力"输血"，每年提供大量经费供其实施分裂破坏活动；在外交上，通过邀请访问，帮助加入国际非正式政府组织等举措，协助民族分裂主义将所谓"新疆问题"推入国际干预的轨道；在舆论上，"美国之音""亚洲自由电台"等媒体，先后开办维语节目，运用炮制谣言、煽风点火、歪曲事实、无中生有、攻击一点波及其余等手法，竭力煽动民族分裂主义情绪。目前，这种支持和操纵已经从幕后走向前台，由间接介入转为直接插手。正是在西方敌对势力的积极拉拢、培植下，新疆境内外的民族分裂势力的破坏活动呈现出更加猖獗的态势。

与此同时，冷战结束后，国际上兴起的泛伊斯兰主义、泛突厥主义思潮也对新疆文化安全产生一定的消极影响。当前，在国际伊斯兰原教旨主义势力和阿富汗塔利班政权的支持下，中亚地区的宗教极端势力和国际恐怖主义十分活跃，它们四处建立训练基地，网罗、培训暴力恐怖分子，进行各种颠覆活动，甚至谋求建立跨国武装割据地区，在新疆周边地区形成了一条动荡带，这不仅严重影响中亚一些国家的政局稳定，还直接危及新疆社会稳定和我国国家安全。中亚伊斯兰极端势力、国际恐怖主义势力和阿富汗塔利班等将新疆作为其渗透扩张的重点，不断为新疆民族分裂主义组织提供资金支持，帮助培训人员，向新疆境内偷运武器弹药，新疆境外的跨国伊斯兰极端势力甚至直接在新疆境内发展组织。在这种国际背景和周边环境的影响下，20 世纪 90 年代以来，新疆的民族分裂活动逐步升级，呈现出文武兼备、以武为主的特点。"9·11"事件以后，由于国际社会形成反恐共识，恐怖主义成为众矢之的。为了摆脱恐怖主义形象，新疆境内外民族分裂势力改变了活动方式，加大了宣传造势力度，加紧在意识形态领域进行渗透、颠覆和破坏，新疆民族分裂破坏活动进入以文为主的阶段。他们采用多种手段进行思想渗透。如设立专门出版机构，编纂出版《东突之声》等多种反华刊物和音像制品，传播分裂思想；通过夹带、邮寄等方式对青少年和各族群众进行思想渗透；设立专门电台，使用维吾尔语、哈萨克语和乌孜别克语进行心战宣传；通过美国"自由亚洲电台""自由电台"，沙特"吉达电台"等对我国的人权、民族、宗教问题进行造谣、诽谤；召开各种名目的国际研讨会、举办展览和发表公开信，叫嚷"新疆独立"，寻求国际敌对势力支持；建立网站，运用互联网发展组织、传播制爆制毒技术、进行宣传煽动；秘密开办地下讲经点、组织非法"泰比力克"、印制反动宣传资料传播宗教极端思想，散布反汉、排汉的思想情绪，攻击"异教徒"。仅2008年1月至7月，有关部门就打掉"圣战培训班"15处；查处和取缔非法宗教活动场所327处。在学经人员中，青少年和女性人数明显增多。在此期间，中亚极端宗教组织"伊扎布特"开始向新疆渗透蔓延。它们渗透的重点阵地是各级各类学校，争取发展的主要对象是青少年，它们逐渐与"东突"势力合流，成为新疆"东突"势力最大的载体。

当前，新疆民族分裂主义势力在意识形态领域的活动呈现以下态势：

第一，思想体系化。新疆民族分裂主义势力的思想体系概括起来就是：以泛突厥主义为支柱的极端民族观，以泛伊斯兰主义为主要内容的宗教观，杜撰、歪曲历史的唯心主义历史观，以共同突厥文化为主要特征的文化观，反党、反社会主义的政治观。这些年来，他们的反动舆论宣传主要集中在：歪曲新疆的历史，否认中国是一个统一多民族的国家，否认新疆自古以来就是祖国不可分割的一部分；恶毒攻击我国的民族区域自治政策，否认新疆各民族人民享受的平等权利；否认中国共产党的少数民族干部政策、语言文字政策、风俗习惯政策和宗教信仰政策；反对社会主义制度和中国共产党的领导，否认新疆及各少数民族经济、文化的发展和全面进步；攻击党关于少数民族的计划生育政策、资源政策，进行反汉、排汉宣传；尤其是利用宗教，煽动宗教狂热。鼓吹的思想观点主要有：（1）宗教至上论，即鼓吹"只信安拉，也只能服从安拉，我们要走安拉指引的路"。（2）"异教徒论"，即把一切不信仰"安拉"的人都当作"穆西热克（多神崇拜者）""异教徒"和"叛教者"。（3）神权政治论，即建立政权合一的政权。（4）"阿拉木"（不符合伊斯兰教的、不洁的）论，即主张以《古兰经》和"圣训"作为判定一切是非的标准。鼓吹只有建立在《古兰经》和"圣训"基础上的国家政权才是合法的，否则都是"阿拉木"，都在推翻之列。（5）"圣战"论，即主张以"圣战"来实践"主命"，以武力推翻现政权，其目的是把社会问题宗教化，政治问题宗教化，将文化认同建筑在宗教基础之上。

第二，主体组织化。主要表现在：（1）"伊扎布特"组织发展迅速，活动频繁。"伊扎布特"组织的前身为"穆斯林兄弟会"巴勒斯坦分支机构，是一个国际性宗教极端组织。该组织主张以和平方式推翻现政权的世俗统治，实现建立伊斯兰教权国家的梦想，即"通过发动非暴力的和平'圣战'，建立单一的伊斯兰教法统治的'哈里发'国家"。1999年，该组织在新疆地区首次出现，虽数度遭到重创，但其蜂窝状的组织结构、细胞式的发展特点，使它具有较强的再生能力，因而很快又死灰复燃，并在一些地方迅速发展蔓延，至今在新疆全区范围内没有停止活动。它以社会"热点"问题为重点，蛊惑人心，发展组织，并开始向内地渗透和发展。《伊斯兰秩序》《哈里发概论》《伊扎布特的政治理念》《路标》《伊斯兰准则》等宣传"伊扎布特"政治纲领、章程、思想理念的宣传品在新疆一些地方流行。（2）分裂宣传与培训的组织化程度提高。近年来，新疆民族分裂势力有组织、有计划培训分裂骨干和"代言人"的活动始终没有停止，私办地下教经点的行为屡禁不止，而且，地下教经活动呈现出由公开转向隐蔽、集中转向分散、固定转向流动、本地转向异地的特点，学经人员低龄化、女性化的趋势较为突出。（3）分裂舆论宣传载体的组织性。借助"麦西来甫""茶会""踢足球""泰比力克"等群众性活动进行分裂舆论宣传成为新疆民族分裂势力的常规手段。

第三，活动联合化。新疆民族分裂势力利用新疆地缘特点、人文特点及其与中亚国家的历史渊源，以及一些国家公民往来无需签证的便利条件，从南北两线对新疆施加影响。南线主要由费尔干纳谷地向喀什、和田地区渗透；北线由阿拉木图向伊犁地区渗透，境外指挥境内、派人入境纠合、网上串联组织、伺机破坏的动向十分突出。目前，新疆民族分裂势力内外勾连，境外指挥，境内行动，境外培训，境内破坏，境内外活动一体化，报刊、广播电台和互联网成为它们进行舆论宣传和思想渗透的主要方式。此外，它们还加强彼此间跨国、跨地区的联合和协调，并与"藏独""蒙独""台独""民运"等分裂、反华势力勾结，构筑分裂中国的"统一战线"，以期实现新疆问题国际化的政治图谋。为了摆脱恐怖主义的恶名，争取西方势力的同情和支持，它们把所谓民族宗教问题同"人权问题"挂钩，把分裂活动提升为所谓的"民族解放运动"，已经沦为西方遏制中国崛起的工具。

第四,成员年轻化。近年来,新疆民族分裂势力不仅骨干成员年轻化,争取培育的对象也在年轻化,这反映出它们立足长远的战略意图。各级各类学校成为它们渗透的主要阵地,青少年成为它们争取的重要目标。它们利用包括宗教在内的一切手段,通过邮寄或者散发反动书籍、报刊和音像制品,向学生灌输极端民族主义、宗教极端主义思想,灌输错误的世界观、文化观和国家观。对少数民族教师进行拉拢腐蚀,妄图通过"培养"一名教师占领一个"阵地",在青少年中建立和发展民族分裂组织或团伙。有的地方还存在学生信教、参加宗教活动的问题;有的学生甚至提出开经文课,学校建寺院的要求;有的学生被卷入非法宗教活动和分裂主义组织。这种状况虽属个别,但是后果严重,对之不能掉以轻心。青少年是新疆的未来,他们的思想观念将对新疆未来的发展产生深远的影响。

第五,斗争复杂化。披着民族宗教的外衣,打着"人权"的旗号,千方百计把自己装扮成民族利益的维护者,是新疆民族分裂势力的惯用伎俩。它们利用新疆民族宗教领域存在的问题,诸如失业问题、贫困问题、资源问题等大做文章,蛊惑人心,激化矛盾,诱导少数民族群众宗教感情向极端化发展,把民族感情引向狭隘化,煽动反汉、排汉的民族仇恨情绪。近年来,它们加大了煽动宗教狂热的步伐,对新疆社会产生了一定影响。在新疆社会生活中使用宗教标志的商家和商品增加,强调饮食、穿戴、人员交往等方面的"阿拉力"和"阿热木"(所谓"清真"和"非清真")之别的现象增多,宗教生活化、社会化的趋势在一些地方更加明显。由于民族分裂势力以"民族""宗教"或者"人权"的外衣掩盖其真实的政治目的,因而其破坏手法极具欺骗性,容易使一些不明真相的人上当受骗,仅仅从民族、宗教的感情和立场看问题,混淆了是非界限,导致极少数人和大多数不明真相的群众搅和在一起,民族问题和经济社会问题交织在一起,人民内部矛盾和敌我矛盾交织在一起,使新疆反分裂斗争呈现复杂局面,增加了斗争的艰巨性。

深入探究新疆民族分裂势力破坏活动的路径,我们可以看出,它们是以"泛突厥主义""泛伊斯兰主义"相号召,极力在历史和文化领域解构新疆少数民族的中华民族历史记忆和社会记忆,诱导新疆少数民族认同意识由内向朝外向转变，消解新疆少数民族的中华民族整体性意识，尤其是通过煽动宗教狂热，强化宗教至上意识，淡化或者模糊新疆少数民族的民族边界，造成民族共同体与宗教共同体的重合叠加，促使民族认同向宗教认同转化，使民族认同以宗教认同的形式表现出来，使族际冲突在宗教的基础上形成，进而利用宗教的非理性将各民族的民族自我意识引向恶性膨胀的歧途，来为它们的分裂活动制造合法性资源和社会心理基础，用心十分险恶。我们必须清醒地认识到，建筑在宗教认同基础上的文化认同是十分敏感和复杂的，宗教在人们之间造成的认同和歧视更剧烈，排斥性更强，由宗教歧视导致的民族之间的争斗和杀戮史不绝书，它在民族之间造成的仇隙和伤害是民族不睦、民族冲突和民族战争的历史源头。而且，利用文化的民族性，把文化的民族性政治化，为政治问题的解决增添了情绪化因素，这样，文化的敏感性在国家层面上往往变成政治的敏感性，从而造成了许多实际的和潜在的僵局。新疆民族分裂势力在意识形态领域的分裂舆论宣传，不仅侵害了作为意识形态的体制文化的指导地位，还影响了作为价值系统的新疆各民族文化的发展变化和深层次结构，对中华文化的整体性产生威胁。

综上所述，新疆的政治文化安全、信息安全和教育体系安全等都受到了侵害，文化层面面临多重挑战，文化安全问题已经成为新疆维护社会稳定和国家统一安全的重要方面。

文化安全是事关文化生存和发展的大问题，它能够保护价值观、行为方式对于本国人民的相对稳定性，保证文化科技成果不被掠夺，保护文化的民族性，有效消除和化解潜在的文化风险，抗拒外来不良文化的冲击，保护民族自尊心和凝聚力，以确保国家文化主权不被侵犯。文化生存是国家和民族生存的前提，文化安全能影响国民的精神状态。一旦文化遭到威胁，必然给民族和国家带来文化危机和民族危机，所以，文化安全的程度是衡量国家安全的一个重要内容和标志。

随着我国融入经济全球化步伐的加快和新疆大开发的推进，新疆文化市场的对外开放将进入一个新的发展阶段。在新的历史条件下，新疆文化产业集团和文化市场将由有限范围和有限领域内的开放，转变为WTO规则框架下的宽范围、多领域开放；由以试点为特征的政策性开放，转变为法律框架下的按中国政府承诺的时间表开放；由单方面为主的自我开放,转变为中国与世贸组织其他成员国之间双向的相互开放,扩大文化产业的对外开放将成为引领中国文化产品、文化企业、文化产业走向世界市场、参与国际文化市场竞争的重要措施,以媒体业的相互准入代理和版权贸易为核心内容的对外文化贸易将成为中国文化产业走向世界的主导产品,文化贸易逆差的克服将为中国文化产业的增值提供巨大空间,文化产品的主导型产品的国际市场份额,将成为在中国文化产业未来发展中具有重要制约力的因素,这意味着市场将在资源配置中进一步发挥主导性作用,政府将把注意力更多地放在营造更有效率的文化市场环境上,WTO将成为中国政府文化管理和文化法治行为系统建构的新的规则力量,文化管理上的职能交叉和重复管理的现象将继续得到克服,用法律来调整、规范和建立合理的政府与市场关系,以及法律规则统一化将成为我国文化管理制度改革的大趋势,原来由政府文化行政部门各自为政制定文化政策的模式,将逐渐被独立于文化行政部门的公共立法机构进行政策制定的新机制所取代,部门保护主义将得到有效遏制。与这种大趋势和运行机制相适应,新疆要维护文化安全需要着重做好以下工作:

第一,开展切实有效的思想舆论宣传工作,构筑起抵御渗透的思想防线。

意识形态是文化的核心和灵魂,它决定着文化的性质和方向,意识形态安全受到威胁,是对文化安全最致命的威胁。面对民族分裂势力加紧在意识形态领域渗透破坏的客观现实,新疆必须牢牢把握正确的舆论导向,不断提高引导舆论的本领,这应成为新疆文化安全建设的核心内容。要以党的思想理论、纲领路线、价值观念影响社会、凝聚群众,在全社会形成积极向上的主流舆论,要充分发挥社会主义文化对各民族人民群众的引导和激励作用,最大限度地在全社会达成共识,最大限度地凝聚不同民族、不同信仰、不同阶层的人的意志和行动。坚持用科学的理论和先进的文化占领意识形态这块阵地,特别是要把马克思主义的国家观、民族观、宗教观、历史观和文化观作为现阶段教育新疆各民族干部群众的主要内容,教育工作要务求实效,教育内容要有针对性和说服力。应将干部、知识分子和学生确立为教育重点,把马克思主义国家观、民族观、宗教观、历史观和文化观的宣传教育贯彻于国民教育、干部教育和社会教育的全过程，贯彻于各民族成员社会化的全过程。通过加强新闻舆论阵地、农村群众文化阵地和学校阵地的建设，着力塑造各民族的国家认同、中华民族认同、中华文化认同对和中国特色社会主义的认同，牢固筑起新疆各民族干部群众反分裂的思想防线，为新疆各民族人民自觉推动中华民族文化大发展、维护中华民族文化尊严、文化利益和文化安全提供强大的精神动力。

第二，加强思想文化阵地和载体建设，为抵御渗透提供物质和组织保障。

全球化背景下的文化开放从长远来看，有利于我国汲取世界上一切先进的文明成果，有利于我国各民族文化的现代化发展。但现实是，当今世界的全球化是不平衡的，世界性的文化双向互动实际上已经蜕变为西方文化尤其是美国文化的单向输出，文化渗透和文化殖民不可避免地会对我国产生影响。对我国而言，全球化是一把双刃剑，有利有弊，而对于地处边陲而又欠发达的新疆而言，在参与世界性文化互动，汲取世界先进文明成果的同时，现阶段更多地承受着文化开放所带来的压力和挑战，并且这种压力将随着新疆扩大对外文化交流而日益增强。新疆在坚持文化开放的同时，必须抵制文化渗透和文化殖民，维护国家文化安全，加强和完善文化安全机制和组织保障势在必行。

首先，要坚持国家利益最高原则，实行文化市场和文化产业的适度准入原则。在现代化进程中，文化产业的安全是文化安全的基础。文化产业通过文化市场将文化产品推向民众，是市场经济条件下精神文化传播最基本最普遍的形式，它在当今世界经济发展中具有支柱性地位，直接关涉国家的经济安全，同时又与意识形态密切相关，直接关涉国家的政治安全与文化安全。因此，新疆必须对外来文化产品进行筛选，要把不符合我国文化建设原则的文化产品摈弃在国门以外，将文化安全及文化产业发展的主动权牢牢掌握在自己手中，坚持在社会效益和经济效益的高度统一中，大力发展文化产业，增强文化产业的整体实力和竞争力。

其次，加强思想文化阵地建设，为新疆文化安全提供有效保障。报纸杂志、广播电视等是社会主义思想文化传播的媒介，通过这些媒介可以影响个人的思想和行为，也可以影响社会心理。因此，要高度重视新闻出版、广播电视、文化市场、网络传播等思想文化阵地的建设，以确保社会主义意识形态占据主导地位。从新疆实际出发,一是要加大广播、电视和互联网等新闻媒体的建设,提高广播覆盖率和电视收视率,以保证主流政治文化传播的覆盖面。二是要加强对文化音像市场的管理,加强文化管理部门的队伍建设,提高管理水平,防止非法书刊和音像制品的传播。三是要建设好乡村文化活动场所,做到村村通广播,村村有电视,村村建文化站,使农牧区广大群众切身体会到党和国家的关怀,通过主流政治文化影响他们,使他们自觉地接受和拥护党的领导,维护祖国统一和民族团结。

再次,夯实基层组织和基层政权,建构维护文化安全的社会联动机制。根据目前境外敌对势力在新疆进行文化渗透的规律和特点,新疆除了加强在意识形态领域的思想政治教育工作以外,还需要加强防范境外敌对势力文化渗透和侵袭的组织网络和机制建设。海关、公安、安全、文化出版发行部门、文化机构、民族宗教部门、城市建设等部门和管理机构要在各自的职责范围内加强对文化产品和文化市场的监管力度,形成相互支持和相互配合的联动机制,使外来文化产品在流通的各个环节得到有效的管理和监控。要进一步加强对书刊和音像制品市场的管理,尤其是对宗教书刊和音像制品的管理,坚决打击非法宗教出版物,严格查禁有严重政治问题的出版物,坚决取缔承印非法出版物的企业,加强对经销宗教出版物摊点的管理,防止不法分子以合法身份经营非法出版物。充分发挥爱国宗教人士的作用,教育宗教人员,并通过他们引导信教群众自觉抵制非法宗教出版物,构筑抵御文化渗透,尤其是宗教渗透的牢固阵地。要重视解决好基层思想政治工作中存在的"断线""断档"等问题,强化基层组织和基层政权抵御境外敌对势力文化渗透的基础性功能和作用,尽可能地把境外敌对势力的文化渗透活动解决在基层,消灭在萌芽状态,防止其形成蔓延之势。

最后,积极探索信息化时代思想教育工作的新方式新手段。要针对境外敌对势力文化渗透网络化发展的新特点,改进思想政治工作的方法,使思想教育工作方式更具时代性。加强网络管理,掌握主动权,确保新疆信息安全。

第三,妥善处理民族宗教方面的人民内部矛盾,夯实抵御渗透的群众基础和社会基础。

在全球化时代，人的安全在社会稳定和国家安全中处于核心地位。人不是抽象的，是具体的、历史的、现实的。在现代社会，民族是人的社会存在的一种特殊形式，民族共同体本质上属于一种文化共同体，民族是人的文化身份。从这个意义上讲，维护新疆文化安全有利于从根本上巩固与发展新疆平等、团结、互助、和谐的社会主义民族关系。新疆各民族群众包括信教群众对中国共产党、中华文化、中华民族、中国特色社会主义道路的认同，是新疆社会团结稳定和国家统一安全的基础。新疆境内外民族分裂势力打着"民族""宗教"旗帜，利用各种社会热点问题，制造事端，裹胁蒙蔽各民族群众，其根本目的就是争夺民心，争夺新疆各族群众，以此来削弱中国共产党执政的群众基础，培植和壮大自身的社会基础，进而达到破坏、颠覆和分裂社会主义中国的政治图谋。因此，能否妥善处理新疆民族宗教方面的人民内部矛盾，最大限度地团结一切可以团结的力量，最大限度地孤立极少数分裂分子是新疆维护文化安全的根本，是新疆抵御境外敌对势力文化渗透的基础性工作。

当前，新疆正处于体制转轨和社会转型期，各民族发展正经历着极其深刻的历史变迁过程，新疆民族宗教领域还存在一些不和谐因素，还存在一些问题，诸如东西部发展差距问题，少数民族对市场经济及竞争机制不适应而出现的心理不平衡问题，利益结构调整导致的眼前利益不平衡问题，宗教活动无序与非法的问题，宗教被工具化的现象等。这些问题可归结为利益分配、文化差异等方面，这些矛盾问题是新疆社会关系和社会矛盾在民族这个子系统中的具体反映，概括起来，其核心实际上是利益和价值的关系问题，实质是新疆各民族迫切要求发展和自我发展能力不足之间的矛盾，是新疆各民族迫切要求加快现代化发展的问题。因此，妥善处理新疆民族宗教方面的人民内部矛盾，就必须把加快发展放在更加突出的位置，以经济建设为中心，以提高民族素质为重点，促进新疆经济社会又好又快地发展，不断改善和提高新疆各民族的生活水平和生活质量。要推动新疆各民族相互学习、共同进步，促进各民族和睦相处、和谐发展，构建各民族良性互动的结构和互惠互利的关系，使各族人民同呼吸、共命运、心连心，共同推进新疆的社会主义现代化建设。

基于新疆民族问题常常与宗教问题紧密交织在一起的现实，协调新疆民族关系，处理新疆民族问题，还必须注意处理好宗教关系，促进宗教与社会之间的和谐、不同宗教之间的和谐、信教群众与不信教群众以及信仰不同宗教群众之间的和谐。要全面贯彻党的宗教信仰自由政策，认真贯彻《宗教事务条例》，依法管理宗教事务，坚持独立自主自办教会，积极引导宗教与社会主义社会相适应。坚持保护合法宗教活动、制止非法宗教活动，抵御渗透，打击犯罪，确保宗教活动规范有序进行的原则。既要依法保护正常的宗教活动，又要坚持政教分离，坚持宗教活动不得干预行政、司法、教育等国家职能的实施，坚持宗教活动不得妨碍正常的社会秩序、工作秩序和生活秩序。通过正确引导和有效规范，使新疆宗教成为社会的和谐因素，使信教群众成为新疆社会主义现代化建设的积极力量，使新疆宗教界成为自觉抵御境内外敌对势力利用宗教进行渗透的有效屏障。

妥善处理民族宗教领域的这些问题，意味着实现和满足新疆各民族群众具体的、现实的利益要求，必将进一步密切党与新疆各民族群众血肉相连的关系，消除敌对势力可资利用的借口，夯实抵御敌对势力文化渗透的群众基础和社会基础，从根本上确保新疆文化安全。

附 录 一

西部大开发与新疆多元民族
文化关系的调查问卷

本问卷是"西部大开发与新疆多元民族文化关系研究"课题的组成部分。问卷调查的目的是了解西部大开发进程中新疆多元民族文化的现状及存在的问题。希望您能客观、真实地回答，我们对您的回答将严格保密，谢谢合作与支持！

填表说明：

（1）请您在符合本人情况和想法的项目后的□中划"√"。

（2）在"其他"_____中填上实际情况，并在其后的□中划"√"。

1. 性别

 A. 男□   B. 女□

2. 年龄

 A. 30 岁以下□   B. 30 40 岁□

 C. 40—50 岁□   D. 50—60 岁□

 E. 60 岁以上□

3. 族别_____

4. 文化程度

 A. 小学□   B. 初中□

 C. 高中或中专□   D. 大专以上□

5. 职业

 A. 工人□   B. 农民□

 C. 干部□   D. 教师□

 E. 其他_____□

6. 您所在地区是_____。

7. 目前使用的语言

　　A. 本族语□　　　　　　B. 汉语□

　　C. 民汉（语）兼用□　　D. 外语□

8. 参加党派组织情况

　　A. 中共党员□　　　　　B. 共青团员□

　　C. 民主党派成员□　　　D. 未参加任何党派□

9. 您认为您的第一身份是

　　A. 民族身份□　　　　　B. 公民身份□

　　C. 阶层身份□　　　　　D. 宗教身份□

10. 您平时阅读的报纸是

　　A. 本民族语言的报纸□

　　B. 汉语报纸□

　　C. 本民族语言和汉语报纸□

　　D、本族语、汉语和外语报纸□

11. 汉语是各民族共同的通用语言。

　　A. 同意□　　　　　　　B. 既不同意，也不反对□

　　C. 反对□　　　　　　　D. 说不上□

12. 如果您有机会学习语言，您喜欢学习

　　A. 本民族语言□　　　　B. 汉语□

　　C. 外语□　　　　　　　D. 说不上□

13. 我们需要保持民族语言

　　A. 同意□　　　　　　　B. 非常同意□

　　C. 既不同意，也不反对□　D. 反对□

　　E. 坚决反对□　　　　　F. 说不上□

14. 您认为学校对孩子最好用什么语言进行教学？

　　A. 本民族语言□　　　　B. 汉语□

　　C. 外语□　　　　　　　D. 民汉双语□

15. 您认为民族语言对民族发展的作用是

    A. 促进□   B. 有所促进□

    C. 无所谓□   D. 有所妨碍□

    E. 妨碍□   F. 说不上□

16. 您认为宗教教育比学校教育影响大吗？

    A. 大□   B. 差不多□

    C. 不大□   D. 说不上□

17. 您认为宗教教育对社会影响大吗？

    A. 很大□   B. 大□

    C. 一般□   D. 不大□

    E. 没有□   F. 说不上□

18. 您认为宗教信仰对经济生活的作用是

    A. 促进□   B. 有所促进□

    C. 无所谓□   D. 有所妨碍□

    E. 妨碍□   F. 说不上□

19. 您认为宗教信仰对社会发展有作用吗？

    A. 有□   B. 有一点□

    C. 没有□   D. 说不上□

20. 您认为传统节日比现代节日影响大吗？

    A. 大□   B. 差不多□

    C. 不大□   D. 说不上□

21. 您认为传统节日对社会发展有作用吗？

    A. 有□   B. 有一点□

    C. 没有□   D. 说不上□

22. 您认为应该保持本民族的传统习惯吗？

    A. 应该保持□   B. 应该保持好的方面□

    C. 应随社会发展而改变□   D. 说不上□

23. 您是否愿意与其他民族接触与交流？

    A. 愿意□   B. 非常愿意□

　　C. 不愿意□　　　　　　　　　D. 很不愿意□

　　E. 说不上□

24. 您认为学习其他民族的文化对本民族的发展有作用吗?

　　A. 有□　　　　　　　　　　　B. 有一点□

　　C. 没有□　　　　　　　　　　D. 说不上□

25. 中国是多民族共同创造的家园。

　　A. 同意□　　　　　　　　　　B. 既不同意，也不反对□

　　C. 反对□　　　　　　　　　　D. 说不上□

26. 中华民族是指汉族。

　　A. 是□　　　　　　　　　　　B. 不是□

　　C. 说不上□

27. 新疆自古以来就是中国不可分割的一部分。

　　A. 同意□　　　　　　　　　　B. 非常同意□

　　C. 既不同意，也不反对□　　　D. 反对□

　　E. 坚决反对□　　　　　　　　F. 说不上□

28. 您认为，现行的民族政策

　　A. 好□　　　　　　　　　　　B. 很好□

　　C. 一般□　　　　　　　　　　D. 不好□

　　E. 很不好□　　　　　　　　　F. 说不上□

29. 西部大开发对新疆的发展有何影响?

　　A. 非常有利□　　　　　　　　B. 有利有弊，但利大于弊□

　　C. 有利有弊，但弊大于利□　　D. 说不上有利还是有弊□

　　E. 很不利□

30. 我国的民族区域自治制度保障了各民族当家做主的权利。

　　A. 同意□　　　　　　　　　　B. 非常同意□

　　C. 既不同意，也不反对□　　　D. 反对□

　　E. 坚决反对□　　　　　　　　F. 说不上□

31. 我国各民族人民是彼此分不开的。

　　A. 同意□　　　　　　　　　　B. 非常同意□

　　C. 既不同意，也不反对□　　D. 反对□

　　E. 坚决反对□　　　　　　　F. 说不上□

32. 现阶段，我国各民族之间的凝聚力在加强。

　　A. 同意□　　　　　　　　　B. 非常同意□

　　C. 既不同意，也不反对□　　D. 反对□

　　E. 坚决反对□　　　　　　　F. 说不上□

请针对下列问题写出您的看法。

33. 您认为是哪些因素制约了新疆民族传统文化实现现代发展？

34. 您是怎样理解和认识中华民族的？

附录二

西部大开发与新疆多元民族
文化关系的调查报告

一 调查方法与样本特征

本研究采用定性研究与定量研究相结合的研究方法，从质和量两个方面揭示西部大开发中新疆多元民族文化的现状和发展趋势。本次调查主要围绕新疆民族传统文化的现代性转型和新疆少数民族的文化认同两个问题展开。

定量研究主要采取问卷调查法，采用分类抽样方式，从新疆维吾尔自治区的乌鲁木齐市、哈密地区、吐鲁番地区、巴音郭楞蒙古自治州、阿克苏地区、克孜勒苏柯尔克孜自治州、喀什地区、阿勒泰地区、塔城地区的维吾尔族、汉族、哈萨克族、蒙古族、回族和柯尔克孜族等属于不同文化类型的民族中进行随机抽样调查，时间为 2003 年 5—8 月。问卷采用维、汉两种文字，共发放 1000 份，回收有效问卷 957 份，回收率 95.7%。这次问卷调查的样本具有以下特征：

表 1　　　　　　　　问卷调查样本的人口学特征

选题	选项	人数（人）	百分比（%）
性别	男	670	70
	女	287	30
族别	维吾尔族	400	40.8
	汉族	301	31.5
	哈萨克族	89	9.3
	蒙古	74	7.7
	回族	50	5.2
	柯尔克孜族	43	4.5

续表

选题	选项	人数（人）	百分比（%）
年龄	30 岁以下	201	21
	30—40 岁	440	46
	40—50 岁	278	29
	50—60 岁	29	3
	60 岁以上	9	1
文化程度	小学	15	1.6
	初中	20	2.1
	高中或中专	120	12.5
	大专以上	802	83.8
职业	工人	19	2
	农民	10	1
	干部	727	76
	教师	182	19
	其他	19	2
语言使用情况	单语	718	75
	双语	239	25

注释：单语指在语言的使用上仅使用母语的现象。双语指在语言的使用上除了使用母语外，还兼用另外一种或几种语言的现象。

由上表可见，本次问卷调查的对象：从性别结构来看，以男性为主；从族别结构来看，维吾尔族和汉族最多，哈萨克族和蒙古族次之，回族和柯尔克孜族再次之；从年龄结构来看，以 30—40 岁的人为主，40—50 岁的人次之，30 岁以下的人再次之；从文化程度来看，绝大多数人具备大专以上学历，文化程度普遍较高；从职业结构来看，干部为多，知识分子次之，工人、农民以及其他职业者人数较少；从语言使用情况来看，使用双语的人数较多。这表明，本次问卷调查在性别和族别上具有广泛代表性，在年龄层次和文化程度上主要反映新疆各民族群体中的中青年、高学历人群对西部大开发与新疆多元民族文化关系的认知情况。

定性研究主要采用文化人类学的观察法、调查会和个别访谈法。

1. 观察法：笔者出生于新疆，并且一直在新疆工作生活，因而可以经常观察和体验新疆少数民族的社会生活状况及其变化。

2. 调查会：2004 年上半年，分别与新疆维吾尔自治区乡镇党委分管统战工作副书记培训班的第二、第三期学员进行了座谈。

3. 个别访谈：2004 年 2 月，在和田地区策勒县对该县 6 名干部、教师及学生进行了个别访谈。

从方法论的角度来看，此次问卷调查具有一定的代表性、客观性和可信性，辅之以定性研究，将会使调查研究成果更加精确、科学。而且，客位研究的视角还能够修正和补充主位研究方法存在的缺陷和不足，其调研成果与主位研究成果相结合，会使我们对新疆多元民族文化变迁现状的认识和把握更符合实际。

需要指出的是，此次调研范围虽然限于精英文化范畴，但是，精英文化在民族文化体系中的地位决定了此次调研成果可以反映新疆各民族文化在变迁过程中的某些代表性倾向，而且，用整体的观点看，同一民族内的精英文化和大众文化并不是毫无联系的，它们互相纠结着、渗透着，形成一个整体的民族文化，所以，此次调研成果可以在相当大的程度上反映出新疆多元民族文化的变迁状况。

二　新疆民族传统文化现代性转型的实证分析

（一）问题的提出和变量的确定

民族文化是一个民族在社会历史发展过程中创造和发展起来的具有民族特点的物质文化和精神文化的总和。它塑造着民族的精神品格、价值观念、思维方式、风俗习惯和行为方式，是一个民族生存和发展不可或缺的因素。民族传统文化则是指民族文化过去的文化模式。[①]

在本课题研究中，笔者将语言、风俗习惯和宗教作为测量指标，通过语言、风俗习惯和宗教这三个变量反映新疆民族传统文化的现代性转型情况。语言是民族历史与文化的载体。在民族诸特征中，语言是最外显的特征，它比较稳定，变化最慢。语言在民族诸特征中的这种特殊地位和作用，使人们在使用本民族语言时，倾注了民族情感，因此，语言往往成为影响民族关系的敏感因素。通过语言问题，我们不仅可以测量

---

① 张文勋等：《民族文化学》，中国社会科学出版社 1998 年版，第 155 页。

出新疆各民族传统文化实现现代化转型的程度，还可以测量出新疆各民族在传统文化现代化转型中所表现出来的价值趋向和情感状态。风俗习惯是一个民族在长期的历史发展过程中形成的独特行为方式和历史传统，它通过饮食、服饰、生产、居住、婚姻、生育、丧葬、节日、娱乐、礼仪等方面反映一个民族的精神和生活面貌，是最能反映民族文化特质的部分。民族风俗习惯具有双重结构，它以外化的习俗行为与蕴含其中的共同文化心理相互作用、相互依存为特征，在民族文化中处于中介地位。宗教是一个民族对世界存在方式的一种认识，它构成民族文化中宗教文化的重要内容。作为一种社会文化形式，宗教包含了宗教观念、宗教体验、宗教感情和宗教行为等基本要素，它既是一种信仰体系，又是一种生活方式，但从本质上说，它是一种信仰，决定着信教者的价值观念。在宗教信仰中寄托着一个民族特有的情感心理和内心需求，表达着他们对社会人生的基本态度。在整个民族文化体系中，风俗习惯作为一种他律性的文化力量规范着人们的行为，宗教则作为一种自律性的文化力量规范着人们的行为，它们相互作用，从不同方面影响着民族成员的社会生活。基于上述认识，笔者认为，语言、风俗习惯、宗教在民族文化的传承中可以从不同的层次依次递进地反映民族传统文化的变迁程度和趋势，通过这三个变量我们基本上可以掌握新疆民族传统文化现代性转型的情况。

（二）问卷调查结果

问卷调查主要围绕新疆民族传统文化现代性转型的现状和文化心态展开，调查结果如下：

1. 新疆民族传统文化现代性转型的现状

本次调研我们主要通过各民族目前使用语言的情况、平时阅读报纸的文字类型、传统节日以及宗教对各民族的影响程度了解和把握新疆民族传统文化现代性转型的状态。

统计数据显示，新疆各民族被调查对象使用语言的总体情况是：使用本民族语言的人占 26%；使用汉语的人占 49%；使用双语的人占 25%。

图 1.1　新疆少数民族平时阅读报纸的情况

　　由图 1.1 可见，新疆少数民族被调查对象在语言文字使用方面，存在着只使用本民族语言文字（占 48.9%），兼用、转用汉语文字（占 49%）等情形，调查结果显示，新疆各少数民族兼用语言文字的情况比较普遍。

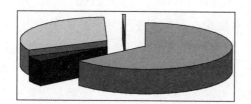

图 1.2　维吾尔族平时阅读报纸的情况

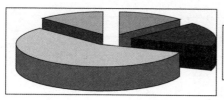

图 1.3　哈萨克族平时阅读报纸的情况

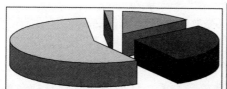

图 1.4　蒙古族平时阅读报纸的情况

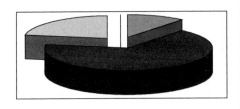

图1.5　柯尔克孜族平时阅读报纸的情况

图1.2、图1.3、图1.4、图1.5显示，在维吾尔族被调查对象中，只用本民族语言文字的占63.8%，使用汉语言文字的占4%，使用双语的占31.6%，其他占0.6%；在哈萨克族被调查对象中，只使用本民族语言文字的占38.9%，使用汉语言文字的占13.9%，使用双语的占45.3%，其他占1.9%；在蒙古族被调查对象中，只使用本民族语言文字的占14%，使用汉语言文字的占28.3%，使用双语的占57.7%；在柯尔克孜族被调查对象中，只使用本民族语言文字的占9%，使用汉语言文字的占64.9%，使用双语的占21.6%，其他占4.5%。可见，新疆各少数民族语言文字的兼用状态由于经济生活方式和宗教类型的差异有所不同，这反映出不同经济生活方式和宗教类型所形成的文化差异对文化接触、文化沟通有一定影响。

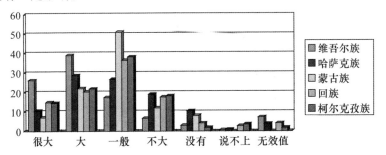

图2.1　你认为宗教教育对社会影响大吗

图2.1显示，宗教教育对新疆少数民族社会生活有很大影响。从新疆各少数民族被调查对象的体验和感受来看，认为宗教教育对社会影响大的达51.9%。如果进一步分析，我们可以发现，在被调查的属于不同文化类型的新疆少数民族中，宗教教育对他们社会生活的影响程度不同。

比较而言，属于伊斯兰文化类型的少数民族如维吾尔族、哈萨克族、回族和柯尔克孜族被调查对象认为宗教教育对他们社会生活影响大的占43.9%，而在属于非伊斯兰文化类型的民族如蒙古族看来影响就小一些。调查结果显示，蒙古族被调查对象认为宗教教育对他们社会生活影响大的占29%，认为宗教教育对他们社会生活影响一般的占51%，认为宗教教育对他们社会生活影响不大的占12%。即使在同属于伊斯兰文化类型的民族中，影响程度也存在差异。属于绿洲农耕经济类型的维吾尔族被调查对象认为宗教教育对他们社会生活影响大的占65.2%，认为宗教教育对他们社会生活影响一般的占17.7%，认为宗教教育对他们社会生活影响不大的占6.6%；而属于草原游牧经济类型的哈萨克族被调查对象认为宗教教育对他们社会生活影响大的只有39.1%，认为宗教教育对他们社会生活影响一般的占26.7%，认为宗教教育对他们社会生活影响不大的占19%。

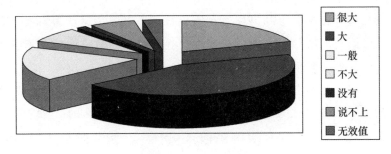

图 2.2 汉族的看法

图 2.2 显示，新疆汉族被调查对象认为宗教教育对新疆社会生活影响大的占63.9%，认为宗教教育对新疆社会生活影响一般的占7.7%，认为宗教教育对新疆社会生活影响不大的占7.8%，认为宗教教育对新疆社会没有影响的只有1.3%。

图 3.1 表明，在新疆地区，宗教教育和学校教育对少数民族社会生活的影响相当。统计数据显示：少数民族被调查对象认为宗教教育比学校教育影响大的占37.3%，认为宗教教育与学校教育影响差不多的占20.6%，认为宗教教育比学校教育影响小的占29.1%。但具体到新疆不同少数民族，这种影响程度不尽相同。在维吾尔族被调查对象中，认为

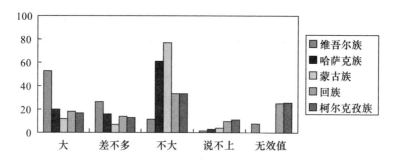

图3.1 你认为宗教教育比学校教育影响大吗

宗教教育比学校教育影响大的占52.8%，认为宗教教育比学校教育影响小的占26.4%，认为宗教教育与学校教育影响差不多的占11.5%；在哈萨克族被调查对象中，认为宗教教育比学校教育影响大的占20%，认为宗教教育与学校教育影响差不多的占16%，认为宗教教育比学校教育影响小的占61%；在蒙古族被调查对象中，认为宗教教育比学校教育影响大的占12%，认为宗教教育与学校教育影响差不多的占7%，认为宗教教育比学校教育影响小的占77%；在回族被调查对象中，认为宗教教育比学校教育影响大的占18.1%，认为宗教教育与学校教育影响差不多的占13.9%，认为宗教教育比学校教育影响小的占33.3%，没有回答这个问题的占25%；在柯尔克孜族被调查对象中，认为宗教教育比学校教育影响大的占16.7%，认为宗教教育与学校教育影响差不多的占12.9%，认为宗教教育比学校教育影响小的占33.3%，没有回答这个问题的占25.7%。

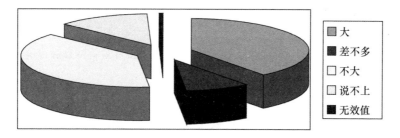

图3.2 汉族的看法

　　图 3.2 显示，新疆汉族被调查对象对宗教教育和学校教育对新疆各民族社会生活影响程度孰大孰小的问题，存在不同的看法。统计数据显示，新疆汉族被调查对象认为宗教教育比学校教育影响大的占39.4%，认为宗教教育与学校教育影响差不多的占9%，认为宗教教育比学校教育影响小的占38.4%。

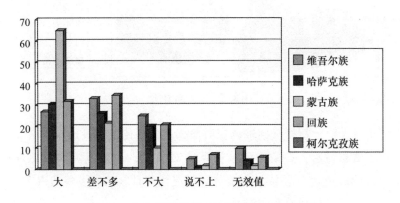

图 4.1　你认为传统节日比现代节日影响大吗

　　图 4.1 表明，新疆各民族的节庆习俗是传统与现代交织，而且传统与现代节日对新疆少数民族的影响程度相当。但具体到不同民族，各少数民族被调查对象对传统节日与现代节日对自身影响程度的体验和感受存在较大差异。统计数据显示：新疆少数民族被调查对象认为传统节日比现代节日影响大的占31.4%，认为传统节日与现代节日影响差不多的占30.5%，认为传统节日比现代节日影响小的占26.4%。分民族看，维吾尔族被调查对象认为传统节日比现代节日影响大的占27%，认为传统节日与现代节日影响差不多的占33.2%，认为传统节日比现代节日影响小的占25%；哈萨克族被调查对象认为传统节日比现代节日影响大的占26.3%，认为传统节日与现代节日影响差不多的占20.2%，认为传统节日比现代节日影响小的占48.5%；蒙古族被调查对象认为传统节日比现代节日影响大的占65%，认为传统节日与现代节日影响差不多的占21.6%，认为传统节日比现代节日影响小的的占10%；回族被调查对象认为传统节日比现代节日影响大的占31.9%，认为传

统节日与现代节日影响差不多的占 34.7%，认为传统节日比现代节日影响小的占 20.8%；柯尔克孜族被调查对象认为传统节日比现代节日影响大的占 33.3%，认为传统节日与现代节日影响差不多的占 35.2%，认为传统节日比现代节日影响小的占 22.2%。

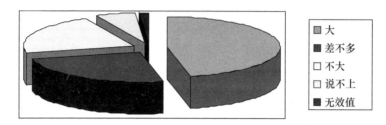

图例：
- 大
- 差不多
- 不大
- 说不上
- 无效值

图 4.2　汉族的看法

图 4.2 表明，新疆汉族被调查对象普遍认同传统节日比现代节日影响大。统计数据显示：在新疆汉族被调查对象中，认为传统节日比现代节日影响大的占 46.5%，认为传统节日与现代节日影响差不多的占 24.3%，认为传统节日比现代节日影响小的占 22%。

2. 新疆各民族文化心态的现状

对目前新疆各民族的文化心态，我们主要用两个问题进行了测度：

第一，你是否愿意与其他民族接触与交流？统计数据显示：新疆汉族被调查对象选择非常愿意和愿意的占 91.6%，选择很不愿意和不愿意的占 2.1%，未选的占 6.3%。新疆各少数民族被调查对象选择愿意与其他民族接触与交流的达 90.6%，选择不愿意的占 1%，选择说不上的占 4.1%，未选的占 4.3%。分民族看，维吾尔族被调查对象选择非常愿意和愿意的占 94.1%，选择很不愿意和不愿意的占 0.5%，选择说不上的占 0.3%，未选的占 5.1%；哈萨克族被调查对象选择非常愿意和愿意的占 99%，未选的占 1%；蒙古族被调查对象选择非常愿意和愿意的占 94.9%，选择不愿意的占 5.1%；回族被调查对象选择非常愿意和愿意的占 80.1%，选择很不愿意和不愿意的占 5.1%，选择说不上的占 1.3%，未选的占 16.3%；柯尔克孜族被调查对象选择非常愿意和愿意的占 79.6%，选择很不愿意和不愿意的占 3.8%，选择说不上的占 1.8%，未选的占 14.8%。可见，新疆各民族成员愿意与其他民族交往的比率还是很高的。见图 5.1、图 5.2。

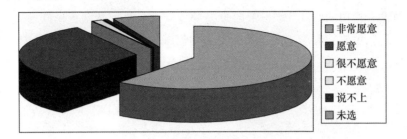

图 5.1 汉族的看法

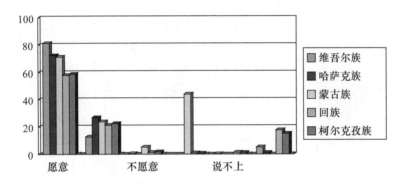

图 5.2 你是否愿意和其他民族接触与交流

第二，你认为学习其他民族的文化对本民族的发展有作用吗？统计数据显示：新疆汉族被调查对象选择学习其他民族的文化对本民族发展有作用的占 69.5%，选择有一点作用的占 19.3%，选择没有作用的占 3.4%，选择说不上的占 2%，未选的占 5.8%。新疆少数民族被调查对象选择学习其他民族文化对本民族发展有作用的占 85.8%，选择有一点作用的占 4.9%，选择没有作用的占 0.6%，选择说不上的占 1.4%，未选的占 7.3%。分民族看，维吾尔族被调查对象选择有作用的占 84.3%，选择有一点作用的占 6%，选择没有作用的占 0.8%，未选的占 7.5%；哈萨克族被调查对象选择有作用的占 96%，选择有一点作用的占 3%，选择说不上的占 1%；蒙古调查对象选择有作用的占 96.2%，选择说不上的占 1.9%，未选的占 1.9%；回族被调查对象选择有作用的占 73.8%，选择有一点作用的占 7.0%，选择说不上的占 1.8%，未选的占 17.7%；柯尔克孜族被调查对象选择有作用的占 72.7%，选择有一点作用的占 6.8%，选择没有作用的占 2.3%，未选的占 18.2%。可见，新疆各民族已经充分认识到各民族相互学习对本民族发展的促进作用。见图 6.1、图 6.2。

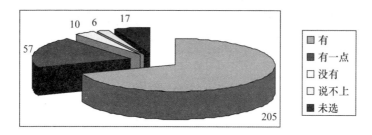

图 6.1　汉族的看法

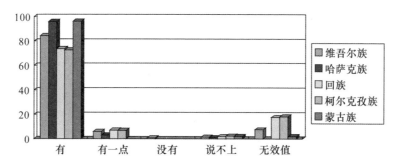

图 6.2　你认为学习其他民族的文化对本民族的发展有作用吗

（三）定性调查结果

本研究结果是利用问卷法的开放型问题以及文化人类学调查会、个别访谈的研究方法获得的，调查对象分别是干部、教师以及学生，有关问题的调查记录辑要如下：

1. 你对当前本民族文化的现状有何感受？

干部：

（1）当前，本民族传统文化在总体保持原来传统的基础上有一些变化。以前，本民族乐器主要使用热瓦甫等，现在开始使用电子琴等。婚姻习俗过去比较复杂，而且费用高，现在简单了，费用也减少了；过去结婚要4天时间，现在只要2天或1天时间；过去婚姻一般是父母包办，现在自由恋爱的人越来越多。

（2）开始丢掉尊老爱幼的传统美德。服饰文化受到西方文化的影响，西方庸俗服饰文化代替了我们优秀的服饰文化，传统文化艺术受到俗文化的影响开始丢掉本质。

（3）将民族文化与"三个代表"结合起来，开展了以讲文明树新风、加强公民思想道德教育为主题的群众性精神文明活动，成效明显。过去，农村普遍存在中老年人在地里干活，年轻人打牌、闲聊、打台球的现象。这是因为年轻人不愿意当农民，但又没有技能，也不愿意在外打工造成的。过去，由于对精神文明建设重视不够，农村宗教氛围浓厚，许多无所事事的年轻人就参加宗教活动。近年来，自治区加强了对农村精神文明建设的领导，下大力气丰富农牧民精神文化生活，提高农民素质。在阿克苏地区库车县，通过"三个十"活动，加强思想文化阵地。用"十个起来"占领农牧区思想文化阵地。即：让村镇所在地五星红旗飘起来，领袖画像挂起来，标语口号树起来，科普专栏办起来，革命歌曲唱起来，爱国电影放起来，健康书籍读起来，广播喇叭响起来，文艺节目演起来，体育活动赛起来。用"十进社区"占领城市社区思想文化阵地。即：党团活动进社区，法律服务进社区，市民文明学校进社区，计生管理进社区，医疗服务进社区，书籍报刊进社区，科普宣传进社区，文体活动进社区，劳动保障进社区，环卫保障进社区。用"十个好"占领城乡家庭。即：争当一个好党员、好干部、好青年、好少年、好民兵、好公婆、好夫妻、好媳妇、好邻居等。这些活动的开展，使库车县参加文体活动的人多了，到清真寺做乃玛孜的人少了；农民学科技用科技的人多了，打牌赌博的人少了；遵纪守法的人多了，酗酒闹事的人少了；依法经商的人多了，偷税漏税的人少了；勤劳致富的人多了，等、靠、要的人少了。此外，库车县还通过承办"龟兹杯"看全国电视异地采访活动，出版图书、画册、拍摄电影、电视剧，保护、开发历史遗迹，发掘整理龟兹文化精品。

（4）精神文明建设有计划，但没有经费，落实不下去，没有活动场地，或者活动场地被挪作他用。

（5）越来越多的人愿意学习汉语，希望将孩子送到汉语学校就读。

他们认为，好多东西都要在汉语中学，学习汉语好处多。以前，把孩子送到汉语学校的主要是在城市工作的干部和从事经商活动的人。这两年，许多农民甚至阿訇都愿意将孩子送到汉语学校。如乌恰县阿合亚乡二小（汉语学校），计划招生120名，结果报名五百多人，为此，有些人不得不走后门。

（6）现有的民族教育水平亟待提高，辍学现象仍然存在。民办教师数量大，他们的工资待遇问题需要解决好。

（7）民汉合校的教育模式有利于促进民族发展，但存在师资、课程等方面的困难。

（8）民族文化正在发展，但还没有达到应有水平。

教师：

（1）文化变迁很快，但文化复兴的势头不是很猛。如在语言问题上，过去在维吾尔族中，懂汉语的人不多，现在就多了。人们普遍希望学汉语和外语，连农民都希望自己的孩子上汉语学校，只是没有条件。这种变化与改革开放有很大关系。许多人走出去以后，如到内地做买卖后，迫切地感到学汉语和外语的重要性。在宗教信仰方面，多数人是迫于周围环境的压力参加宗教活动的。坚持宗教信仰，是担心本民族的生存环境和发展前途，怕一旦改变，维吾尔族这个历史悠久的民族会消亡。要保持和维护民族的生存，就要保持本民族的文化，其中语言是一个重要的方面。维吾尔族十分注重历史传统，在对孩子的教育方面很注重历史教育。他们认为，只有保持本民族的语言、宗教和风俗习惯，民族才能存在。在社会生活中常常歧视不懂维吾尔语的维吾尔族，不邀请他们参加婚宴等民族内部的社交活动。对于风俗习惯主要是保护的态度。但从目前的状况来看，饮食方面的风俗习惯变化很大。过去不吃的带鱼、海鲜，现在也吃了。服饰方面，已经不是很讲究民族服饰了，许多人追求时髦。结婚时，许多人都穿婚纱、西服。以前，结婚时新娘要过火盆，现在这种习惯也逐渐淡了。

（2）对本民族文化现状的感受是"尴尬和期盼相结合"。尴尬的是本地区（和田）的民族文化和宗教文化交织在一起，广大群众对民族文化和宗教文化的区别不清楚，不知道怎样对待和发展民族文化。期盼的是在党和国家的领导下，民族文化的未来更加灿烂，更加繁荣。

（3）民族文化的现状让人高兴。每一个民族都要认识到：首先要发展本民族的民族文化，其次才能发展中华民族文化。

学生：

（1）现在本民族传统文化处于一个面对现代化发展的时代，新形式文化对本民族文化的影响比较大。民族文化水平开始提高，民族文化的发展进入新高潮。

（2）民族教育缺乏有关维吾尔历史的书籍，缺乏传统文化和现代化的教育。甚至有些领导自己也搞不清楚宗教习惯与民族习惯的区别，盲目地去办事，既不符合时代要求，也不敢发挥自己的作用。

2. 你认为，制约本民族传统文化实现现代发展的因素是什么？

维吾尔族：

（1）语言文字因素的影响。

（2）受旧的传统的影响制约，或者过分宣传强调旧传统。

（3）还没有摆脱宗教的影响，宗教意识强。

（4）领导对民族传统文化的重视和支持不够，在这方面的投资不够。

（5）少部分汉族同志的大汉族主义思想，少部分民族干部之间也存在相互排斥的现象。

（6）经济、科学技术发展水平的落后。

（7）有些少数民族本身不重视。

（8）盲目追求外来文化，受西方文化、汉文化的影响。

（9）保守、封闭思想严重。

（10）民族分裂主义和非法宗教活动的影响。

（11）民族教育发展相对落后。

（12）受民族交往的影响。

（13）自然灾害比较多。

哈萨克族：

（1）政治、经济和科技的影响。

柯尔克孜族：

（1）受传统习惯的影响和制约。

（2）观念保守，封闭心理强，缺乏交流。

（3）经济发展落后，教育投入不足，师资力量薄弱。

（4）受宗教的制约。

3. 你对本民族文化的发展有什么希望？

维吾尔族：

（1）继续继承本民族优秀的传统文化，消除传统文化中的一些封建思想和宗教迷信思想。

（2）要把民族文化和宗教文化区分开来，继续发扬民族文化。

（3）抓紧文化教育工作，提高全民族的物质文化水平。

（4）积极学习现代科学技术，要把传统文化与现代科学技术结合起来，促进民族文化的进一步发展。

（5）必须加强与其他民族的友好往来，学习其他民族的物质文化。

（6）在保持民族文化特色的基础上，借鉴、吸收其他民族文化，在保持文化传统的基础上发展民族文化，应该是新疆多元民族文化的理想模式。

（7）民族文化是一个民族存在的精神动力。为了发展民族文化，我们应该在尊重民族传统的基础上，使民族文化适应时代发展的要求。要接受其他民族文化的积极因素，改变本民族历史上遗留下来的短处，创造新的民族文化。

（8）要加强青少年的道德观、人生观和世界观的教育，要更加努力地关心、重视民族教育。

（9）民族文化的发展取决于教育，要发展民族文化，必须增加教育投入，搞好师资队伍建设。

（10）无论哪一个民族的文化都有一个发展的过程，我们阻止不了发展，所以，在继续保持优秀文化的同时，该改的就要改。

（11）应该充分重视民族语言文字，使之更加完善。

（12）居住文化、服饰文化，节日、文艺等方面，要接受其他民族的优秀文化以发展自己，但是不能丢掉民族特色。

（四）几点基本结论

通过综合研究和分析，定量与定性调查，我们对目前新疆民族传统文化的现代性转型状况可以形成以下基本认识：

（1）当前，新疆各民族的生活方式正处于巨大的变迁之中，民族传统文化呈现出新与旧、传统与现代相交织的状态，无论是在语言使用方面，还是风俗习惯方面都表现出了这种特点。这一状态是新疆社会转型促动的结果，在这一变迁中政府起着主导作用。

（2）外来文化，主要是汉文化和西方文化对新疆少数民族传统文化的影响日益增强，新疆民族传统文化正在萎缩。

（3）新疆各少数民族迫切要求加快经济文化发展。他们尤其关注民族教育的发展，要求增加教育投入，搞好师资队伍建设，提高教学水平。希望孩子接受双语教育，让年轻一代掌握先进科学技术，获得更大发展空间，更多发展机会。

（4）面对民族传统文化的变化现状，新疆各少数民族表现出一种矛盾的心理状态，这一点在他们的精英阶层表现得比较典型和突出。他们希望本民族文化获得发展，也看到了本民族文化中既有精华的内容又有糟粕的方面，需要扬弃，愿意接受其他民族文化的优秀内容以发展本民族文化，但与此同时，又对本民族生存发展的前途和命运感到担忧。他们认为，一个民族失去了民族文化，也就意味着这个民族的消亡。基于这种忧虑，他们更加关注本民族的历史与文化，要求强化文化的民族性，随之出现了一定程度的文化拒斥倾向。

（5）在新疆各少数民族的社会生活中，宗教影响还很大。而且，宗教对各民族社会生活的影响没有因为西部大开发的实施而弱化，这表明了新疆少数民族生活价值取向的现实意蕴，以及对社会人生的基本态度。

（6）在保持民族特色的基础上实现民族的现代发展是新疆各民族的愿望和要求。

（7）在新疆各民族文化交流与互动中，语言兼用情况比较普遍，宗教仍固守着民族的边界。

（8）新疆各民族文化心态的主流是健康、向上和开放的。在新疆各民族中，少数民族学习其他民族文化的意愿较之汉族更迫切。

三　新疆少数民族认同状态的实证分析

（一）变量的提出和确立

认同（identity）一词是近几十年社会科学和人文科学领域广泛使用

的一个术语。当代学者从社会学、文化学、历史学等不同角度对"认同"概念进行了多维分析。本次问卷调查主要是从社会心理的角度测度新疆各民族的文化认同状态。社会心理学对认同的基本解释是将认同看作群体关系的系统。社会存在不同的群体，属于某个群体的个人常常以这个群体成员的一分子来界定自己的身份，这样的自我界定和归属是形成个人社会态度的重要基础。

民族是人的一种群体身份，是人类社会存在的一种特殊形式，民族意识是民族这个客观存在物的必然反映。作为一种特殊形式的社会意识，民族意识具有自身的结构和层次，而且这种结构和层次是多重的，是网络状的。从其包含的内容看，民族意识可以分为民族属性意识、民族交往意识和民族发展意识。其中民族属性意识包括民族自我归属意识、民族认同意识和民族分界意识等三个层次。[①] 而民族分界意识和民族认同意识是民族意识中对应存在的两个方面。只要民族存在，这两种民族意识就会存在。民族认同意识是民族自我归属心理，它是指社会成员对自己民族归属的认知和归属。[②] 这种意识是以一定的民族特征、特点作为相认标准的，它是维系民族成员之间情感联系的精神纽带。在民族认同意识的作用下，民族产生向心力、内聚力以及民族成员之间或民族不同部分、地区之间的互动性。民族成员的归属和认同，以其自身的文化特质和民族边界为范畴，它存在于人们的头脑中，并通过他们的文化活动体现出来。因此，一个民族的存在需要其成员有两个方面的认同，一是对民族本身的认同，二是对民族象征符号体系——文化的认同。在当今世界，民族是文化的载体。而且，文化是民族的标识，文化因素是民族特征中最具有生命力的因素。一个民族之所以成为民族最关键的莫过于具有自己独特的文化，因此，从本质意义上说，民族是一种文化的人们共同体。民族认同的核心与关键是文化认同。随着全球化的发展，当今世界各民族的认同更多地通过民族文化认同表现出来。因为与其他民族特征相比，文化更稳定，具有更强的内聚力。从一般意义上说，文化认同可以表现在方方面面，政治、经济、伦理、宗教、语言和观念，举凡与人的活动

---

① 金炳镐：《民族理论通论》，中央民族大学出版社 1994 年版，第 86—89 页。

② 王希恩：《民族认同与民族意识》，《民族研究》1995 年第 6 期。

有关的一切领域属于是文化的范畴，因而都存在文化认同问题。但就民族认同而言，其文化认同主要是共同的历史记忆和语言、宗教信仰及习俗文化等因素，这些要素凝聚和积淀了一个民族中最具民族性的东西。为此，我们把历史记忆、语言、宗教信仰和风俗习惯作为测度新疆少数民族文化认同的主要指标。实际上，在新疆各民族社会生活中，语言、宗教信仰和风俗习惯的差别也正是他们在文化上最突出的差别。

语言是文化的载体，语言传承是文化传承的基本形式。一个民族的语言传承既传承着共同的群体语言，也通过心理传承传递着民族的深层心理和认同意识。语言是民族标识中最常见的个人认同的象征符号。

风俗习惯指的是一个特定民族在衣、食、住、行、生产劳动、婚姻、丧葬、节庆礼仪等方面的风尚和习俗，它是不同地区的民族心理素质和价值标准的表现形式。作为一种重要的文化现象，它直接反映并影响一个时代的民族的精神和生活面貌，是民族文化的组成部分，具有内涵和外延的双重社会特征。

宗教是人们社会思想意识的一种表现形式，而且是一种十分复杂的文化现象，一种独特的文化形态，宗教同样可以成为不同民族区别的标识。宗教信仰是民族交流互动和民族认同的另一个重要因素。共同的信仰可能成为一个民族内部强大的聚合力量，不同的宗教信仰则可能构成强化我族（self-group）和他族（others-group）的区分力量。尽管宗教归属并非总是表示族属（ethnic affiliation），但在许多情况下，两者是相对应的。在新疆，少数民族的宗教归属和民族归属在一定程度上是重叠的，宗教差异也就成为民族认同最主要的标识之一。

基于此，我们对新疆少数民族认同状态的调研，主要通过语言、风俗习惯和宗教，由表及里，由外在行为规范到内在心理取向的不同层面进行量度，以期获得对新疆少数民族认同状态的较为全面的认识。

（二）新疆少数民族文化认同现状的实证分析

我们主要通过测度新疆少数民族对民族语言、风俗习惯和宗教信仰这三个指标的认同、价值判断及其选择趋向分析其文化认同状态。测度结果及其分析如下：

1. 新疆少数民族语言认同状态的实证分析

表2　　　　　　　新疆少数民族语言认同状况的调查结果表　　　　（单位:%）

选题	选项	维吾尔族	哈萨克族	蒙古族	回族	柯尔克孜族
我们需要保持民族语言	1. 同意	65.8	65	58	62.5	63.3
	2. 非常同意	30.7	35	39	23.8	23.3
	3. 既不同意，也不反对	1.5			3.7	5
	4. 反对	0.5				
	5. 坚决反对					
	6. 说不上	0.5		1.5	3.8	3.4
	7. 未答	1		1.5	6.2	5
你认为民族语言对民族发展的作用是	1. 促进	78.7	79	84	56.3	55.4
	2. 有所促进	13.7	17	11	27.6	28.6
	3. 无所谓	0.5			4.3	3.6
	4. 有所防碍	5	2		2.7	3.5
	5. 防碍	0.3		5	0.8	0.7
	6. 说不上		2		1.5	0.7
	7. 未答	1.8			6.8	7.3
如果你有机会学习语言，你喜欢学习	1. 本民族语言	24.3	13.4	30	20	18.9
	2. 汉语	51.1	61.9	40	26.7	27.8
	3. 外语	23.6	23.7	30	49.3	50
	4. 民汉双语				2.7	1.7
	5. 未答	1	1		1.3	1.8
你认为，学校最好用什么语言进行教学	1. 本民族语言	25	29.2	23.3	21.2	29.1
	2. 汉语	21.4	14.2	13.7	33.2	25.5
	3. 外语	3.6	27.4	21.9	11.2	17.7
	4. 说不上	49.3	29.2	41.1	33.3	25.5
	5. 未答	0.7			1.1	2.2

从表中所列数据，我们可以看出:

（1）要求保留和学习民族语言是绝大多数被调查少数民族的愿望和要求，而且这种要求还比较强烈。统计数据显示，在被调查的汉族中，同意和非常同意保留民族语言的占 77.6%；在被调查的少数民族中，同意和非常同意保留民族语言的占 92.9%。这是因为，在各民族交往过程中，新疆少数民族语言的社会功能受到挑战，处于不利地位。一般来说，民族语言的辐射力受民族经济文化辐射力的影响。受经济文化发展水平滞后的制约，新疆少数民族的语言主要是作为一种区域性的交际工具存在，其社会功能局限在相对狭窄的空间范围内，以这种状况置身于当今世界经济全球化、科技一体化的大环境中，势必难以承担各民族现代化发展中的所有需要，因而民族语言文字的应用出现衰退现象。民族语言是一个民族最外显的特征，每个民族都对自身的语言怀有一种特殊的感情。目前，新疆少数民族要求保留民族语言的强烈愿望，反映出新疆少数民族对民族语言发展现状的忧虑和不安，其实质是语言主体对自身生存、发展的一种关注和焦虑。

（2）在被调查的少数民族中，认同民族语言对民族发展有促进作用和有所促进的达 91.6%。可见，新疆少数民族对本民族语言的价值判断或者说价值认定是持肯定态度的。它说明，新疆各少数民族对本民族语言在价值上和感情上依然有着很强的依恋感。当前，保留和学习民族语言有其价值合理性和情感合理性[1]。

（3）目前，新疆少数民族的语言选择呈现多元化态势，而且绝大多数被调查对象主要使用民汉双语，他们要求学习其他民族语言特别是汉语的愿望比较强烈。调查结果显示：对今后的语言学习，被调查对象选择愿意学习本民族语言的占 22.7%，选择愿意学习汉语的占 46.8%，选择愿意学习外语的占 29.2%，其他占 1.3%。对学校教学用语选用，被调查对象选择最好对孩子用本民族语言进行教学的占 24.6%，选择最好用汉语进行教学的占 22.5%，选择最好用外语进行教学的占 10.3%，选择最好用民汉双语进行教学的占 42.6%。这表明，新疆少数民族已经认识

---

[1] 价值合理性是为了某种理想、信念、信仰而采取的行动，情感合理性则是出于情感的自然需要而发生的行为。无论价值合理性还是情感合理性都不是出于浅显的目的、欲望和动机，而是一种内在的需要。

到，在中国这样一个统一多民族国家，各民族公民不仅要学习本民族的语言和文化，还要学习汉语这种国家通用语言，相当一部分被调查对象还认识到学习和掌握外语的重要性。对于新疆少数民族的语言选择和使用动机，有学者曾经在维吾尔族中进行过调查。调查结果表明，维吾尔族"认为掌握汉语言文字对民族交往，提高维吾尔族成员的社会地位及对他们的发展前途起着重要的作用"①。维吾尔族的这种认知态度是新疆少数民族语言选择态度的典型反映。当前，新疆少数民族不仅愿意学习汉族乃至外语，而且希望学校实施民汉双语教育模式，使青少年掌握两种乃至多种语言，成为民汉兼通人才，以便更快更好地掌握科学技术，从而获得更大的发展空间和更多的发展机会。

（4）总结新疆少数民族对民族语言的态度，我们得出了一个悖论：一方面，新疆各少数民族对本民族语言认同程度很高，价值定位也较高；另一方面，他们的语言选择趋向却非本民族语言。这种矛盾状态既与民族心理的两重特点有关，又与民族语言本身的双重功能有关。从民族心理上看，作为一种社会范畴和历史范畴，民族心理是该民族的社会、文化特征积累到一定时间后在人们心理上的反映。由于民族心理是民族某一阶段的产物，而又与民族的其他特征密切相关，因而它具有稳固性的一面，不易改变。但由于民族是发展的、变化的，因而民族心理也是可变的，反映到对民族语言文字的态度上，其社会心理就呈现出稳固性和可变性双重特点。从民族语言的功能上看，民族语言一方面是各民族文化交流的工具，另一方面，民族语言还承载着民族文化，是民族文化的重要组成部分，具有双重功能。从新疆少数民族使用汉语的动机来看，少数民族使用汉语主要是出于一种实用心理，对汉语的认同主要是工具意义上的认同。对于新疆少数民族而言，汉语具有科学合理性或目的工具合理性②，但在价值合理性和情感合理性上，新疆各少数民族依然认同本民族语言。

---

① 滕星：《族群、文化与教育》，民族出版社2002年版，第474页。

② 科学合理性或目的工具合理性，即马克斯·韦伯所说的通过一定的手段实现某种目的，即为实现某种外在的目的或考虑好某目的而采取某种行动。

2. 新疆少数民族风俗习惯认同状态的实证分析

表3　　　　　　新疆少数民族风俗习惯认同状态的调查结果　　（单位:%）

选题	选项	维吾尔族	哈萨克族	蒙古族	回族	柯尔克孜族
你认为,传统节日对社会发展有作用吗	1. 有	52	50.5	56.5	37.6	36.7
	2. 有一点	28	30.7	37	32.8	32.6
	3. 没有	7	11.9	1.6	10.9	12.4
	4. 说不上	5	5	1.6	10.9	10.2
	5. 未答	8	1.9	3.3	7.8	8.1
你认为,应该保持本民族的传统习惯吗	1. 应该保持	40	48.5	42	23.7	23.7
	2. 应该保持好的方面	48	46.6	42	59.2	57.7
	3. 应随社会发展而变化	7.3	4.9	16	2.6	2.6
	4. 说不上				0.7	1.7
	5. 未答	4.7			13.8	14.3

从表中所列数据，我们可以看到：

（1）新疆少数民族被调查对象普遍认为应该保持民族风俗习惯，其比率达到88.3%。这表明新疆少数民族的自我认同意识仍然较强。风俗习惯亦即民俗文化，它作为最能反映文化特质的部分，在民族文化形成过程中，不仅起到奠基作用，而且与神话、宗教等所体现的民族气质、文化精神构成有机整体，指示着民族文化发展的方向。作为一种文化现象，它既是本民族传统的凝合剂，又是本民族自我认同以区别其他民族的屏障。从新疆少数民族对风俗习惯的价值判断上，我们可以了解到他们的文化价值取向。新疆少数民族认为应该保持民族风俗习惯的文化价值取向，反映出他们对本民族文化价值的认定。而且，多数被调查对象已经认识到，民族风俗习惯中既有积极的、精华的内容，也有消极的、糟粕的内容，保持民族风俗习惯，应该保持好的方面，认同这一点的达49.9%。这显示出，新疆少数民族对传统文化已经有相当程度的鉴别能力。但通过进一步分析，我们发现，新疆少数民族多数被调查对象对传统文化的认知仅停留在鉴别层面上，认同风俗习惯应该随社会发展而变化的仅为6.9%，对传统文化进行扬弃的心理和实践准备不足。可见，新疆少数民族进行移风易俗的社会文化心理基础还比较薄弱，传统习俗对少数民族群体的约束力依然很大。

（2）传统节日①是民族传统文化的重要载体，它突出地表现了民族传统文化的特点，是综合反映民族传统文化的博览会，是民族传统文化不可或缺的组成部分，测度它，可以为我们观察民族文化提供窗口。统计数据显示，新疆少数民族被调查对象对传统节日对社会发展的作用多数是持肯定态度的，其比率达79.6%。这说明，当前新疆少数民族依然保持着对本民族传统文化的价值认定，依然保持着较强的民族自我认同意识。但与此同时，也有相当数量的被调查对象对传统节日的认知是模糊的，对传统节日文化的价值判断游离、不明确，还有些被调查对象对传统节日的作用持否定态度，其比率达8.2%。从理论上讲，节日文化的稳定性是相对的，它的发展变化是绝对的。在改革开放的历史条件下，新疆社会发生了日新月异的变化，这种变化必然会反映到节日文化上，传统节日与新生节日互相渗透，本民族节日与外来节日交互辉映，成为新疆节日文化的主要态势。这种态势从一个侧面反映出新疆少数民族在文化心态上的开放性，表明新疆各少数民族具有吸收外来文化的潜质。

3. 新疆少数民族宗教认同状态的实证分析

表4　　　　　　新疆少数民族宗教认同状况的调查结果　　　　（单位:%）

选题	选项	维吾尔族	哈萨克族	蒙古族	回族	柯尔克孜族
你认为,宗教信仰对经济生活的作用是	1. 促进	9	11	5	7.4	7.9
	2. 有所促进	18	39	14.4	30.9	30.2
	3. 无所谓	8	5	29	13.6	14.3
	4. 有所妨碍	33	19	11	23.5	23.8
	5. 妨碍	18.5	6	27.4	6.2	6.3
	6. 说不上	4.5	18	10	13.6	12.7
	7. 未答	9	2	3.2	4.8	4.8

---

①　这里所指传统节日主要是指确立时间下限为1949年10月1日的节日。

续表

选题	选项	维吾尔族	哈萨克族	蒙古族	回族	柯尔克孜族
你认为，宗教信仰对社会发展有作用吗？	1. 有	17.4	21.2	10	25	25.4
	2. 有一点	42	41.5	34.4	34.2	36.4
	3. 没有	27	24.2	50.7	19.7	20
	4. 说不上	6.8	11.1	4.9	14.4	12.7
	5. 未答	6.8	2		6.7	5.5

从表中所列数据，我们可以看出：

（1）新疆少数民族被调查对象对宗教在经济生活作用的评价分歧很大，认识不一致。统计数据显示，在被调查的少数民族中，选择有促进作用的占 8.6%，选择有所促进的占 23.6%，选择无所谓的占 10.9%，选择有所妨碍的占 26.7%，选择妨碍的占 14.6%，选择说不上的占 9%，未选的占 6.6%。总体来看，被调查的少数民族认为新疆宗教在少数民族经济生活中既有积极的一面，也有消极的一面。但涉及具体生活领域，新疆少数民族被调查对象对宗教的评价并不一致。对宗教在经济建设中的作用，被调查对象在价值判断上趋向于持否定态度。统计数据显示，新疆少数民族被调查对象持肯定态度的占 32.2%，持否定态度的占 41.3%。它反映出在当前新疆少数民族经济发展进程中，宗教在一定程度上表现为一种负面影响。值得注意的是，相当一部分被调查对象认为宗教对经济生活的影响并不明显，还有部分被调查对象对宗教在经济建设中的作用认知模糊，不明确。这种状态表明，宗教对新疆少数民族具体社会生活领域的影响是不平衡的，特别是在各少数民族经济生活中发挥的作用不尽相同。统计数据显示：在新疆信仰伊斯兰教的各民族中，维吾尔族被调查对象对宗教在经济生活领域的作用持否定态度的比率最高，达 51.5%；哈萨克族被调查对象持肯定态度的比率最高，达 50%。信仰藏传佛教的蒙古族被调查对象对宗教在经济生活领域的作用持否定态度的占 28.4%。造成这种状况的原因：一是，新疆是以伊斯兰教为主，佛教、道教、天主教、基督教和原始宗教等多种宗教并存与流行的宗教格局。宗教大多与民族紧密相连，新疆各少数民族大多以民族群体的形式信仰某一宗教，宗教已经渗透到各少数民族的文化传统和风俗习惯等诸多方面，对这些民族的生活方式和思维方式、价值观念和道德伦理有着重要影响。各种宗教特质不同，因而在各民族经济生活中的作用也有所不同，对新疆宗教在经济生活领域作用的评价存在分歧是势所必然。二是，我国奉行宗教信仰自由政策。在中国，每个民族公民既有信教的自由，也有不信教的自由，既有信仰这种宗教或教派的自由，也有信仰那种宗教或教派的自由，这一政策的实质就是要使宗教信仰问题成为公民个人自由选择的问题，成为公民个人的私事。在这种政策环境下，尽管新疆信仰宗教的人数较多，宗教信仰的群众性特点比较突出，但是，依然有相当数量的人不信仰宗教，反映到对宗教在经济领域的价值判断上，自然会出现无所谓和说不上的感受和体验。三是，新疆宗教的传统色彩较浓，与现代文明存在一定差距。近代以来，新疆社会相对封闭、落后，自给自足的自然经济模式，地域辽阔、交通不便的客观地理环境使新疆经济具有很大的封闭性和分散性，这就使新疆社会生产力水平低下，商品经济很不发达，这种状况造成新疆宗教固守传统，宗教信徒缺乏现代科学文化素养。新中国建立后，新疆社会经济虽然有了长足的发展，但相对内地和沿海地区仍然落后，加之远离现代文明中心，新疆宗教在相当长的一个时期内主要沿传统道路演化，宗教的传统色彩较浓，在一定程度上成为少数民族实现现代化发展的一种障碍因素。四是，当前新疆的宗教问题相对突出，而且呈现出特殊性和复杂性。在新疆宗教领域常常出现两类不同性质的矛盾交织在一起的现象，既存在宗教维护传统，不适应社会主义社会，从而导致宗教活动违法、无序的现象，也存在敌对势力利用宗教进行违法犯罪和分裂破坏活动的问题，这些问题已经严重影响到新疆经济发展和社会政治稳定。

（2）新疆少数民族被调查对象对宗教在社会发展中作用的评价存在很大分歧，既有持肯定态度的，也有持否定态度的，还有认知模糊的。统计数据显示，在被调查的少数民族中，选择宗教信仰对社会发展有作用的占18.8%，选择有一点作用的占39.9%，选择没有作用的占27.3%，选择说不上的占8.5%，未选的占5.5%。总体来看，持肯定态度的比率较高，达58.7%。如果进一步分析，我们可以看出，信仰伊斯兰教的各民族被调查对象对宗教在社会发展中的作用持肯定态度的比率较高，往往超过50%，信仰藏传佛教的蒙古族被调查对象对宗教信仰在社会发展中的作用持肯定态度的占44.4%。在同样信仰伊斯兰教的各民族中，属于游牧经济生活方式的民族如哈萨克族、柯尔克孜族和属于农耕经济生活方式的维吾尔族和回族被调查对象的认知也存在差异，前者比率高一些，分别为62.7%和61.8%，后者比率低一些，分别为59.4%和59.2%。这说明，宗教信仰和经济生活方式对新疆少数民族社会发展是有影响的，而且不同宗教类型和经济生活方式对民族社会发展的影响不同。造成这种状态的原因：一是，在新疆各少数民族中，既有信教的人，也有不信教的人，有人对宗教信仰在社会发展中的作用有体验，有人没有，存在体验差异很自然。新中国建立后，我国对宗教制度进行了改革，宗教的政治面貌发生了重大变化，宗教不再是帝国主义和封建主义利用的工具，而成为信教群众自办的事业。在信教群众的社会生活中，宗教作为一种文化现象和社会道德体系包含了某些积极因素；但作为一种意识形态，宗教又容易束缚人们的思想，还会受到一定范围内的阶级斗争和国际上一些复杂因素的影响，所以，宗教在现阶段的社会作用呈现出两重性，既有与社会主义社会相适应的一面，也有与社会主义社会不相适应的一面。二是，伊斯兰教是一个入世性宗教，而藏传佛教是一个出世性宗教。对新疆伊斯兰教信众而言，伊斯兰教既是一种信仰，也是一种生活方式，与佛教信众相比，伊斯兰教信众更关注今世生活，因而伊斯兰教对社会发展的影响更直接、更强烈，作用更大。三是，经济生活方式对各民族的宗教信仰有影响。这种影响主要表现在各民族在信仰宗教的过程中，往往将之与自身的社会经济条件相结合，表现出自身的民族特色来。在新疆地区，伊斯兰教的民族特色主要体现在各民族在共同信仰下呈现出某些差异性。就维吾尔族和哈萨克族而言，这种差异性主要表现在伊斯兰教对这两个民族社会生活影响的程度不同、领域不同，发挥的功能也不同。如伊斯兰教在属于农耕民族的维吾尔族民事、刑事等社会生活领域得到严格的贯彻实施，维吾尔族在社会生活中较为严格地遵守伊斯兰教的教规要求，伊斯兰教神圣性的基本功能和世俗性的一般功能在维吾尔族社会生活中得到了较为充分的发挥。但在属于游牧民族的哈萨克族中则不然，伊斯兰教对哈萨克族刑事、政治、经济领域没有太大影响和特权，对哈萨克族社会生活的影响程度和影响范围均不及维吾尔族。① 这两个民族在信教方式和信仰领域上存在的差异，必然导致伊斯兰教对他们的社会经济发展产生不同的影响和作用。

综上所述，新疆少数民族被调查对象总体上对宗教在社会发展中的作用是持肯定态度的，但对它在经济领域的作用则多持否定态度。调查数据显示，在被调查的少数民族中，认为有促进作用的占 32.2%，而认为有妨碍作用的占 41.3%。分民族看，维吾尔族被调查对象对宗教信仰在社会发展中作用的价值评判是肯定的，其比率为 59.4%，对宗教信仰在经济生活中作用的价值评判是否定的，其比率为 51.5%；哈萨克族被调查对象对宗教信仰在社会发展中作用的价值评判是肯定的，其比率为 62.7%，对宗教信仰在经济生活中作用的价值评判是肯定的，其比率为 50%；蒙古族被调查对象对宗教信仰在社会发展中作用的价值评判是否定的，其比率为 50.7%，对宗教信仰在经济生活中作用的价值评判分歧较大，不过持否定态度的比率（38.4%）比持肯定态度的比率（19.4%）要高。回族被调查对象对宗教信仰在社会发展中作用的价值评判是肯定的，其比率为 59.2%，对宗教信仰在经济生活中作用的价值评判分歧也较大，不过，持肯定态度的比率（38.4%）比持否定态度的比率（29.7%）要高。可见，新疆各少数民族对宗教在社会发展中作用的认识不一致。

4. 几点基本结论

对上述实证分析进行总结，我们可以对新疆少数民族文化认同状况得出以下基本认识：

（1）新疆少数民族传统文化的现代性转型，不仅冲击到其传统文化的外显层面，也引起了内隐层面的激烈震荡，从民族语言到风俗习惯，再到宗教信仰，这种文化震荡依次递进，逐渐深入，使新疆少数民族的文化认同问题逐渐凸显。

（2）新疆各少数民族对民族传统文化的价值判断呈现出多元化态势，既有主张维护传统的，也有否定传统的，还有态度暧昧的。这种多元化态势在一定程度上反映出当前新疆少数民族在文化心态上的彷徨、犹豫

---

① 贺萍：《试论新疆地区伊斯兰教的民族特色》，《新疆大学学报》2003 年第 4 期。

和文化心理上无所依归的状态。这一点通过各少数民族对民族语言、风俗习惯和宗教信仰问题的认知态度可以反映出来。

（3）文化价值观是民族文化的核心，是民族意识的集中反映，它在民族文化心理层面上占据支配地位，这种价值观往往通过语言、风俗习惯和宗教信仰等方面体现出来。通过对新疆各少数民族在民族语言、风俗习惯和宗教信仰问题上的价值判断的测度，我们可以看出，新疆各少数民族对本民族传统文化的认同有所淡化，不过，这种淡化主要是在工具合理性层面上的淡化，在情感和价值层面上，新疆各少数民族对本民族传统文化仍然保持着较高的认同度。新疆各少数民族充分肯定本民族传统文化存在的意义，仍保持着文化传统中的价值判断和价值选择，但另一方面，也还存在对传统文化当代价值的疑虑，乃至否定的取向。这说明，新疆民族传统文化的历史惰性已经影响到民族的发展进步，加快新疆民族传统文化的现代性转型迫在眉睫。

（4）新疆各少数民族迫切要求学习汉语乃至外语，这种文化心理为少数民族文化整合异质文化奠定了必要的思想观念基础，同时，也显示出新疆少数民族文化的包容性。

（6）维护传统是当前新疆少数民族普遍的文化心态。虽然在理性上，新疆各少数民族对本民族传统文化有一定程度的客观、科学的认识和评判，但是，在生活实践中，其行为方式仍然受传统习俗的约束和规范，守旧心理比较明显，缺乏主动移风易俗的社会文化心理和环境。

（7）宗教特别是伊斯兰教对新疆少数民族的社会生活有着重要的影响。而且，在不同民族社会生活中，影响领域和功能发挥不尽相同。在新疆社会生活中，宗教既有积极的一面，也有消极的一面。但在当下的新疆，宗教对各少数民族发展进步的影响更多地表现为一种制约和障碍，对经济发展的消极影响尤为明显。

（8）新疆各少数民族文化认同上的差异性往往是由宗教信仰、经济生活方式和历史发展轨迹的不同引起的。

（三）新疆少数民族中华民族整体认同状态的实证分析

表5　　　　　　新疆少数民族中华民族整体认同状态的调查结果　　　（单位:%）

选题	选项	维吾尔族	哈萨克族	蒙古族	回族	柯尔克孜族
中国是多民族共同创造的家园	1. 同意	92.6	96	96.6	86.4	85.2
	2. 既不同意，也不反对	1.6	3		0.6	0.8
	3. 反对					
	4. 说不上			1.7	0.7	0.8
	5. 未答	5.8	1	1.7	12.3	13.2
中华民族是指汉族	1. 是	5	9.7	11	12.3	10.9
	2. 不是	88.5	87.3	85.4	69.7	70.9
	3. 说不上	2.5	2	1.8	2.7	1.8
	4. 未答	4	1	1.8	15.3	16.4
新疆自古以来就是中国不可分割的一部分	1. 同意	79.2	65	63	58.8	59.4
	2. 非常同意	11.4	32	37	24	24.4
	3. 即不同意，也不反对	2.2	2		1.5	1.6
	4. 反对	0.3				
	5. 坚决反对					
	6. 说不上	1			0.8	0.6
	7. 未答	5.9	1		14.9	14
我国各民族人民是彼此分不开的	1. 同意	56.4	63.4	55.9	49.1	47.2
	2. 非常同意	34	32.6	39	34	40.3
	3. 既不同意，也不反对	2.1	2	1.7		
	4. 反对	0.3				
	5. 坚决反对	0.3				
	6. 说不上	0.5		3.4	0.8	0.8
	7. 未答	6.4	2		16.2	16.7

从表中所列数据，我们可以看出：

（1）新疆少数民族被调查对象具有较强的中华民族认同感和凝聚力。调查表明，绝大多数被调查的少数民族都认为各民族经历了共同的历史命运，认为中国是多民族共同创造的家园，其比率达92.4%。记忆和认知是民族生存的必要条件和基本要素，是弘扬和培育中华民族认同意识的重要源泉之一。中华民族历史上就是一个自在的民族实体，它是在中国几千年的历史过程中形成的。在近代反对外来侵略势力的斗争中，中华民族作为一个自觉的民族实体出现，各民族对中华民族的认同感和凝聚力凸显。新疆少数民族的这种历史记忆是中国历史事实的一种客观反映，它体现了新疆各少数民族对历史上中国民族关系的自觉认识。在新疆少数民族被调查对象中，认知和认同新疆自古以来就是中国不可分割的一部分的比率达91.4%。具体分析各民族的历史记忆和认知状况，我们发现，新疆各少数民族被调查对象在历史记忆和认知状态上存在差异。如对新疆自古以来就是中国不可分割的一部分这一说法，统计数据显示：蒙古族被调查对象选择同意和非常同意这两个选项的比率为100%，回族被调查对象选择这两个选项的比率为82.8%，维吾尔族被调查对象选择这两个选项的比率为90.6%，哈萨克族被调查对象选择这两个选项的比率为97%，柯尔克孜族被调查对象选择这两个选项的比率为83.8%。

（2）中华民族是由汉族和少数民族组合而成的复合民族。统计数据显示：对中华民族是汉族这一说法，被调查的少数民族对象不认同的比率为84.6%。这表明，绝大部分被调查对象中华民族的归属意识是明确的，但也有少部分被调查对象对此认识上不明确。统计数据显示：在被调查的少数民族中，对中华民族是汉族这一说法，选择是、说不上和未答这三个选项的比率合计为15.5%。从中我们可以看出，在新疆少数民族被调查对象中，在一定程度和范围内还存在对自身身份的归属定位不清或者不准的问题，中华民族归属意识模糊，中华民族整体认同不够。其中的原因：一是，我国社会主义市场经济体制的建立与完善，使各民族的民族意识普遍增强。各民族一方面由于一体性联系的加强，中华民族整体意识在增强，但与此相伴的对外排斥性也不时出现在民族交往过程中，族际纠纷增多。二是，在市场经济条件下，自身竞争条件的不利，与内地和沿海地区发展差距拉大的现状，导致新疆少数民族心理失衡，激发了其民族意识中偏激保守的一面。三是，新疆境内外敌对势力利用民族意识的消极面，极力把正常的民族意识狭隘化，把普通的宗教感情极端化，煽动少数民族社会成员对其他民族甚至对党和国家的不满情绪，这些都对中华民族的认同感和凝聚力产生了一定的消极影响。

（3）新疆各民族能够普遍认识到中国各民族是命运共同体和利益共同体。统计数据显示：在被调查的新疆少数民族中，认为目前各民族在政治、经济、文化、人口分布等方面已经形成了不可分割的整体，中国各民族是利益共同体和命运共同体的占90.1%。但同时，不完全认同，乃至反对的也大有人在。统计数据显示，在被调查的少数民族中，选择既不同意，也不反对的占1.7%，选择反对和坚决反对的占0.4%，选择说不上的占0.8%，未选的占7%，这四个选项的比率合计为9.9%。

综合以上分析，笔者认为，认同中华民族、归属中华民族是新疆少数民族归属意识的主流方面。新疆少数民族能够在认同本民族的同时认同中华民族，这反映出各少数民族在民族认同上存在层次性。我们所面临的问题是，部分少数民族社会成员对中华民族整体认同日益弱化或淡化，甚至出现分离倾向。因此，必须深化少数民族对中华民族整体性的认知，强化各少数民族对中华民族整体性的认同，这是弘扬、培育和增强中华民族凝聚力，巩固和发展新疆各民族大团结的一项重要的基础性工作，必须常抓不懈。

（四）新疆少数民族政治认同状况的实证分析

表6　　　　　　　　新疆少数民族政治认同的调查结果　　　　（单位：%）

选题	选项	维吾尔族	哈萨克族	蒙古族	回族	柯尔克孜族
你认为，现行的民族政策	1. 好	57	40.7	35	50.7	49.1
	2. 很好	24.3	30.1	47.4	23.9	23.6
	3. 一般	11.5	29.2	15.8	9.9	10.3
	4. 不好	1.6				
	5. 很不好					
	6. 说不上	0.3		1.8		
	7. 未答	5.3			15.5	16.4

续表

选题	选项	维吾尔族	哈萨克族	蒙古族	回族	柯尔克孜族
西部大开发对新疆的发展有何影响	1. 非常有利	71.8	77.5	72.4	67.1	66.5
	2. 有利有弊,但利大于弊	19.6	20.6	24.2	16	16.3
	3. 有利有弊,但弊大于利	0.3		1.7	1.2	1.9
	4. 说不上有利还是有弊	1	1.9	1.7	0.6	0.8
	5. 很不利					
	6. 未答	7.3			15.1	14.5
我国的民族区域自治制度保障了各民族当家作主的权利	1. 同意	62.9	68	62.5	63	60.2
	2. 非常同意	18.9	18.4	28.6	14	15.8
	3. 既不同意,也不反对	5.3	11.7	3.6	3.5	4.4
	4. 反对	1.6			1	0.9
	5. 坚决反对	1.8			1	0.9
	6. 说不上	2.4	1.9	5.3		
	7. 未答	7.1			17.5	17.8

从表中所列数据,我们可以看出:

(1) 新疆少数民族被调查对象对现行的民族政策普遍持认同和拥护态度,其比率达78.8%,满意度和肯定度较高,这就为我们做好民族工作奠定了坚实基础。但值得注意的是,相当一部分被调查对象认为,现行的民族政策一般,其比率达14.2%;有些被调查对象则认为现行的民族政策不好,其比率为1.5%;还有一些被调查对象对此采取回避态度,其比率为5.5%。这表明,部分被调查对象对现行民族政策有看法。究其原因,随着我国社会主义市场经济的建立、完善和发展,我国在计划经济体制下形成的民族政策体系出现了与当前形势和任务不相适应的情况,民族政策还存在滞后的方面。这些年来,党和国家虽然对民族政策进行了调整和完善,但仍存在不足和薄弱环节,还有需要改进的地方。

(2) 党和国家实施的西部大开发战略受到大多数被调查对象的拥护和支持,但仍有相当一部分被调查对象对西部大开发存有疑虑。统计数据显示,对于西部大开发对新疆发展的影响,被调查对象认为西部大开发有利有弊,但利大于弊的占19.8%;认为有利有弊,但弊大于利的占

1.7%；选择说不上有利还是有弊的占 1.6%；未答的占 5%。它折射出新疆少数民族被调查对象对西部大开发后能否得到实惠信心不足。

（3）民族区域自治制度是中国处理民族问题的基本政治制度，对民族区域自治制度及其在新疆的实践，少数民族被调查对象总体是肯定的。统计数据显示：在被调查的少数民族中，认为民族区域自治制度保障了少数民族当家做主的比率为 88.6%。但也有部分被调查对象对此不认可。统计数据显示，选择不认同和回避的占 9.2%，选择否定的占 2.2%。出现这种情况的原因主要有二：一是，目前民族区域自治制度在贯彻落实的过程中还存在诸如操作性不强、监督机制不健全等问题，因而导致有时自治权特别是经济自治权难以落到实处，对此部分被调查对象是不满意的。二是，新疆境内境外敌对势力极力利用、人为扩大新疆民族方面的人民内部矛盾，包括民族区域自治制度在贯彻落实中存在的不足，以此来攻击党的民族理论和民族政策，从而为其从事分裂活动制造合法性资源，这对一些人的思想认识产生了一定的负面影响。这表明，在新疆提升民族区域自治制度的实践成效，进一步发挥民族区域自治制度的优越性，对巩固和发展新疆团结稳定的局面有着极其重要的作用。

（4）总体来看，新疆少数民族被调查对象无论对我国民族政策本身，还是我国民族工作的实践基本上是满意的，对其取得的成就也是肯定的，对于正在实施的西部大开发战略也是拥护和支持的。但与此同时，我们还必须清醒地看到，我国民族政策还有需要进一步完善的地方，民族政策的贯彻执行还存在不尽如人意的地方，已有相对数量的被调查对象对此产生了不满，甚至出现反对倾向。在拥护和支持西部大开发战略的同时，新疆各少数民族被调查对象对实施过程中可能出现的消极影响存在顾虑，对西部大开发能否给新疆各民族带来实惠信心不足。因此，在西部大开发过程中，一定要注意处理好各方面的利益关系，使新疆各民族能够在西部大开发中真正得到实惠。

（五）新疆少数民族身份认同状况的实证分析

表7　　　　　　　　　　新疆少数民族身份认同的调查结果　　　　（单位：%）

选题	选项	维吾尔族	哈萨克族	蒙古族	回族	柯尔克孜族
你认为， 你的第一 身份是	1. 民族身份	19.8	23.6	43.2	16.9	17.5
	2. 公民身份	75.2	64	56.8	79.1	77.5
	3. 阶层身份	1.8	6.8		1	1
	4. 宗教身份		1.1			
	5. 未答	3.2	4.5		3	4

从表中所列数据，我们可以看出：

（1）在新疆少数民族被调查对象中，绝大多数人是认同国家的，对中国的归属意识是明确的。统计数据显示，在新疆少数民族被调查对象中，认为公民身份是第一身份的比率为72.1%。公民是现代国家的主体，它在当代世界不仅仅意味着一国之民，也不仅仅是依附于主权理论的概念，还是一个具有法律意义的概念。认同公民身份为第一身份蕴含着新疆少数民族对当代中国政治的认同和法律的遵循，是少数民族积极社会信念的表达。把公民身份置于民族身份之上，说明大多数被调查对象能够把国家的利益和中华民族的整体利益置于本民族利益之上，能够承担起维护国家统一安全的责任和义务。究其原因：一是，新中国成立以来我们党在新疆地区民族宗教工作的实践中取得了很大成就，得到了少数民族的普遍认同和拥护。二是，新疆少数民族具有爱国主义的传统，维护国家统一和安全是新疆各民族公民的愿望和要求。

（2）构建新疆各民族社会成员合理的认同系统仍是新疆团结稳定工作的重要内容。统计数据显示：相当数量的被调查对象还不能正确认识和处理民族与国家的关系，认为民族身份是第一身份，其比率达22.6%；还有少数被调查对象更看重现实的政治经济利益，认为阶层身份为第一身份，其比率为2.2%。可见，积极引导和教育各民族社会成员合理定位多元群体身份，正确处理民族与国家的关系，是新疆团结稳定工作的需要解决的重大现实问题。

（3）在被调查的少数民族中，还有些人对"你认为，你的第一身份是什么"这一问题，未作出回答。其中的原因，一是，有些被调查对象对自身的身份定位不确定，对自身身份的把握和定位奉行实用主义和功利主义原则，往往视情况、条件和形势而定。二是，有些被调查对象在此问题上存有顾虑，害怕把握不准对自己产生不利影响。这些年来，新疆把在政治上是否坚定作为考察干部的第一标准，因此，少数民族干部一般采取谨慎态度，把握不准就采取回避态度亦属自然。

附录三

新疆地区伊斯兰教信众若干社会心理的调查问卷

本问卷是国家社科基金课题"新疆伊斯兰教与现代社会"的组成部分。问卷调查的目的是了解新疆地区伊斯兰教信众对伊斯兰教的认知与实践状态,希望您能真实回答。本问卷无须签名,我们会对您的回答严格保密,谢谢您的合作与支持!

填表说明:

(1) 请您在符合本人情况和想法的项目后的□中划"√"。

(2) 在"其他"选项中填上实际情况,并在其后的□中划"√"。

1. 性别

    A. 男□   B. 女□

2. 年龄

    A. 25 岁以下□   B. 25—35 岁□

    C. 35—45 岁□   D. 45—55 岁□

    E. 55—65 岁□   F. 65 岁以上□

3. 族别

    A. 维吾尔族□   B. 哈萨克族□

    C. 回族□   D. 柯尔克孜族□

    E. 塔吉克族□   F. 其他□

4. 职业

    A. 教师□   B. 公务员□

    C. 工人□   D. 农牧民□

    E. 商人□   F. 宗教人士□

    G. 其他□

5. 文化程度

    A. 大专以上□   B. 高中或中专□

    C. 初中□   D. 小学□

    E. 文盲□

6. 年收入

    A. 1000 元以下□   B. 1000—2000 元□

    C. 2000—3000 元□   D. 3000—4000 元□

    E. 4000 元以上□

7. 居住地

    A. 乌鲁木齐□   B. 北疆地区□

    C. 南疆地区□   D. 东疆地区□

8. 您信教吗？

    A. 信□   B. 不信□

9. 您去清真寺做礼拜的频率是：

    A. 每天去五次□   B. 每周去一次□

    C. 每月去一次□   D. 每年库尔班节、肉孜节

                                    去一次□

    E. 偶尔去一次□   F. 从不去□

10. 您交天课吗？

    A. 交□   B. 不交□

11. 您每年封斋的情况是：

    A. 自己封□   B. 夫妻一起封□

    C. 全家封□   D. 劝朋友一起封□

    E. 断断续续封几天□   F. 一天也不封□

12. 您认为什么时候该去朝觐？

    A. 五功齐备□   B. 只要有钱就能去□

    C. 子女都成家后□   D. 年龄大了再去□

    E. 无所谓□

13. 您信仰伊斯兰教主要是因为：

    A. 家庭的影响□   B. 亲戚朋友的影响□

    C. 阿訇的影响□   D. 居住环境的宗教氛围浓厚□

14. 您愿意您的孩子上哪类学校？

　　A. 宗教学校□　　　　　　B. 普通义务教育学校□

15. 您认为，目前社会上最受尊敬的职业是（用阿拉伯数字排序）

职业	教师	公务员	科学家	演员	工人	商人	农牧民	军人	医生	律师	宗教人士
排序											

16. 您认为，伊斯兰教对社会发展有作用吗？

　　A. 有□　　　　　　　　　B. 有一点□

　　C. 没有□　　　　　　　　D. 说不上□

17. 您认为，伊斯兰教对经济生活的作用是：

　　A. 促进□　　　　　　　　B. 有所促进□

　　C. 无所谓□　　　　　　　D. 有所妨碍□

　　E. 妨碍□　　　　　　　　F. 说不上□

18. 您认为，信仰伊斯兰教对风俗习惯的作用是：

　　A. 有利□　　　　　　　　B. 无所谓□

　　C. 不利□　　　　　　　　D. 说不上□

19. 您认为，现在对宗教事务的管理：

　　A. 非常好□　　　　　　　B. 好□

　　C. 不太好□　　　　　　　D. 一般□

　　E. 差□　　　　　　　　　F. 很差□

20. 您对所在地区贯彻党的宗教政策的情况：

　　A. 非常满意□　　　　　　B. 满意□

　　C. 不太满意□　　　　　　D. 不满意□

　　E. 很不满意□

21. 当遇到困难时，您克服困难的力量来自：

　　A. 现实□　　　　　　　　B. 家庭□

　　C. 个人理想□　　　　　　D. 宗教信仰□

22. 您认为，提高个人生活水平靠什么？

　　A. 安拉恩赐□　　　　　　B. 自己劳动□

　　　　C. 政府和他人的帮助□　　　D. 提高自己的科技文化水平□

23. 您一般是通过什么渠道了解外面的情况？

　　　　A. 收音机□　　　　　　　B. 电视机□

　　　　C. 报纸□　　　　　　　　D. 亲戚朋友处□

　　　　E. 清真寺□　　　　　　　F. 其他□

附录四

新疆地区伊斯兰教信众若干社会心理的实证分析报告

当前，我国正处于社会转型和体制转轨时期，地处祖国西北边陲的新疆地区也不例外。作为一个伊斯兰教信众人数众多的边疆地区，新疆地区伊斯兰教的信众如何面对这种变革，其选择取向将直接影响新疆地区伊斯兰教的发展走向。研究和分析新疆地区伊斯兰教信众的社会心理，不仅有助于我们引导新疆地区伊斯兰教的现代发展，也有利于促进新疆地区的和谐社会建设，维护祖国的统一与安全。

2004 年 5—9 月，笔者采用分类抽样的方法，分别在新疆维吾尔自治区的阿克陶、喀什、伊宁、新源、托里、阿勒泰等县（市）的城乡（镇）就新疆地区伊斯兰教信众若干社会心理问题进行了问卷调查。同时，为了弥补定量研究的缺陷和不足，还在阿克陶县、伊犁市和新源县等，对当地城镇和乡村社会生活分别处于高、中、低水平的伊斯兰教信众的宗教信仰状态进行了典型访谈。本次问卷用维吾尔、汉、哈萨克三种文字制作，共发放问卷 600 份，回收有效问卷 533 份，回收率为 88.8%。

表1　　　　　　　　　　样本的人口学特征

选题	选项	人数（人）	百分比（%）
性别	男	423	79.4
	女	85	15.9
	未答	25	4.7

选题	选项	人数（人）	百分比（%）
年龄	25 岁以下	59	11.1
	25—35 岁	217	40.7
	35—45 岁	144	27.0
	45—55 岁	47	8.8
	55—65 岁	25	4.7
	65 岁以上	28	5.3
	未答	13	2.4
族别	维吾尔族	315	59.1
	哈萨克族	130	24.4
	回族	58	10.9
	柯尔克孜族	1	0.2
	塔吉克族	1	0.2
	其他	21	3.3
	未答	7	1.3
职业	农牧民	178	33.4
	公务员	157	29.5
	宗教人士	76	14.3
	教师	48	9.0
	商人	41	7.7
	工人	13	2.4
	其他	9	1.7
	未答	11	2.1
文化程度	大专以上	149	28.0
	高中或中专	97	18.2
	初中	118	22.1
	小学	120	22.5
	文盲	36	6.8
	未答	13	2.5

续表

选题	选项	人数（人）	百分比（%）
收入水平	1000 元以下	169	31.7
	1000—2000 元	168	31.5
	2000—3000 元	86	16.1
	3000—4000 元	33	6.2
	4000 元以上	63	11.8
	未答	14	2.6
居住地	北疆地区	266	49.9
	南疆地区	263	49.3
	东疆地区	1	0.2
	未答	3	0.6

上表显示，参与这次问卷调查的人员，从性别上看，以男性为多；从年龄结构上看，20—35 岁的人最多，其次是 35—45 岁的人，再次为 25 岁以下、45—55 岁的人，55—65 岁和 65 岁以上的人数量较少；从民族结构上看，维吾尔族最多，其次是哈萨克族，再次是回族，其余的是其他各民族；从职业分布上看，农牧民和公务人员人数较多，其次是宗教人士，此外，还有教师、商人和工人等；从收入水平看，收入在 1000 以下和 1000—2000 元的人占 63.2%，占被调查对象的大多数；从区域分布上看，主要是南疆和北疆地区的伊斯兰教信众，东疆地区的人数很少。由上述可见，本次调查的结果主要是反映新疆地区中青年男性，收入水平处于中等偏下水平，职业为农牧民和公务员的伊斯兰教信众的社会心理状态。

一　新疆地区伊斯兰教信众的宗教行为及其投射心理分析

本次调研我们把伊斯兰教的礼、斋、课、朝四功作为观察和测度新疆地区伊斯兰教信众宗教行为的变量，希望通过对这些变量的测度，了解新疆地区伊斯兰教信众宗教行为的基本状况，进而分析其所折射的社会心理。

在伊斯兰教中，念、礼、斋、课、朝五功是在不同层次和意义上依次递进地培育、巩固和增强伊斯兰教信众宗教观念、感情和体验的行为规范和要求，它们是伊斯兰教信众宗教意识层次的一种外在表现和标志，实践这些宗教行为的过程实际上就是伊斯兰信仰内化和深化的过程。虽然在伊斯兰教实践中，遇到条件不具备、特殊情况不能履行这五项宗教功课时，伊斯兰教另有可以变通的各种规定，但这些规定在伊斯兰教中属于例外原则，不带有普遍意义。基于此，我们认为，通过观测新疆地区伊斯兰教信众礼、斋、课、朝的修持状态，大体上可以把握新疆地区伊斯兰教信众对伊斯兰教的认知状态、信仰程度及其投射的社会心理。统计结果如下：

表2　　　　　　　　　伊斯兰教信众宗教功修调查统计

选题	选项	人数（人）	百分比（%）
做礼拜	每天去五次	214	40.2
	两节去一次	114	21.4
	每周去一次	92	17.3
	从不去	79	14.8
	偶尔去一次	13	2.4
	每月去一次	3	0.6
	未答	18	3.4
	总计	533	100
封斋	自己封	61	11.4
	夫妻一起封	213	40.0
	全家封	48	9.0
	劝朋友一起封	25	4.7
	一天不封	124	23.3
	断断续续封几天	33	6.2
	未答	29	5.4
	总计	533	100
交天课	交	435	81.6
	不交	80	15.0
	未答	18	3.4
	总计	533	100

续表

选题	选项	人数（人）	百分比（%）
朝觐	五功齐备	177	33.2
	只要有钱就能去	147	27.6
	子女都成家后	120	22.5
	无所谓	63	11.8
	年龄大了再去	8	1.5
	未答	18	3.4
	总计	533	100

上表显示：

（1）在被调查对象中，相当多的人坚持每天做五次礼拜，其比率达40.2%；其次是，在两节（库尔班节、肉孜节）期间做一次礼拜，其比率为21.4%；再次是，每周做一次礼拜，比率为17.3%；从不做礼拜的比率为14.8%；偶尔和每月做一次礼拜的被调查对象的比率共计3.0%；还有3.4%的被调查对象对此采取回避态度，选择未答。这一统计结果与我们在访谈过程中了解到的情况基本相符。2004年6月，笔者在伊宁县某村访谈时，村长对此作了这样的介绍：两节期间大家都去礼拜寺做礼拜，主麻日做礼拜的人要比平时多一些，丧葬期间去的人也多。一般宗教人士、老人和丧失劳动力的人一天做五次礼拜的情况较为普遍。做礼拜的人大多是40岁以上的人，年轻人去的不多，因为他们要干活挣钱，没有时间做。

这表明，在新疆地区，仍有相当数量的伊斯兰教信众通过做礼拜坚定自己的信仰，多数伊斯兰教信众在具体实践中根据自己的认知状态和具体情况修持这一宗教功课。从认知角度看，新疆地区的许多伊斯兰教信众是在遵循民族风俗习惯的意义上做礼拜的。正如有学者指出的：它已日渐成为制度化的象征，它本身在很大程度上沦为仪式、符号，其终极意义几乎不起主要作用。[①]因此，在现实生活中，有的人两节期间去一次，有的人偶尔去一次，有的人从不去。这折射出新疆地区的伊

---

① 蒋丽蕴：《当代新疆农村维吾尔族宗教行为分析》，《新疆社会经济》1999年第1期。

斯兰教信众不仅把做礼拜视为一种宗教活动，更把它视为民族习俗的一部分，做礼拜能够满足他们宗教归属和民族归属的双重需要。新疆地区伊斯兰教信众的礼拜行为不仅表达和反映了他们的宗教心理和感受，也表达和反映着他们的民族归属感。值得注意的是，少数被调查的伊斯兰教信众对此问题选择回避，不予回答，表现出相当谨慎的态度。

（2）被调查对象的封斋情况比较复杂。从问卷调查结果看，夫妻一起封的情况多，劝朋友一起封的情况少，还有相当数量的被调查对象一天也不封。统计数据显示：40.0%的被调查对象是夫妻一起封斋，23.3%的被调查对象是一天不封，11.4%的被调查对象是自己封，9.0%的被调查对象是全家一起封，6.2%的被调查对象是断断续续封几天，劝朋友一起封的只有4.7%，还有5.4%的被调查对象对此未作答。在访谈中，我们了解到：现在，新疆地区的伊斯兰教信众一般根据经济条件、身体条件、工作情况和季节的不同确定封斋时间，往往是从几天到十几天不等，也有斋月前三天或后三天封斋的情况，封斋人员以老人居多。

调查显示，在新疆，以家庭为单位进行封斋的情况比较普遍，家庭已经成为新疆地区伊斯兰教信众宗教信仰形成的重要渠道，在伊斯兰教传承中发挥着十分重要的作用。新疆地区伊斯兰教信众的复杂封斋状态表明：在新疆地区，多数伊斯兰教信众难以超越现实生活的制约而严格遵循伊斯兰教的行为规范，现实社会对伊斯兰教信众的宗教行为的制约是强有力的。

（3）被调查对象在交纳天课方面表现出高遵从性。统计数据显示：81.6%的被调查对象选择交纳天课，15.0%的被调查对象选择不交，还有3.4%的被调查对象对此未作答。造成新疆地区伊斯兰教信众交纳天课方面高遵从性的主要原因是：这些年来，新疆经济社会生活水平比以前有了很大提高，伊斯兰教信众交纳天课的能力随之提高。加之，一些地方尤其是农村宗教氛围比较浓厚，迫于环境和舆论的压力，一些人不得不交纳天课。

（4）被调查对象对朝觐问题的认识并不一致。统计数据显示：33.2%的被调查对象认为作为伊斯兰教信众应该五功齐备，27.4%的被调查对象认为只要有钱就应该朝觐，22.5%的被调查对象打算子女成家后再去，1.5%的被调查对象打算年龄大了再去，11.8%的被调查对象对此持无所谓态度，3.4%的被调查对象对此未作答。在访谈中，当笔者问及"在朝觐和现实问题之间，你更看重哪一个问题？"绝大多数被访的伊斯兰教信众表示，解决好现实问题比朝觐重要，完成今世使命比完成来世的任务更重要。对于朝觐，目前主要有这样几种代表性想法：（1）想去，但是现在条件不允许，等经济条件允许了再去。（2）没有钱，目前自己的生存尚有问题。（3）没有想过。现在主要考虑孩子上学的问题，如果有钱，还是想去。（4）不想去，有钱也不想去，有钱不如自己花。（5）中东不稳定，去那里不安全。

综合分析目前新疆地区伊斯兰教信众的宗教行为，我们发现，在被调查对象中，交纳天课的比率高达80%以上，礼、斋、朝的比率也都在40%左右，可见，被调查的伊斯兰教信众在社会生活中比较普遍地履行着伊斯兰教的宗教功课，在社会心理方面对伊斯兰教具有较强的依赖感和普遍的心理需求。

在访谈中，当笔者问及"你遇到困难一般找谁？"许多被访谈对象回答：农业生产、生活中的问题一般找村委会，丧葬、婚姻方面的事情一般找宗教人士。还有的被访谈对象告诉笔者：做礼拜是锻炼身体的方法，而且对教育孩子有好处。这表明，在新疆地区，伊斯兰教信众履行宗教功课的心理需求主要是对生命的保佑、对现实困难的解脱，这在信仰层次上属于低层次要求，带有实用主义和功利主义的倾向。为进一步了解这种心理需求，我们对新疆地区伊斯兰教信众在孩子受教育学校和职业期望方面的取向进行了测度。统计结果如下：

表3　　　　　　伊斯兰教信众人对教育及职业认知情况的调查统计

选题	选项	人数（人）	百分比（%）
你愿意你的孩子上哪类学校	宗教学校	114	21.4
	普通义务教育学校	400	75.0
	未选	19	3.6

续表

选题	选项	数量（人）	百分比（%）
你认为，目前最受尊敬的职业是	教师	125	23.5
	科学家	120	22.5
	医生	58	10.9
	宗教人士	55	10.3
	公务员	48	9.0
	商人	31	5.8
	律师	22	4.1
	军人	15	2.8
	演员	10	1.9
	农牧民	9	1.7
	工人	4	0.8
	未选	36	6.8

上表显示，多数被调查对象更愿意让自己的孩子上义务教育学校，其比率达75.0%。在调研中，许多被访谈对象告诉我们：只有学习科学知识才有用处，才能在今天的社会立足，才能谋求更好的发展。统计结果显示，被调查对象的职业期望，第一是教师，占23.5%；第二是科学家，占22.5%；第三是医生，占10.9%；第四是宗教人士，占10.3%；第五是公务员，占9.0%。

综合分析上述调查结果，我们可以看出，在新疆地区，伊斯兰教虽然对各民族社会生活有广泛而深刻的影响，但把伊斯兰教信仰作为最终追求的人并不是很多，与现实问题相比，人们似乎更看重后者。对于那些社会生活中存在的不能认知的问题，诸如苦难、生死，对那些无法理解、不能预测的因素的恐惧和无奈是他们信仰伊斯兰教的主要心理根源。通过履行宗教功课反映自己对社会角色的选择和定位，表达自己的民族认同与归属，是新疆地区各民族信仰伊斯兰教的又一个重要原因。

二　新疆地区伊斯兰教信众信教的归因分析

表4　　　　　　　　伊斯兰教信众信教动因调查统计

选项	家庭的影响	居住环境的宗教氛围浓厚	阿訇的影响	亲戚朋友的影响	未选
人数（人）	218	155	64	10	86
百分比（%）	40.9	29.1	12.0	1.9	16.1

上表显示，导致被调查对象皈依伊斯兰教的第一位因素是家庭，比率达40.9%；第二位是居住环境的影响，比率为29.1%；第三位是阿訇的影响，比率为12.0%；第四位是亲戚朋友的影响，比率为1.9%。由此可见，家庭和社区是新疆地区伊斯兰教信众宗教信仰形成的最重要的社会环境。在访谈中，一位伊斯兰教信众说："伊斯兰教是祖先传下来的，我如果不信教，害怕受到真主的惩罚。自己对伊斯兰教不太了解，也不太关注这个问题，主要是跟着老人做。"

（1）新疆地区信仰伊斯兰教的各民族在历史上是全民信仰伊斯兰教，时至今日，虽然有些人已不信仰伊斯兰教，但信仰者仍占大多数。而且，经过长期的历史演化，伊斯兰教的某些教义与礼仪已渗透到各民族社会生活的方方面面，演化为传统的某些内容，深刻地影响着新疆地区信仰伊斯兰教各民族的社会生活。在新疆地区伊斯兰教信众的家庭中，家庭成员的日常行为往往受到伊斯兰教伦理规范的约束，它塑造着儿童的言行，在潜移默化中，儿童进入伊斯兰教世界，最终成长为一名伊斯兰教信众。可以说，在新疆地区信仰伊斯兰教的各民族中，儿童从出生起就开始了伊斯兰教观念和实践的内化过程，家庭是新疆地区伊斯兰教维持、扩展信徒规模的重要载体。

（2）在新疆伊斯兰教信众聚居的社区，伊斯兰教文化往往被社区成员视为主流文化，拥有话语霸权。生活在这种社会环境中的个体，其生活方式和行为规范只有符合伊斯兰教的要求，才符合社区规则，并得到社区其他成员认同，获得归属感，否则，就会出现被孤立的现象。许多人就是在适应这种直接社会环境的过程中，获得了伊斯兰教信众的心理特征，变成了一名穆斯林，实现了个体满足宗教需求，又满足诸如需要交往、需要安慰、需要精神和物质的帮助等具有社会意义的需求。

（3）调查表明，目前，在新疆地区，阿訇引导人们皈依伊斯兰教的作用并不突出。统计数据显示，只有 12.0% 的被调查对象是在阿訇的影响下皈依伊斯兰教的。造成这种状况的原因主要有：一是，伊斯兰教是外来宗教，新疆地区的许多伊斯兰教信众对伊斯兰教教义、教法和教规的认识和把握主要来自阿訇的传授，而目前新疆地区阿訇的宗教学识和讲经水平难以满足伊斯兰教信众宗教生活的需要，许多阿訇宗教学识有限，讲经停留在一般性的伊斯兰教拜功、饮食禁忌、生活细节的说教上，传教能力和水平不高。二是，阿訇的活动范围和职能较之过去发生了变化。过去在新疆地区，阿訇可以通过自办经文班点等方式带培塔里甫（满拉），传播伊斯兰教，但现在，只有具备相应政治素养和宗教素养并得到政府认可的阿訇才可以带培塔里甫（满拉）。并且有规定，十八岁以下的公民不允许进清真寺，这样，阿訇传布伊斯兰教的作用大为减弱。

综上所述，在新疆地区，伊斯兰教信众信仰伊斯兰教的因素主要来自家庭、习俗和环境影响，传统习俗与人际关系是当前新疆地区伊斯兰教得以传承的主要力量。在新疆地区，人们信仰伊斯兰教在某种程度上是习惯力量导致的结果。对新疆地区的伊斯兰教信众而言，伊斯兰教主要是一种承袭的习俗型宗教，皈依伊斯兰教蕴含着他们对民族共同礼仪和教条的遵循，信教在很大程度上是一种符号和象征。他们所意识到的宗教信仰动机，主要是对传统、道德的认识需求以及对慰藉的需求，这些是宗教信仰外在的动机和需求，它表明新疆地区伊斯兰教信众的宗教行为动机在向非宗教方面、世俗化方向发展。

三　新疆地区伊斯兰教信众的适应心理分析

在社会主义初级阶段，我国宗教工作的落脚点是积极引导宗教与社会主义社会相适应，使宗教成为社会主义和谐社会建设的和谐因素。要实现这一要求，既需要党和政府的积极引导，也需要宗教界和信教群众主动配合。那么，宗教界和信教群众是否具有自觉适应现代社会发展的内在动力，这是新疆宗教工作应该也必须关注的一个问题。为此，我们就当前新疆地区伊斯兰教信众对伊斯兰教的认知和评价状态进行了测度，期望通过这种测度把握新疆地区伊斯兰教信众的社会心理的调适状况。
统计结果如下：

表5 伊斯兰教信众的伊斯兰教价值评判调查统计

选题	选项	人数（人）	百分比（%）
你认为，伊斯兰教对社会发展有作用吗	有	373	70.0
	有一点	89	16.7
	没有	16	3.0
	说不上	28	5.3
	未答	27	5.1
你认为，伊斯兰教对经济发展的作用是	促进	277	52.0
	有所促进	114	21.4
	无所谓	12	2.3
	有所妨碍	18	3.4
	妨碍	10	1.9
	说不上	78	14.6
	未答	24	4.5
你认为，信仰伊斯兰教对风俗习惯的作用是	有利	388	72.8
	无所谓	59	11.1
	不利	17	3.2
	说不上	48	9.0
	未答	21	3.9

上表显示：

在被调查对象中，大部分人对伊斯兰教的价值持肯定态度。统计显示，86.7%的被调查对象肯定伊斯兰教对社会发展有作用或有一点作用，73.4%的被调查对象认为伊斯兰教对经济发展这一中心工作有促进作用或者有所促进，72.8%的被调查对象认为信仰伊斯兰教对风俗习惯会产生有利影响。这表明，新疆地区的伊斯兰教信众在价值取向上高度认同伊斯兰教。

在被调查对象中，少部分人对伊斯兰教的价值持否定态度。统计显示，3.0%的被调查对象认为伊斯兰教对社会发展没有作用，5.3%的被调查对象认为伊斯兰教对经济发展有制约作用，3.2%的被调查对象认为伊斯兰教对风俗习惯有不利影响。这一问题还需要继续深入调查研究。

在被调查对象中，还有相当部分的人对伊斯兰教的态度模糊、不明确。统计结果显示，10.4%的被调查对象在回答"你认为，伊斯兰教对社会发展有作用吗"这一问题时，选择未答或者说不上来；21.4%的被调查对象在回答"你认为，伊斯兰教对经济发展的作用是什么"这一问题时，选择了无所谓、不知道或者未答；24%的被调查对象在回答"你认为，伊斯兰教对风俗习惯的作用是什么"这一问题时，选择了无所谓、说不上或者未答。分析其中原因：一是，新疆地区的伊斯兰教信众对伊斯兰教教义普遍缺乏深入而系统的了解，自然很难对其社会作用作出宏观评价。二是，有意回避。在新疆政治生活中，对宗教的态度往往被视为检验人们政治上是否成熟、可靠的标准，具有极强的敏感性和政治性，为了慎重起见，一些人对此采取回避态度，避而不答。

目前，新疆地区的伊斯兰教信众对于伊斯兰教的认识不再停留在简单、虔诚地信奉层面上，而是开始了反思。他们对伊斯兰教价值评判的多元化取向即是佐证。这种理性倾向的出现为新疆地区伊斯兰教主动适应社会主义社会打下了良好的思想认识基础。

为了进一步了解新疆地区伊斯兰教信众投身于社会主义现代化建设的自觉性和主动性。我们用"当遇到困难，你克服困难的力量来自何处""你认为，提高个人水平靠什么"这两个问题进行了测度。统计结果如下：

表6　　　　　　　　当遇到困难，你克服困难的力量来自何处

选项	现实	家庭	个人理想	宗教信仰	未答
人数（人）	210	87	153	69	14
百分比（%）	39.4	16.3	28.7	12.9	2.6

上表显示，只有12.9%的被调查对象虔诚地信仰并依赖真主，更多的被调查对象相信只有依靠自己的努力才能克服困难，实现愿望。在调研中，许多被访谈的伊斯兰教信众告诉我们：遇到困难主要靠自己解决，

不行的话找政府，亲戚靠不上。

　　定量和定性调查的结果都表明，新疆地区大多数伊斯兰教信众是务实的，对社会生活的态度基本上是积极的。他们信奉伊斯兰教，但在现实生活中并不完全依赖于它。在访谈中，当笔者问到"你遇到困难，一般先找谁？"大部分被访谈对象的回答是：农业生产和生活中的具体问题一般先找村委会，丧葬婚姻事务一般先找宗教人士。并认为，找村委会或者居委会能够解决一些具体问题，找宗教人士解决不了什么实际问题。从中可以看出，新疆地区的伊斯兰教信众主要把伊斯兰教视为一种精神寄托，一般情况下，是把它与现实生活区分开的。表 7 的统计结果也说明了这一点。

表7　　　　　　　　　　　你认为，提高个人水平靠什么

选项	安拉恩赐	自己劳动	政府和他人的帮助	提高自己的科学文化水平	未答
人数（人）	85	276	17	132	23
百分比（%）	15.9	51.8	3.2	24.8	4.3

　　调查统计结果显示，现实生活中的问题主要靠自己的劳动解决，靠提高自己的科学文化水平解决，已经成为新疆地区伊斯兰教信众的普遍看法，认同这一点的比率达76.6%。这种认知状态为新疆引导信教公民积极投身于社会主义现代化建设奠定了社会心理基础。

　　要使宗教与社会主义社会相适应，党和政府必须发挥主导作用，对此，新疆地区伊斯兰教信众的评价如何？统计结果如下：

表8　　　　　　　　　　你认为，现在对宗教事务的管理

选项	非常好	好	不太好	一般	差	很差	未答
人数（人）	214	165	66	57	13	6	12
百分比（%）	40.2	31.0	12.4	10.7	2.4	1.1	2.3

表9　　　　　　　　你对所在地区贯彻党的宗教政策的情况

选项	非常满意	满意	不太满意	不满意	很不满意	未答
人数（人）	207	192	82	35	4	13
百分比（%）	38.8	36.0	15.4	606	0.8	2.4

表8、表9表明，新疆地区的伊斯兰教信众对党的宗教政策和各级政府对宗教事务的管理是肯定的、拥护的。71.2%的被调查对象认为现在对宗教事务的管理非常好或好，74.8%的被调查对象对所在地区贯彻党的宗教政策的情况非常满意或满意。但不能忽视是，还有20%以上的被调查对象认为政府在执行宗教政策的过程中还存在问题，并表示不满意。这表明，新疆在宗教事务管理方面还存在薄弱环节和不足之处，还需要进一步改进和提高。

总体来看，新疆地区伊斯兰教信众有适应现代社会的心理潜质，对党的宗教政策也是认同和满意的。今后，新疆在全面正确地贯彻党的宗教政策的同时，还需要切实解决伊斯兰教信众最关心、最直接、最现实的问题，这是优化他们社会心理的极其重要的内容。

四　几点基本认识

通过对新疆地区伊斯兰教信众若干社会心理问题的实证分析，笔者形成以下几点基本认识：

（1）新疆地区伊斯兰教信众的宗教行为动机在向非宗教方面、世俗化方向变化。在新疆地区，人们信仰伊斯兰教的主要目的是把伊斯兰教作为逃避矛盾和困境，获得现实感性生活的幸福和向真主索取保佑的手段，它体现的是伊斯兰教信众对现实感性生活的肯定、依恋和执着。

（2）在新疆地区，大多数伊斯兰教信众宗教信仰的形成，不是个人有意识追求获得的，而是承袭家庭宗教传统和社区环境影响的结果。他们对伊斯兰教的信仰不是他们学习与选择的结果，而是一种社会角色的表达和定位。

（3）新疆地区的伊斯兰教信众通过信奉伊斯兰教满足了自身寻求宗教归属和民族归属的双重需要。文化是民族的标志，当民族文化以一种宗教形式承载的时候，宗教也就具有了民族象征意义。伊斯兰教不仅是一种宗教观念体系，还是一种囊括社会生活各方面内容的生活方式的综合体。在新疆地区，经过长期的历史演化，一些源于伊斯兰教的节日、礼仪、喜好等发展成为信仰伊斯兰教民族的风俗习惯的一部分。这样，宗教中的内容就成为民族文化的内容，宗教和民族文化相互重叠，紧密相关。信仰伊斯兰教可以在满足人们寻求宗教归属愿望的同时，满足人们寻求民族归属的愿望。对新疆地区的伊斯兰教信众而言，伊斯兰教不仅为他们提供了一种对生命状态和生活境遇的解释，还为他们提供了一种塑造理想人格和寻求自我完善的方式。

（4）在伊斯兰教和社会现实生活之间，新疆地区的伊斯兰教信众更关注和重视现实生活问题。调查表明，目前新疆地区的伊斯兰教信众对于现实生活中存在的矛盾和困惑，不是仅仅停留在对伊斯兰教的依赖上，而是能够注意通过自身的努力加以克服和解决，社会心理开始向非宗教方面变化，这就为政府引导伊斯兰教与社会主义社会相适应奠定了心理基础。对于各级政府而言，怎样在非宗教的基础上满足信教公民的需求，使人们不必为了寻求安慰而去求助于宗教的方法和手段，成为摆在议事日程上的重要课题。

注：原文刊于《世界宗教研究》2008 年第 4 期，收入本书时作了微调，特此说明。

参考文献

1. ［英］鲍伊：《宗教人类学导论》，金泽等译，中国人民大学出版社 2004 年版。

2. ［美］哈迪斯蒂：《生态人类学》，郭凡、邹和译，文物出版社 2002 年版。

3. 张志刚：《宗教文化学导论》，东方出版社 1996 年版。

4. 林惠祥：《文化人类学》，商务印书馆 2000 年版。

5. 万明钢：《文化视野中的人类行为——跨文化心理学导论》，甘肃文化出版社 1996 年版。

6. 林耀华主编：《民族学通论》（修订本），中央民族大学出版社 1997 年版。

7. 施维达等：《民族文化学》，中国社会科学出版社 1998 年版。

8. 徐万邦、祁庆富：《中国少数民族文化通论》，中央民族大学出版社 1996 年版。

9. 司马云杰：《文化社会学》，中国社会科学出版社 2001 年版。

10. 周晓虹：《现代社会心理学》，江苏人民出版社 1991 年版。

11. 黄淑娉、龚佩华：《文化人类学理论方法研究》，广东高等教育出版社 1998 年版。

12. 汪宁生：《文化人类学调查：正确认识社会的方法》（增订本），文物出版社 2002 年版。

13. 宋林飞：《社会调查研究方法》，上海人民出版社 1990 年版。

14. 马戎：《民族与社会发展》，民族出版社 2001 年版。

15. ［美］塞缪尔·亨廷顿、［美］劳伦斯·哈里森：《文化的重要作用》，程克雄译，新华出版社 2002 年版。

16. 中国社会科学杂志社编：《社会转型：多文化多民族社会》，社会科学文献出版社 2000 年版。

17. 马戎、周星主编：《21 世纪：文化自觉与跨文化对话》第 1 卷，北京大学出版社 2001 年版。

18. 马戎、周星主编：《21 世纪：文化自觉与跨文化对话》第 2 卷，北京大学出版社 2001 年版。

19. 马戎、周星主编：《田野工作与文化自觉》（上下册），群言出版社 1998 年版。

20. 马翀炜、陈庆德：《民族文化资本化》，人民出版社 2004 年版。

21. 尹保云：《什么是现代化：概念与范式的探讨》，人民出版社 2001 年版。

22. 尚衍斌：《西域文化》，辽宁教育出版社 1998 年版。

23. 余太山主编：《西域文化史》，中国友谊出版公司 1995 年版。

24. 戴庆厦：《语言和民族》，中央民族大学出版社 1994 年版。

25. 王嵘：《西域文化的回声》，新疆青少年出版社 2000 年版。

26. 贾合甫·米尔扎汗主编：《哈萨克族文化大观》，新疆人民出版社 2001 年版。

27. 邢莉、易华：《草原文化》，辽宁教育出版社 1998 年版。

28. 孟施北：《草原文化与人类历史》（上下卷），国际文化出版公司 1999 年版。

29. 薛宗正主编：《中国新疆古代社会生活史》，新疆人民出版社 1997 年版。

30. 李进新：《新疆宗教演变史》，新疆人民出版社 2003 年版。

31. 余太山主编：《西域通史》，中国社会科学出版社 1997 年版。

32. 拓和提：《维吾尔历史文化研究》，民族出版社 1995 年版。

33. 厉声主编：《中国新疆历史与现状》，新疆人民出版社 2003 年版。

34. 朱培民：《20 世纪新疆史研究》，新疆人民出版社 2000 年版。

35. 卢勋等：《中华民族凝聚力的形成与发展》，民族出版社 2000 年版。

36. 张志尧主编：《草原丝绸之路与中亚文明》，新疆美术摄影出版社 1994 年版。

37. ［日］羽田亨：《西域文化史》，耿世民译，新疆人民出版社 1981 年版。

38. 陈慧生、陈超：《民国新疆史》，新疆人民出版社 1999 年版。

39. 苗普生、田卫疆主编：《新疆史纲》，新疆人民出版社 2003 年版。

40. 苏北海：《哈萨克族文化史》，新疆大学出版社 1989 年版。

41. 何星亮：《新疆民族传统社会与文化》，商务印书馆 2003 年版。

42. 马通：《中国西北伊斯兰教的基本特征》，兰州大学出版社 1991 年版。

43. 陈耀：《西部大开发战略与新思路》，中共中央党校出版社 2000 年版。

44. 马启成、丁宏：《中国伊斯兰文化类型与民族特色》，中央民族大学出版社 1998 年版。

45. 马子富主编：《西部开发与多民族文化》，华夏出版社 2003 年版。

46. ［英］约翰·汤姆林森：《全球化与文化》，郭英剑译，南京大学出版社 2002 版。

47. ［德］马勒茨克：《跨文化交流》，潘亚玲译，北京大学出版社 2001 年版。

48. ［英］汤林森：《文化帝国主义》，冯建三译，上海人民出版社 1999 年版。

49. ［德］哈拉尔德·韦尔策编：《社会记忆：历史、回忆、传承》，季斌、王立君、白锡堃译，北京大学出版社 2007 年版。

50. ［美］爱德华·W. 萨义德：《文化与帝国主义》，李琨译，三联书店 2003 年版。

51. ［美］本尼迪克特·安德森：《想象的共同体：民族主义的起源与散布》，吴叡人译，上海世纪出版集团 2005 年版。

52. ［加拿大］威尔·金里卡：《少数的权利：民族主义、多元文化和公民》，邓红风译，上海世纪出版集团 2005 年版。

53. 王明珂：《华夏边缘：历史记忆与族群认同》，社会科学文献出版社 2006 年版。

54. 张旭东：《全球化时代的文化认同：西方普遍主义话语的历史批判》，北京大学出版社 2008 年版。

55. ［美］曼纽尔·卡斯特：《认同的力量》（第二版），曹荣湘译，社会科学文献出版社 2006 年版。

56. 余潇枫、潘一禾、王江丽：《非传统安全概论》，浙江人民出版社 2006 年版。

57. 祁进玉：《群体身份与多元认同：基于三个土族社区的人类学对比研究》，社会科学文献出版社 2008 年版。

58. 联合国教科文组织编：《世界文化报告 2000——文化的多样性、冲突与多元共存》，关世杰等译，北京大学出版社 2002 年版。

59. 滕星、胡鞍钢：《西部开发与教育发展博士论坛：40 余位博士、教授、研究员对西部的思考与研究》，民族出版社 2001 年版。

60. 滕星：《族群、文化与教育》，民族出版社 2002 年版。

61. 新疆维吾尔自治区统计局编：《新疆统计年鉴》，中国统计出版社。

62. 新疆维吾尔自治区地方志编纂委员会编：《新疆年鉴》，新疆年鉴社。

63. 杨发仁：《邓小平民族理论及其在新疆的实践》，新疆人民出版社 2000 年版。

64. 王栓乾主编：《走向 21 世纪的新疆·文化卷》，新疆人民出版社 1999 年版。

65. 杜荣坤等：《中国少数民族现状与发展研究丛书·富蕴县哈萨克族卷》，民族出版社 2001 年版。

66. 任一飞等：《中国少数民族现状与发展研究丛书·墨玉县维吾尔族卷》，民族出版社 2001 年版。

67. 曹红：《维吾尔族生活方式——由传统到现代的转型》，中央民族大学出版社 1999 年版。

68. 刘甲金等：《绿洲经济论》，新疆人民出版社 1995 年版。

69. 尹筑光、茆永福主编：《新疆民族关系研究》，新疆人民出版社 1996 年版。

70. 热依拉·达吾提：《维吾尔族麻扎文化研究》，新疆大学出版社 2001 年版。

71. 西仁·库尔班等：《中国塔吉克》，新疆大学出版社 1994 年版。

72. 赵振民等：《新时期新疆民族与宗教问题研究》，新疆人民出版社 1997 年版。

73. 王栓乾：《辉煌新疆》，新疆人民出版社 2003 年版。

74. 贾合甫·米尔扎汗、魏萼：《新疆民族经济文化发展研究》，新疆人民出版社 1997 年版。

75. 纳日碧力戈：《现代背景下的族群建构》，云南教育出版社 2000 年版。

76. ［英］安东尼·吉登斯：《现代性与自我认同》，赵旭东等译，三联书店 1998 年版。

77. ［美］拉彼德、［德］克拉托赫维尔：《文化和认同：国际关系回归理论》，金烨译，浙江人民出版社 2003 年版。

78. ［美］格罗斯：《公民与国家：民族、部落和族属身份》，王建娥等译，新华出版社 2003 年版。

79. 王克千、吴宗英：《价值观与中华民族凝聚力》，上海人民出版社 2001 年版。

80. 潘志平主编：《民族自决还是民族分裂——民族和民族分立主义》，新疆人民出版社 1999 年版。

81. 金宜久：《当代宗教与极端主义》，中国社会科学出版社 2008 年版。

82. 费孝通：《费孝通译文集》（上下册），群言出版社 2002 年版。

83. 中共新疆维吾尔自治区委员会党史研究室编：《新疆反对民族分裂主义斗争史话》，新疆人民出版社 1999 年版。

84. 郑晓云：《论全球化与民族文化》，《民族研究》2001 年第 1 期。

85. 王亚南：《关于全球化中的文化多样性保护》，《思想战线》2002 年第 1 期。

86. 蓝军：《经济全球化背景下的文化问题的一些思考》，《社会科学战线》2002 年第 2 期。

87. 万俊人：《经济全球化与文化多元论》，《中国社会科学》2001 年第 2 期。

88. 汤一介：《"和而不同"原则的价值资源》，《学术月刊》1997 年第 10 期。

89. 李德顺：《全球化与多元化——文化普遍主义和特殊主义之争的思考》，《社会科学论坛》2002 年第 4 期。

90. 何星亮：《文化的民族性与世界性》，《云南社会科学》2002 年第 5 期。

91. 周伟洲：《新疆的史前考古与最早的经济开发》，《西域研究》2003 年第 3 期。

92. 荣新江：《西域粟特移民考》，《西域研究》1993 年第 2 期。

93. 方立天：《佛教中国化的历程》，《世界佛教研究》1989 年第 3 期。

94. 贺萍：《试论新疆地区伊斯兰教的民族特色》，《新疆大学学报》2003
　　年第 3 期。

95. 齐清顺：《论清末新疆"新政"——新疆向近代化迈进的重要开端》，
　　《西域研究》2000 年第 3 期。

96. 仲高：《20 世纪机前半叶新疆民间文化与城市文化》，《西域研究》
　　2000 年第 1 期。

97. 热扎克·铁木尔：《新中国成立 50 多年来新疆经济社会发展所取得的
　　巨大成绩》，《新疆社会科学》2003 年第 4 期。

98. 张昀：《试析伊犁地区民族饮食文化的变迁》，《西北民族研究》2002
　　年第 2 期。

99. 谢擎华：《民族语言与民族现代化——以新疆锡伯族为例》，《中央民
　　族大学学报》2002 年第 2 期。

100. 阿斯亚·尼亚孜、金亚萍：《新疆少数民族受众现状研究》，《新疆
　　　大学学报》2004 年第 4 期。

101. 魏琪、王洪琦：《新疆文化建设存在的问题及其对策》，《实事求是》
　　　2004 年第 6 期。

102. 阿布来提·依明：《入世与大开发形势下的新疆少数民族竞争心态分
　　　析》，《新疆师范大学学报》2002 年第 3 期。

103. 祁若雄：《对新疆库车县维吾尔族妇女戴面纱问题的调查和思考》，
　　　《西北民族研究》2003 年第 1 期。

104. 马晓京：《民族旅游保护性开发的新思路》，《贵州民族研究》2002
　　　年第 2 期。

105. 杨镜江：《论文化的民族性和时代性的统一》，《北京师范大学学报》
　　　1992 年第 4 期。

106. 王希恩：《民族认同与民族意识》，《民族研究》1995 年第 6 期。

107. 王希恩：《社会主义市场经济和中国的民族意识》，《民族研究》
　　　1998 年第 3 期。

108. 周庆智：《文化差异：对现存民族关系的一种评估》，《社会科学战
　　　线》1995 年第 6 期。

109. 刘正寅：《试论中华民族整体观念的形成与发展》，《民族研究》
　　　2000 年第 6 期。

110. 王文长：《西北大开发中民族利益关系协调机制的建设》，《民族研究》2004 年第 3 期。

111. 束迪生：《深入开展意识形态领域的反分裂斗争》，《实事求是》2002 年第 2 期。

112. 崔延虎：《多文化场景中的文化互动与多民族族际交往——新疆多民族社会跨文化交际研究之一》，《新疆师范大学学报》2005 年第 2 期。

113. 何博：《边疆少数民族"中国认同"意识缘起初探》《云南社会科学》2008 年第 3 期。

114. 陈刚：《多元文化与民族认同》，《华中科技大学学报》（社科版）2007 年第 3 期。

115. 马莉：《历史建构中的民族历史和社会记忆》，《甘肃理论学刊》2005 年第 9 期。

116. ［澳大利亚］尼克·奈特：《对全球化悖论的反思：中国寻求新的文化认同》，刘西安编译，《当代世界与社会主义》2007 年第 1 期。

后　记

　　我的博士论文经过修改终于得到付梓，我心中既有喜悦，也有忐忑。本书的内容是近些年来我对新疆地域文化与民族关系问题思考的结晶。对于这样一个综合性很强、学科涉及面广的课题进行尝试性探索，对我而言是一种挑战，本书也难免会存在一些不足之处。但新疆人的情结，使我愿意在该课题多学科交叉研究方面勉力为之，为新疆科学发展、团结稳定贡献智慧。

　　在本书即将出版之际，攻读博士学位期间的学习生活情景不由地浮现眼前。导师周伟洲先生亲切平和的为人、诲人不倦的教风和严谨求实的学风，王欣、吕建福、韩香、徐百永、靳春泓、王静等师长和朋友的提携、帮助和关心，家人默默地奉献、理解与支持，使我克服了求学过程中一个又一个的困难，夙愿得偿，对他们的感激之情我将永远铭记在心。

　　在本书出版过程中，得到了中国社会科学出版社编辑顾世宝、新疆人民出版社王淑梅老师的悉心指点和帮助。中共新疆维吾尔自治区委员会党校、新疆行政学院对该书的出版给予了资助，在此，一并表示衷心的感谢。